高校社科文库
University Social Science Series

教育部高等学校
社会科学发展研究中心

汇集高校哲学社会科学优秀原创学术成果
搭建高校哲学社会科学学术著作出版平台
探索高校哲学社会科学专著出版的新模式
扩大高校哲学社会科学科研成果的影响力

郑小九/著

《论语》之道
与奥林匹克伦理精神

Principles in "the Analects" and
Ethical Spirits of the Olympic Movement

光明日报出版社

图书在版编目（CIP）数据

《论语》之道与奥林匹克伦理精神 / 郑小九著 . -- 北京：
光明日报出版社，2009.12（2024.6 重印）

（高校社科文库）

ISBN 978 - 7 - 5112 - 0459 - 2

Ⅰ.①论… Ⅱ.①郑… Ⅲ.①论语—研究 ②体育伦理学—研
究 Ⅳ.①B222.25 ②G803

中国版本图书馆 CIP 数据核字（2009）第 206529 号

《论语》之道与奥林匹克伦理精神

《LUNYU》ZHIDAO YU AOLIN PIKE LUNLI JINGSHEN

著　　者：郑小九

责任编辑：祝　菲　　　　　　　责任校对：王灵芝　张祎娜

封面设计：小宝工作室　　　　　责任印制：曹　净

出版发行：光明日报出版社

地　　址：北京市西城区永安路 106 号，100050

电　　话：010-63169890（咨询），010-63131930（邮购）

传　　真：010-63131930

网　　址：http：//book.gmw.cn

E - mail：gmrbcbs@gmw.cn

法律顾问：北京市兰台律师事务所龚柳方律师

印　　刷：三河市华东印刷有限公司

装　　订：三河市华东印刷有限公司

本书如有破损、缺页、装订错误，请与本社联系调换，电话：010-63131930

开　　本：165mm×230mm

字　　数：300 千字　　　　　　印　　张：16

版　　次：2009 年 12 月第 1 版　　印　　次：2024 年 6 月第 2 次印刷

书　　号：ISBN 978 - 7 - 5112 - 0459 - 2 - 01

定　　价：68.00 元

序　言

    小九博士的书稿《〈论语〉之道与奥林匹克伦理精神》被教育部高等学校社会科学发展研究中心列入"高校社科文库"，并由光明日报出版社出版，作为小九的老师，获知这个消息，我们感到非常欣慰，特向他表示祝贺。

    乐山乐水、读书做文是小九的爱好，他曾这样描述自己——"一个身在城市、心在乡野的人；一个身为人师、甘当学生的人；一个入世进取、出世逍遥的人，一个走在路上、不问前程的人"。小九对自己的这个评价很中肯、很有意思。

    对于人情，小九特别看重。他生在河南黄河边上的一个村庄，他对那片土地爱得很深，他说父母、老师就是养育他的土地，他就是那片土地里长出的一颗树。在北京读书期间，他会时常想起远在家乡的亲友，曾写下"君住太行头，我住太行尾；思君不见君，遥举忘情水"的句子，情深意长，耐人寻味。有这样一颗心，难怪他会在离开北京之前，在导师许启贤教授的忌日，冒雨赶到居庸关脚下，在老师的墓前恭敬地献上花篮，在雨地里默默地站了一个多小时。

    小九志于读书、教书、写书，这也是我们对他的期望。在北京时，他经常到风入松、万圣书园、国家图书馆去看书和买书。他在高校教书已经有二十个年头，2002 年在河南省高校政治理论课比赛中获过奖，被聘为中国人民大学人文奥运讲师团首席讲师，在清华大学、首都图书馆等地作过多场讲座。在写作上他追求思想与情感的交融，坚持大众立场和民族立场，曾在《人民日报》发表文章《奥运离不开普通公众》，在《读书》杂志发表文章明确主张奥运会的"去精英化"。

    小九与人民大学缘分很深，硕士、博士、博士后阶段都在人大度过。现在，他回到了河南老家，回到了河南理工大学，我们希望他秉承人民大学"人民、人文、人本"的理念，认真做人，踏实做事，追求卓越，止于至善。

吴潜涛　葛晨虹①
2009 年 11 月 12 日

---

① 吴潜涛：中国伦理学会副会长，中国人民大学哲学院教授、博士研究生导师，教育部伦理学与道德建设研究基地主任；葛晨虹：中国人民大学哲学院教授、博士研究生导师，教育部伦理学与道德建设研究基地副主任。

CONTENTS 目　录

CONTENTS

引 言

孔子与顾拜旦

孔子与顾拜旦，一个是中国春秋末期开创了儒家学派的文化巨人，一个是法国近代复兴了奥林匹克运动的伟大先驱，二人生活在不同的时代、不同的地域、不同的文化背景之中，《论语》的主张与现代奥林匹克运动之间存在多方面、多层次的差异。如孔子儒学坚持的是一种整体主义的价值观，而奥林匹克运动坚持的是一种个人主义价值观；孔子儒学讲求"不过不及"、"过犹不及"的中庸风格，而奥林匹克运动强调"更快、更高、更强"的竞争精神；孔子儒学以中国历史上一种思想学派为主要存在形式，而顾拜旦开创的现代奥林匹克运动则是以世界性体育竞技为核心领域。把这两个人物、两个事物联系在一起，看似有些风马牛不相及，但其实不然，孔子与顾拜旦都是具有世界影响力的人物，其思想主张与人格精神有许多相似的、相通的地方。他们在思想与实践方面的成果超越了国家、民族、时代的差异，成为全人类共同的智慧和财富，体现了人类精神的伦理追求，具有永恒的普世价值。北京奥运会所提供的历史性机缘促成了孔子与顾拜旦的"相遇"，本书的主旨就是让两位巨人展开一次跨越时间与空间的对话，从而试图在中国与西方、古代与现代之间架起一座理解与沟通的桥梁。

一、孔子与儒学之道

孔子是中国春秋末期的教育家、思想家，是儒家学派的创始人，对中国文化与世界文明作出了巨大贡献。关于孔子及其学说，匡亚明先生十分中肯地概括与评价说："孔子在春秋战国的诸子百家中，无论在当时或后世，在国内或国外，都是影响最深最广的人物，是个言行一致、学识渊博、品德高尚的伟大思想家、政治家、教育家，他集以往文化思想之大成，开后世儒家学说之先声。他的思想学说，经过两千多年的潜移默化，有的已经成为中华民族的道德意识、精神生活和传统风俗习惯的准则，构成了有别于西方国家的中国式的社会习俗和家庭生活的风范，而且在一定程度上也影响了东方国家，远及欧美，在世界文明史上占有重要地位，成为我们民族的骄傲。"①

1. 孔子其人

孔子，名丘，字仲尼，生于周灵王二十一年，即公元前551年，死于周敬王四十一年，即公元前479年。其祖先为宋国的贵族，因避难而逃到鲁国。孔子的父亲叔梁纥是鲁国著名的武士，力大无比，作战英勇，立过两次战功，曾任陬邑的地方长官，去世时孔子才三岁。孔子的少年时代是苦难的，给人家放过牛、赶过车，用孔子自己的话说，就是"吾少也贱，故多能鄙事"②。

孔子好学，"学而不厌"，"不耻下问"，喜欢阅读史书和研究典章制度，熟练地掌握了"六艺"，即礼、乐、射、御、书、数。孔子自幼好礼，司马迁在《史记》中说："孔子为儿嬉戏，常陈俎豆，设礼容。"③ 即他经常把存放祭祀供品的器具摆列出来，练习行礼。孔子年轻时初次进入鲁国祭祀周公的太庙时，对于自己不明白的事情，不断地向周围的人请教，即"子入太庙，每事问"。④ 为了掌握周礼以及历史文献，孔子在鲁君的支持下到都城洛邑考察学习。

30多岁时孔子开始招收弟子，开启了他的教育生涯。51岁时他做了鲁国的中都宰，司马迁对孔子在中都的成就评价说："孔子为中都宰，一年，四方皆则之。"⑤ 由于政绩卓著，不久升任司空，继而升任司寇。孔子做司寇大约三年时间，在处理案件时作风民主，不是独断专行，而是善听众议，择善而从。公元前500年，即鲁定公十年，鲁定公与齐景公在夹谷相会，孔子以鲁君相礼的身份参加会见。当时的局势是齐强鲁弱，齐景公想借此机会展示齐国的力量，让鲁国成为齐国的附庸。孔子以自己的学识与勇气，坚持原则，随机应变，敢作敢为，维护了鲁君的尊严和鲁国的利益，显示了非凡的政治与外交才能。

后来，主张强公室、弱私家的孔子与主张弱公室、强私家的季桓子之间的矛盾日益加深，孔子"忠君尊王"的愿望难以实现，残酷的现实让他感到

① 匡亚明著《孔子评传》，南京：南京大学出版社，1990年12月第1版，第2页。

② 《论语·子罕》

③ 《史记·孔子世家》

④ 《论语·八佾》

⑤ 《史记·孔子世家》

"无力回天"，便在公元前497年辞去官位，离开鲁国，开始了长达14年的周游列国的历程。孔子到达卫、宋、郑、陈、曹、蔡、楚等地，宣传推行自己的主张，其间屡遭挫折，饱受磨难，一直未能如愿。公元前484年，孔子回到鲁国，全身心地投入整理文化古籍和教育事业，一直到去世。

作为一个教育家，孔子在弟子心目中的形象不仅是亲切的，也是高大的，其境界如日月一样高不可攀，如上天一样遥不可及。弟子颜渊感慨地说："仰之弥高，钻之弥坚，瞻之在前，忽焉在后。夫子循循然善诱人，博我以文，约我以礼。欲罢不能，既竭吾才，如有所立卓尔。遂欲从之，末由也已。"① 有人称赞子贡，说"子贡贤于仲尼。"子贡反驳说："譬之宫墙。赐之墙也及肩，窥见室家之好。夫子之墙数仞，不得其门而入，不见宗庙之美，百官之富。得其门者或寡矣。夫子之云，不亦宜乎？"② 子贡是说，自己远远达不到老师的高度，老师高不可及，一般人很难领会老师的高度，能够登老师之堂者就少，进而能够入老师之室者就更少。陈子禽对子贡说："子为恭也，仲尼岂贤与子乎？"子贡这样说："君子一言以为知，一言以为不知，言不可不慎也。夫子之不可及也，犹天之不可阶而升也。夫子之得邦家者，所谓立之斯立，道之斯行，绥之斯来，勤之斯和。其生也荣，其死也哀。如之何其可及也？"③ 即孔子如果治理一个国家，就能够使国富民安，实现正义与和谐；他生为人尊敬，死为人哀悼，其境界与天同高，难以超越。还有一次，子贡得知叔孙武叔诋毁孔子，子贡说："仲尼不可毁也。他人之贤者，丘陵也，犹可逾也；仲尼，日月也，无得而逾焉。人虽欲自绝，其何伤于日月乎？多见其不知量也。"④ 即孔子的高度远非一般贤者的高度，一般贤者如山丘，高而可攀；孔子则如天上的日月，高不可及。

孔子生逢乱世，在政治上虽有一定作为，但与自己的政治理想距离遥远，他曾经发出了这样的叹息："凤鸟不至，河不出图，洛不出书，吾已矣夫！"⑤ 这的确是非常无奈的叹息。然而政治上不得志的孔子在教育上却大放光芒，他兴办私学，广招门徒，"有教无类"，并"因材施教"，桃李满天下，被誉为"万世师表"。汉代封孔子为"文宣公"，唐朝封他为"文宣王"，元朝封他为

---

① 《论语·子罕》
② 《论语·子张》
③ 《论语·子张》
④ 《论语·子张》
⑤ 《论语·子罕》

"大成至圣文宣王",明朝在全国各地建孔庙来祭祀孔子,清朝皇帝要向孔子下跪以示尊敬。

关于孔子之死,《礼记·檀弓上》这样记载:"孔子蚤作,负手曳杖,逍遥于门,歌曰:'泰山其颓乎!梁木其坏乎!哲人其萎乎!'既歌而入,当户而坐……曰:'……予殆将死也。'盖寝疾七日而没。"司马迁这样评价孔子的一生:"余读孔氏书,想见其为人。适鲁,观仲尼庙堂车服礼器,诸生以时习礼其家,余祗回留之不能去云。天下君王至于贤人众矣,当时则荣,没则已焉。孔子布衣,传十余世,学者宗之。自天子王侯,中国言六艺者折中于夫子,可谓至圣矣!"①

2. 孔子儒学之道

孔子一生都在探索、信守、实践崇高的道义,孔子就是道义精神的化身,孔子的伟大也是道义精神的伟大。孔子之道集中地表现在《论语》之中,《论语》中的"道"可以指道路、方法、技艺、规矩、规律、道理、道德、道义等。

"道"的本意是道路,曾子说:"士不可以不弘毅,任重而道远。仁以为己任,不亦重乎? 死而后已,不亦远乎?"② "道"在这里就是道路,取其原意。"道"可以引申为方法、技艺。子夏说:"虽小道,必有可观者焉。致远恐泥,是以君子不为也。"③ 即小的技艺也有可取之处,但君子不能深陷其中而耽误了大的事业。

"道"还可以指规矩、习惯的做法等。子曰:"射不主皮,为力不同科,古之道也。"④ 意即只要射中就行,而不看是不是穿透靶心,这是古时候射箭的规矩。子曰:"父在,观其志。父没,观其行。三年无改于父之道,可谓孝矣。"⑤ "无改于父之道"就是不去改变父辈立下的规矩。

《论语·卫灵公》中记载了孔子对待盲人的态度和做法:

师冕见,及阶,子曰:"阶也。"及席,子曰:"席也。"皆坐,子告之曰:"某在斯,某在斯。"师冕出,子张问曰:"与师言之,道与?"子曰:"然。固相师之道也。"

---

① 《史记·孔子世家》

② 《论语·泰伯》

③ 《论语·子张》

④ 《论语·八佾》

⑤ 《论语·学而》

"固相师之道也","道"在这里的意思就是做事的规矩。

"道"也可以指规律。子贡说:"夫子之文章,可得而闻也,夫子之言性与天道,不可得而闻也。"①"天道"在此指的是自然规律。

在《论语》中,"道"还被用作动词,意思是教导、引导、劝导等。子曰:"道千乘之国,敬事而信,节用而爱人,使民以时。"②子曰:"道之以政,齐之以德,民免而无耻;导之以德,齐之以礼,有耻且格。"③这两处所说的"道",就是按照正确的道路引领百姓,按照正确的方法治理国家。子贡问孔子如何对待朋友,子曰:"忠告而善道之,不可则止,无自辱焉。"④这个"道"就是劝导的意思。

本书所讲的《论语》之"道",主要是指道德、道义,就是孔子所说的"一以贯之"之道,即《论语》所阐释、所讨论的关于人生、社会以至整个世界的根本道理。子曰:"道不同,不相为谋。"⑤即道义主张不同的人是难以共事的。子曰:"富与贵,是人之所欲也,不以其道得之,不处也。贫与贱,是人这所恶也,不以其道得之,不去也。君子去仁,恶乎成名?君子无终食之间违仁,造次必于是,颠沛必于是。"⑥"道"在这里就是指道义、正确的方式,即追求富贵、摆脱贫贱,必须符合道义,必须用正确的方式。子曰:"君子易事而难说也。说之不以其道,不说也;及其使人也,器之。小人难事而易说也。说之虽不以道,说也;及其使人也,求备焉。"⑦即要让君子高兴就必须以符合道义的方式,让小人高兴则不需要用符合道义的方式。子曰:"所谓大臣者,以道事君,不可则止。"⑧《论语》记载,柳下惠做法官,因为正直而三度被罢免,有人劝他离开他那个地方,他说:"直道而事人,焉往而不三黜;枉道而事人,何必去父母之邦。"⑨即事君、事人都应该遵从道义原则。

《论语》之"道"也指体现道义的道德、德行。子曰:"君子食无求饱,

① 《论语·公冶长》
② 《论语·学而》
③ 《论语·为政》
④ 《论语·颜渊》
⑤ 《论语·卫灵公》
⑥ 《论语·里仁》
⑦ 《论语·子路》
⑧ 《论语·先进》
⑨ 《论语·微子》

居无求安。敏于事而慎于言，就有道而正焉。"① "就有道"即接近有道德的人。子曰："君子道者三，我无能焉。仁者不忧，知者不惑，勇者不惧。"② 孔子这样评价子产："有君子之道四焉。其行己也恭，其事上也敬，其养民也惠，其使民也义。"③ 这两处的"君子之道"，就是君子应该具有的道德。

孔子生活在一个"天下无道"的时代，仪封那个地方的一个人求见了孔子之后，对孔子的弟子们说："天下无道也久矣，天将以夫子为木铎。"④ 即上天要让孔子来改变这个"天下无道"的状态。"天下无道"的状态的确由来已久，孔子说："天下有道，则礼乐征伐自天子出；天下无道，则礼乐征伐自诸侯出。自诸侯出，盖十世希不失矣。自大夫出，五世希不失矣。陪臣执国命，三世希不失矣。天下有道，则政不在大夫。天下有道，则庶人不议。"⑤ 《论语》记载，孟氏使阳肤为士师，问与曾子，曾子曰："上失其道，民散久矣。如得其情，则哀矜而勿喜。"⑥ 即孟氏让阳肤做法官，曾子对他说，上面不讲道义，民众离心离德，应该怜悯那些犯罪的人。

在孔子看来，知识分子的使命就是担当社会的道义责任，要有"学道"和"闻道"的渴望，有"忧道"、"谋道"与"弘道"的热情与执著。孔子说："谁能出不由户？何莫由斯道也？"⑦ 意即正像人们从家里出来都要经过大门一样，人的所作所为都应符合"道"的规范。要遵道而行，就必须"学道"，子游说："君子学道则爱人，小人学道则易使也。"⑧ 子夏说："百工居肆以成其事，君子学以致其道。"⑨ "学道"就要坚定信心，不能半途而废。"学道"就要理解"道"、体悟"道"，其急切心情甚至就像孔子所说的那样，"朝闻道，夕死可矣"。⑩ 作为一个君子，理解了"道"就要"志于道"，就是要做到"忧道不忧贫"，"谋道不谋食"。孔子说："人能弘道，非道弘人。"⑪ 即知识分子要牢记自己的"弘道"使命，而不要希望借助道义来提升自己的

---

① 《论语·学而》
② 《论语·宪问》
③ 《论语·公冶长》
④ 《论语·八佾》
⑤ 《论语·季氏》
⑥ 《论语·子张》
⑦ 《论语·雍也》
⑧ 《论语·阳货》
⑨ 《论语·子张》
⑩ 《论语·里仁》
⑪ 《论语·卫灵公》

地位和声望。

知识分子通过"学道"、"谋道"、"弘道"，目的就是改变"天下无道"的现实，追求"天下有道"的理想境地。孔子说："天下有道，丘不与易也。"① 即如果天下有道，自己就不去改变它了；正因为天下无道，自己才立志要改变它。孔子曾经对改造现实充满自信，他说："齐一变，至于鲁，鲁一变，至于道。"② 但是，孔子在无休止的碰壁、一连串的挫折之后，自然会产生出消极、隐退的想法，他说："道不行，乘桴浮于海。"③ 他说："危邦不入，乱邦不居，天下有道则见，无道则隐。"④

总地来说，孔子之道是一个极高的概念，其内涵非常丰富。在孔子的学生曾子看来，孔子一贯遵从的道义就是忠恕之道，即曾子所说的"夫子之道，忠恕而已矣"。⑤ 忠、恕在孔子思想中固然很重要，但这并不是《论语》之道的全部内涵。可以说，包括忠、恕在内，孝、弟、仁、义、礼、智、信、勇、温、良、恭、俭、让、中庸、成人、知耻、和为贵、乐山乐水、发愤忘食，等等，都是《论语》之道的体现。

二、顾拜旦与奥林匹克理想

奥运史专家约翰·卢卡斯指出："要理解在奥运百年史的大部分时间内支撑该运动的思想和哲学理念，我们必须试图来把握皮埃尔·德·顾拜旦这位有远见的教育家的思想"。⑥ "现代奥林匹克之父"顾拜旦为现代奥运的创立上下求索，为现代奥运思想体系的构建殚精竭虑，为实现奥运与现代文化的结合孜孜以求，给现代奥林匹克运动注入了丰富而深刻的人文内涵，构筑起了奥林匹克这一"神圣的庙宇"⑦，从而成为现代奥林匹克运动的"精神领袖"⑧。他

---

① 《论语·微子》

② 《论语·雍也》

③ 《论语·公冶长》

④ 《论语·泰伯》

⑤ 《论语·里仁》

⑥ John A. Lucas, The Future of the Olympic Games. Human Kinetics Books, Champaign, Illinois, 1992, p. 4.

⑦ 国际皮埃尔·德·顾拜旦委员会编《奥林匹克主义——顾拜旦文选》，刘汉全、邹丽等译，北京：人民体育出版社，2008 年 8 月第 1 版，第 198 页。

⑧ 国际皮埃尔·德·顾拜旦委员会编《奥林匹克主义——顾拜旦文选》，刘汉全、邹丽等译，北京：人民体育出版社，2008 年 8 月第 1 版，第 168 页。

不畏艰辛、不断追求、顽强奋斗的一生，正是奥林匹克理想与奥林匹克精神的生动写照。

1. 皮埃尔·德·顾拜旦

皮埃尔·德·顾拜旦 1863 年 1 月 1 日诞生于法国巴黎的一个贵族家庭，父亲是一位男爵，母亲是诺曼底大公的后裔，顾拜旦在祖上的一座城堡里度过了幸福的童年。他从小就接受了良好的文化教育，中学毕业后在圣西尔军校和巴黎政治学院学习，获得了文学、法学和科学三个学位。

顾拜旦钟爱马术、击剑、拳击、划船、网球等体育运动项目，创建了学生体育协会，发起成立法国学生体育联合会并担任秘书长，组织形式多样的学生体育活动，以强壮其体魄、提升其精神，培养学生的自我责任感。1875 年至 1881 年间奥林匹亚遗址的发掘强烈地激发起顾拜旦复兴奥林匹克运动会的愿望，并且当时经济贸易的全球化趋势、交通通讯等技术的突飞猛进、体育事业的大发展等，都为复兴奥运会创造了良好的条件。经过顾拜旦等人的艰苦努力，1894 年 6 月 23 日，国际奥林匹克运动委员会在法国巴黎索邦大学成立，顾拜旦出任国际奥委会的秘书长，之后筹办 1896 年雅典奥运会，历经曲折，终获成功。1896 年顾拜旦开始担任国际奥委会主席一职，直到 1925 年辞去这一职务。1926 年顾拜旦在洛桑创建国际体育教育学办公室，大力宣传体育教育。1928 年创立奥林匹克研究所，设置体育教育国际事务局。顾拜旦还是一位历史学家，出版过四卷本的《世界通史》。

顾拜旦是一个充满人文精神的理想主义者，他的一生是为理想而奋斗的一生，他的崇高理想就是通过恢复和发展奥林匹克运动来实现人的身心和谐发展和人类的和平进步。为实现这一宏大的理想，他从未停止求索奋斗的脚步，不断地潜心著述，不停地奔走呼号，为现代奥林匹克运动的发展呕心沥血，甚至付出了倾家荡产的代价。但他无怨无悔，总是乐观地面对所有的困难和挑战，在追求与奋斗中走完自己伟大的一生。良好的教育背景和渊博的人文知识赋予顾拜旦浓厚的人文气质，他竭力将这种文化气质和奋斗精神贯注于自己为之奋斗终生的奥林匹克运动之中，努力实现体育与人文的结合，提升体育竞技的文化精神。

顾拜旦不仅注重现代奥林匹克运动的标志、仪式等文化形式，而且更为重视这些文化形式背后所凝聚的文化精神。为此，他在一生的实践中竭力构造以奥林匹克主义为核心的现代奥林匹克运动的思想体系，为奥运的发展奠定了深厚的思想基础。顾拜旦起草了《奥林匹克宪章》，阐述奥林匹克运动的哲学基础、教育功能和美学追求。顾拜旦提出"体育为大众"的大众体育思想，同时强调发挥奥运选手的榜样作用，以体育精英为表率，从而带动大众对体育的广泛和深入参与。顾拜旦对奥林匹克运动的和平意义寄托了极高的希望，他认为可以通过开展体育比赛而造就好的个人，好的个人才能构成一个好的世界，好的世界才不会有战争。顾拜旦还提出了追求"优美与崇高"、"参与比取胜更重要"等思想，将"更快、更高、更强"确定为奥林匹克格言，坚持奥运的国际性和独立性，这些都已经成为《奥林匹克宪章》的基本思想，对于丰富奥林匹克的思想体系，提升奥林匹克运动的文化追求，引导现代奥运健康发展，都起到了非常重要的作用。他希望所有热爱人类的人都必须朝这样的方向努力，就是要让奥林匹克运动"更有和平色彩更有文化内涵，而且，更为重要的是，使之成为一种教育和道德的工具。"[1]

1937年7月2日，顾拜旦与世长辞。依照顾拜旦的遗愿，他的心脏被安葬在希腊的奥林匹克遗址。顾拜旦辞世后，历届奥运会的火种在奥林匹亚点燃以后，人们都要手执火炬，绕他的墓碑环行一周，以此仪式表示对"奥林匹克之父"的深切怀念与无限崇敬。顾拜旦以深切的人文情怀、丰富的人文思想以及执著的人文实践，点燃了现代奥林匹克运动的圣火。他在临终前留给我们一段发自肺腑、语重心长的话——"这是用太阳的火种点燃的火炬，它来自奥林匹亚，它将照亮并温暖我们的时代，请在你们的心灵深处小心翼翼地守护着这团火。"[2]

2. 奥林匹克理想

奥林匹克理想是奥林匹克运动所追求的理想和愿望，是对于《奥林匹克宪章》所确立的奥林匹克主义、奥林匹克宗旨、奥林匹克精神、奥林匹克格言、奥林匹克名言等奥林匹克运动基本主张的综合。奥林匹克理想由顾拜旦奠基，并在顾拜旦之后的奥林匹克运动实践中一直不断发展完善，主要包括体育为大众、身心和谐、相互理解、团结友谊、公平竞争、和平主义、拼搏进取、志愿精神、环境关爱等方面。奥林匹克理想的上述内涵也是本书所论述的现代奥林匹克运动的伦理精神的内容。

顾拜旦1918年10月26日在《洛桑日报》发表《奥林匹克书信之三：奥

---

[1]　Pierre de Coubertin, "*Le Serment des Athlètes*," *Revue Olympiques*, July 1906, p. 108.

[2]　韩志芳著《点燃圣火——现代奥运之父顾拜旦》，成都：四川文艺出版社，2002年1月第1版，第129页。

林匹克主义与教育》，在文章中对于奥林匹克主义、奥林匹克教育等奥林匹克运动的基本理念做了比较全面的描述："奥林匹克主义反对把体育教育当成纯生理学的教育，反对将不同的锻炼方式视为独立的、自成一体的单向运动；奥林匹克主义反对把精神素养分门别类，反对将之分为互不相干的三六九等；奥林匹克主义反对与劳苦大众毫不沾边、为富裕阶层所独享的奢华教育制度；奥林匹克主义反对把艺术压缩成片剂让每个人定时服用，反对为心智制订类似列车时刻表一样的思想时刻表。奥林匹克主义致力于铲除隔阂的高墙，奥林匹克主义支持芸芸众生都能享受到空气阳光，奥林匹克主义赞同面向所有人的普世体育教育。体育教育，要由须眉的阳刚之气与骑士的勇武精神来装点，要与带有美学与文学意味的活动相结合，它是国民生活的马达，它是公民生活的中心。"① 在这里，顾拜旦把奥林匹克运动关于身心结合的观念、体育为大众的观念、注重体育与艺术相结合的观念、奥林匹克运动的世界主义观念等都鲜明地表达了出来。

然而，奥林匹克理想并不是一开始就在现代奥林匹克运动中站稳根基的。顾拜旦在反思 1896 年雅典奥运会时说："雅典奥运会无疑比其后的几届奥运会都更为辉煌，组织得也更为完善，但是却留下了不确定和混乱的祸根，因为奥运会并没有建立在任何稳定的原则之上。"② 经历了 1904 年美国路易斯安那奥运会的低俗与混乱之后，顾拜旦希望不是米兰或者都灵，而是由罗马来举办奥运会，"因为只有在这里，奥运会才能在游历了美国的功利主义之后，重新穿上艺术和思想编织的锦绣衣裳，就像在我一开始确定原则时所希望的那样。"③而到了 1908 年伦敦奥运会时，奥林匹克主义终于在奥运会的舞台上展现风采，"奥运会活动的宏大规模本身，突然将复兴的奥林匹克主义投入到光天化日的现实之中，奥林匹克主义作为一股有生力量现出真身。在此之前，人们还只是站在考古的立场上相信这种力量。如今，这股力量已异常剧烈地激发起现代体育运动的激情，并使之达到一个前所未有的高峰。"④

---

① 国际皮埃尔·德·顾拜旦委员会编《奥林匹克主义——顾拜旦文选》，刘汉全、邹丽等译，北京：人民体育出版社，2008 年 8 月第 1 版，第 131 页。

② ［法国］皮埃尔·德·顾拜旦著《奥林匹克回忆录》，刘汉全译，北京：北京体育大学出版社，2007 年 11 月第 1 版，第 90 页。

③ ［法国］皮埃尔·德·顾拜旦著《奥林匹克回忆录》，刘汉全译，北京：北京体育大学出版社，2007 年 11 月第 1 版，第 67 页。

④ ［法国］皮埃尔·德·顾拜旦著《奥林匹克回忆录》，刘汉全译，北京：北京体育大学出版社，2007 年 11 月第 1 版，第 92 页。

其后的奥林匹克运动经历了惨绝人寰的两次世界大战，经历了资本主义阵营与社会主义阵营之间的长期对峙，现在迎来了相对和平与繁荣的发展时期。它诞生于人类走向全球化发展的进程中，又是全球化发展的重要推动力量，已经发展成为当今世界规模最为盛大的国际体育赛事，甚至成为超越体育范畴的人类文化盛会与社会运动。现代奥林匹克运动在其发展的历程中从来没有放弃崇高的精神追求，始终遵循顾拜旦确立的关于促进人的身心和谐发展的奥林匹克主义，努力弘扬相互理解、团结、友谊、公平对待的奥林匹克精神，执著于建立一个和平而更美好的世界的奥林匹克宗旨，引领着人类前进的脚步。

在为《第 8 届奥运会的官方报告》撰写的前言《人有了坚强的体魄才会有坚韧的意志》一文中，顾拜旦以诗人的笔墨深情地期待，奥林匹克运动会"将成为它所应该成为的样子，而且只会是这个样子：四年一度的人类春天的节日，一个有节奏、有秩序、用生命的汁液滋养精神的春天的节日。"① 1925 年 5 月 29 日，布拉格市政厅举行的奥林匹克代表大会上，顾拜旦正式卸任国际奥林匹克委员会主席职务，在为大会所作的开幕词中，他将奥运会比作自己"居住了多年的富饶的土地"、"用双手耕耘的土地"、"一片因成功的喜悦和友谊的建立而变得更加美丽的土地"②。

3. 顾拜旦赋予奥运会的宗教意义

在顾拜旦的心目中，奥运会的比赛不是简单的身体的、智慧的较量，奥林匹克理想之所以是神圣的，是因为奥运会类似于宗教，奥林匹克理想类似于宗教教义，有一种类似宗教的精神渗透其中，顾拜旦就是带着一种神圣的、宗教般的情感投身到复兴奥林匹克运动的事业之中的。

他说："我的体育观一直与很多人——也许是大部分人，迥然不同。对我来说，体育是一种宗教，有教堂、教义、信仰，而且尤其要有宗教情感。一定要把体育的所有这一切与有人得到几个铜子儿的事扯到一起，这就好像教堂执事为保证圣事进行而拿了份薪俸，就断言他不是信教者，在我看来是极其幼稚的。"③ 在顾拜旦看来，正是因为有一种宗教性的力量，奥林匹克运动才有了

① 国际皮埃尔·德·顾拜旦委员会编《奥林匹克主义——顾拜旦文选》，刘汉全、邹丽等译，北京：人民体育出版社，2008 年 8 月第 1 版，第 186 页。

② 国际皮埃尔·德·顾拜旦委员会编《奥林匹克主义——顾拜旦文选》，刘汉全、邹丽等译，北京：人民体育出版社，2008 年 8 月第 1 版，第 195 页。

③ ［法国］皮埃尔·德·顾拜旦著《奥林匹克回忆录》，刘汉全译，北京：北京体育大学出版社，2007 年 11 月第 1 版，第 106 页。

一个强大的生命，"当一个大公无私的宗教性的团体，既不受现实利益的诱惑，也不需要人为地提升自身的价值，全身心地为奥林匹克主义而奋斗的时候，奥林匹克主义面对每次外来的攻击都能够安然无恙。"①

1935 年顾拜旦发表题为《现代奥林匹克主义的哲学基础》的演讲，明确地将宗教作为奥林匹克运动会的一个最基本的特征。他说："无论古代奥林匹克运动会还是现代奥林匹克运动会都具有一个最基本的特征：这是一种宗教。如同雕刻家雕刻塑像一样，古代运动员通过锻炼塑造身体'表示对神的景仰'。现代运动员通过同样的方式为祖国、种族、国旗增光。所以我以为有必要从原则上在革新的奥林匹克主义周围恢复一种宗教情感，这种宗教情感受到作为当代特征的国际主义和民主的改造和扩大，但同样是把渴望肌体优胜的希腊青年引向宙斯神坛脚下的那种宗教情感。"②

顾拜旦对于奥林匹克运动会的宗教情感与西方社会长久以来的基督教文化传统有关，但是，更与渗透在古代奥运会之中的古希腊宗教文化密不可分。奥运史专家约翰·拉卡斯（John A. Lucas）先生指出，在古代奥林匹克运动一千多年的历史中，"参加奥林匹克运动的运动员们的动力，更多的是来自于宗教的狂喜，而不是基于世俗的或者物质上的考虑。对于城邦的热爱，对于体形健美的终生追求，以及对于金钱的诱惑等，都是那些最优秀的运动员们参与奥运的动力，但是，这些都没有超过国家宗教的神圣感对于他们的激励作用。"③

宗教在古希腊社会生活中有着最为崇高神圣的地位，古代奥林匹克运动会从某种意义上说就是古希腊人的一种宗教庆典活动。古希腊人认为，奥林匹斯山是一个神的天国，居住着 12 个巨神，维护着天地间的秩序。宙斯是诸神的之王，他以雷电霹雳为武器，主宰人间天上的一切，具有至高无上的权威。古希腊人认为，神人同形，神人同性，众神虽然在智慧、权能、法术、美貌、力量等方面超越凡俗，但他们在形象、品格、情感、思想等方面与凡人没有区别，有着凡人一样的喜怒哀乐，有时甚至有爱恋、嫉妒、仇恨与厮杀。古希腊人用祭神的方式表达对于诸神的虔诚，认为人们只有同他们建立恰当和善的关

① 国际皮埃尔·德·顾拜旦委员会编《奥林匹克主义——顾拜旦文选》，刘汉全、邹丽等译，北京：人民体育出版社，2008 年 8 月第 1 版，第 231 页。

② 国际皮埃尔·德·顾拜旦委员会编《奥林匹克主义——顾拜旦文选》，刘汉全、邹丽等译，北京：人民体育出版社，2008 年 8 月第 1 版，第 208 页。

③ John A. Lucas, *The Future of the Olympic Games*. Human Kinetics Books, Champaign, Illinois, 1992, p. 2.

系，才能风调雨顺，五谷丰登，儿孙满堂，祛病消灾，国泰民安。他们认为人世间事物的成功是众神"佑助"的结果，而事物的失败是众神"抛弃"所致。古希腊人认为最美的生活就是与众神的生活最为接近的生活，就是参加各种宗教庆典活动，其中最为重要的就是举行祭神歌舞、戏剧表演和体育竞技，人们想以此与神共舞，与神同乐，欢度幸福的时光。在伯利克里时代，每年在雅典举行的节日庆典活动就有六十次之多，希腊其他各地都有丰富多彩的宗教活动，希腊人一年之中约有五分之一的时间用来参加各种祭祀娱乐活动。柏拉图在《理想国》一开头就写到："昨天我和格劳孔一起去比雷埃夫斯，我去那里一是向女神们进行祈祷，同时也是为了看看他们是怎样庆祝节日的。"①

古希腊人认为凡能取悦于人的一切美好的东西同样能取悦于神灵，他们在祭坛前向奥林匹亚山的众神展示自己的健美身姿与高超技艺，以博取宙斯及诸神的欢心。根据古希腊的神话传说，古代奥林匹克运动会是力量之神赫拉克勒斯为祭奠他的父亲宙斯而创立的。每届古代奥运会举办之前，人们在奥林匹亚的宙斯神殿旁举行庄严肃穆的仪式，在祭坛点燃奥林匹克火炬。古代奥运会举办期间，每天都安排有各种宗教仪式，其中以第一天开幕式上的宙斯祭礼最为隆重。这一天，在宙斯神殿前的祭坛上，人们以百头公牛为牺牲献祭神坛，然后，奥运盛会便在熊熊燃烧的"圣火"中正式开幕。人们在宙斯神像前举行集体宣誓仪式，运动员、教练员对着宙斯神像宣誓，"我谨以公正、纯洁和诚信的态度，遵守本章程的各项条款，决不以任何不正当的方式用于竞技，违背者甘愿接受神灵的严厉惩处。"② 对运动员进行资格审查的官员也要对宙斯神像宣誓，保证他们执法公正和没有受贿。仪式的最后是竞技者手摸热气腾腾的猪的内脏，向宙斯保证不以不正当手段谋取胜利，如果违反赛规，心甘情愿接受神灵的惩罚。裁判官们则早已在奥运会举办前的十个月就集中在宙斯神坛前宣誓，保证要公正履行职责，不做枉法裁判。

橄榄花冠包含了深刻的宗教寓意，即在古希腊神话中，橄榄树是智慧女神雅典娜带到人间的，雅典娜既是智慧女神，又是农业和园艺的保护神，还是法律与秩序的维护者。相传雅典娜与海神波塞冬都想以自己的名字为一座城市命名，在双方互不相让、争执不下时，宙斯提议说："谁要是能给人类一件最有

① 依迪丝·汉密尔顿著《希腊精神——西方文明的源泉》，葛海滨译，沈阳：辽宁教育出版社，2003 年 3 月第 1 版，第 73 页。

② 于克勤、章惠菁编著《古代奥运会史话》，上海：上海人民出版社，1986 年 6 月第 1 版，第 75 页。

用的东西，谁就可以成为此座城邑的保护神，并用他的名字来命名。"波塞冬献出的是一匹骏马，而雅典娜给出的是一株枝繁叶茂、果实累累的橄榄树，她对诸神说："这棵树的全身对人类都有用处：橄榄树的果实可以酿酒、榨油，还可以食用；它的树身既可以提炼香料，用作照明，又可以制做药材；橄榄树必将给人类带来和平和丰收，它是康健与强壮的象征，而且是幸福和自由的保证。"① 最后诸神一致判定雅典娜获胜，她便成了雅典城的保护神，橄榄树也就成了女神赐予的神树。奥运会的组织者选派父母双全的儿童，手持金刀来到宙斯神庙的橄榄林中，虔诚地将橄榄枝割下，再用他们灵巧而纯洁的双手，精心编织而成橄榄花冠。因此，橄榄花冠就成了幸福、智慧与荣誉的象征。

三、差异背后的相通之处

孔子与顾拜旦之间的差异无疑是巨大的，二人地理上分别在亚洲和欧洲，生活年代上孔子身处中国古代社会，顾拜旦处在西方近代资本主义社会，相差2400多年。

但是，巨大差异的背后又有许多惊人的相似：其中最根本的是"求道"的热忱与"行义"的执着。二人出身贵族，都是社会改良论者，都对于人性的善良表现出很高的信心，有着强烈进取的精神，希望人与人之间建立起真诚的友爱，生于乱世之中的他们都期待战争的结束并致力于和平的实现。孔子深处一个礼坏乐崩、天下无道的时代，推行仁爱和克己复礼是他终生的追求，尽管命运多舛，处处碰壁，却痴心不改，在绝望中寻找希望。孔子的道义在顾拜旦那里表现为奥林匹克理想，就是要为现代奥林匹克运动注入灵魂。顾拜旦主张奥运会必须"表现出知识性和哲学性"②，"必须一开始便将国际奥委会的作用置于普通的、单纯的体育组织的作用之上"③，国际奥委会委员应当是"奥林匹克思想的理事"④，负责将这一思想浸透在奥运会中。他曾经痛切地感

---

① 于克勤、章惠菁编著《古代奥运会史话》，上海：上海人民出版社1986年6月第1版，第154页。

② ［法国］皮埃尔·德·顾拜旦著《奥林匹克回忆录》，刘汉全译，北京：北京体育大学出版社，2007年11月第1版，第40页。

③ ［法国］皮埃尔·德·顾拜旦著《奥林匹克回忆录》，刘汉全译，北京：北京体育大学出版社，2007年11月第1版，第40页。

④ ［法国］皮埃尔·德·顾拜旦著《奥林匹克回忆录》，刘汉全译，北京：北京体育大学出版社，2007年11月第1版，第74页。

受到，在这个日益商业化的时代，众人对于奥林匹克主义是那么的陌生，不仅一般人不理解，很多运动员也不理解，他甚至怀疑自己从事复兴奥林匹克运动这一国际性努力的能力，但他又一刻也没有放弃这种努力，因为假如"没有这种努力，又如何支持奥林匹克主义？"①

对于提升道德的高度热忱，是孔子与顾拜旦的另一相通之处。孔子与顾拜旦都抱有强烈的道德感，期望他们的努力能够提升人们的道德，进而促进整个社会的完善。孔子处在一个"礼坏乐崩"的时代，他呼唤人们恪守礼乐，回归道德，要求人们要"修德"、"好德"。他还很重视通过体育活动去培育和提升人的道德素质，对弟子进行"射以观德"教育。在西周出现的《大武》是歌颂武王统一中国的伟大功绩的一种武舞，因为武舞中有许多体现搏斗和拼杀的场面，这与儒家宣扬的"筋骨之力不如仁义之力荣也"的道德思想相抵触，所以孔子认为其"尽美矣，未尽善也"。他主张"射不主皮"，礼射的射只是一种手段，进行礼、仁的道德教育才是目的。孔子的德性追求对中国传统体育产生深刻影响，比如被誉为国粹之一的中国武术，它对于练习者最基本的要求是恪守武德。"武德比山重，名利草芥轻"；"德薄艺难高，敦厚功易深"；"心偏拳不正"；"欲练武，先修德"；"拳以德立，德为艺先"；"以德为先，技道两进"；"未曾学艺先学礼，未曾习武先习德"，等等，这些武术谚语深刻说明了道德追求的重要性。关于中国对道德修养的高度重视，陈瑛先生指出："伦理道德与中国是如此有缘，它们的结合对于双方来说似乎都找到了最佳的选择，取得了最大的效果：作为一种社会意识形态，伦理道德可以说是一切国家和民族都有的，但是它在世界上任何地方，都没有能够像在中国这样受到关注和重视，伦理道德作为中华民族文化的核心，几千年来已经深入、渗透到政治、经济和文化教育的一切方面，深入、渗透到民族文化心理之中。从另一方面讲，在中国从来没有任何一种社会意识形态，包括宗教、艺术等，能够取得像伦理道德这样的显赫地位，如此受人尊敬和崇敬，它已经成为凌驾于一切思想文化、意识形态之上的'道'，指导和支配着这里的'理'和'器'，成为人们几乎一切思想言行的出发点和立足点。"②

在奥运会复兴之初，顾拜旦就期望将之拓展为一项追求伦理完美的事业，

① ［法国］皮埃尔·德·顾拜旦著《奥林匹克回忆录》，刘汉全译，北京：北京体育大学出版社，2007年11月第1版，第5页。
② 陈瑛主编《中国伦理思想史》，长沙：湖南教育出版社，2004年4月第1版，第1页。

希望身体竞技能够闪烁出道德的光辉。1894年11月16日顾拜旦在雅典发表演说，谈及时代的道德状况时说："即使对本世纪的历史研究不多，我们也能感受到现实的道德沦亡所带来的深深震撼。道德混乱似乎是由工业革命所引发。生活一片混乱，地球各个角落的人们逐渐感觉到，承载他们的大地，在他们脚下震颤。"① 为防止体育运动坠入唯利是图的商业化深渊，他主张寻找一种道德制衡力量，希望体育运动能够"成为教师得心应手的有效道德教育手段"②。现代奥运会应该像古代奥运会那样注重考察参赛者的道德资格，他说："我们坚信，这项考察在今时今日仍须贯彻到底。奥林匹克运动会的庆典越庄严隆重，人们就越发敬重它。可以说，人们希望通过净化参赛者的心灵，通过培养无愧于奥林匹克之名的真正精英群体，来维护奥运会卓越的声望。"③ 他的道德理想是，"只有当参赛的运动员们的'体育精神'在道德品质方面达到一定的高度，圆满的成功才会实现。"④ 他呼吁参赛者要努力培育骑士精神，具备理想崇高、气魄健康、精力旺盛等骑士品质，"如果竞赛者中大部分人都能够自始至终地表现出他们的光明磊落，毫不懈怠地付出自己的努力，直到比赛的最后一天，那将是道德的丰硕成果。"⑤ 在谈到法规的意义时，顾拜旦说："我们不否认法规的重要作用，但必须承认法规不可能成为彻底纯洁体育精神的最有效的工具。任何一种法规只有在人们遵守它的时候才能体现其价值。"⑥这种观点与孔子极为相似，孔子在论及道德与刑律之间的差异时说："导之以政，齐之以刑，民免而无耻。导之以德，齐之以礼，有耻且格。"⑦

　　二位博览群书，满腹经纶，都表现出对于历史文化的高度倾慕。孔子"信而好古"，推崇西周的礼乐文化，感慨其丰富典雅，说"郁郁乎文哉，吾

---

　　① 国际皮埃尔·德·顾拜旦委员会编《奥林匹克主义——顾拜旦文选》，刘汉全、邹丽等译，北京：人民体育出版社，2008年8月第1版，第58页。

　　② 国际皮埃尔·德·顾拜旦委员会编《奥林匹克主义——顾拜旦文选》，刘汉全、邹丽等译，北京：人民体育出版社，2008年8月第1版，第59页。

　　③ 国际皮埃尔·德·顾拜旦委员会编《奥林匹克主义——顾拜旦文选》，刘汉全、邹丽等译，北京：人民体育出版社，2008年8月第1版，第96页。

　　④ 国际皮埃尔·德·顾拜旦委员会编《奥林匹克主义——顾拜旦文选》，刘汉全、邹丽等译，北京：人民体育出版社，2008年8月第1版，第205页。

　　⑤ 国际皮埃尔·德·顾拜旦委员会编《奥林匹克主义——顾拜旦文选》，刘汉全、邹丽等译，北京：人民体育出版社，2008年8月第1版，第206页。

　　⑥ 国际皮埃尔·德·顾拜旦委员会编《奥林匹克主义——顾拜旦文选》，刘汉全、邹丽等译，北京：人民体育出版社，2008年8月第1版，第156页。

　　⑦ 《论语·为政》

从周"①。西周文化在孔子心目中的崇高地位，相当于古希腊文化在顾拜旦心目中的位置。顾拜旦是一位历史学家，钟爱古代文化，对于孕育了古代奥运会的古希腊文化由衷地赞叹，认为在成就现代奥林匹克运动的过程中，"对古希腊文化的热情是必不可少的"②，他说："远离《阿波罗颂》的和声和帕提侬神庙的身影，奥林匹克运动会的声音显然已缺乏说服力。"③ 为此他没有选择自己的出生地法国巴黎，而是促成在希腊雅典举办了第一届现代奥运会。1894年11月的一个夜晚，顾拜旦满怀朝圣者的虔诚，第一次来到奥林匹亚废墟，遥想这里曾经有过的神圣与辉煌，抒发思古之幽情。顾拜旦回忆说："我记起那条蜿蜒伸向山丘的小路，博物馆和旅馆就坐落在山丘上。阿尔费河上清风徐起，送来阵阵幽香。一时间，月光通明，朦胧的景色变得格外清澈。星夜垂落在我正在试图与之亲近的两千年的光阴上。"④ 他1929年在巴黎发表的演讲中说："我是忠于现代表征的人，我一直想以古代精神恢复奥运会赛制，赋予奥运会一种满足现代需求和愿望的世界性的形式。"⑤

二位都对于女性表现出一定的歧视。子曰："唯女子与小人为难养也。近之则不孙，远之则怨。"⑥ 意思是说，只有妇女和小人一样难以对付，你太亲近她，她会对你不谦逊；你疏远了她，她又会埋怨你。顾拜旦歧视女性，拒绝女性参加奥运会比赛，这一观点尽管受到了越来越强烈的抵制，但他的立场一直没有改变。1928年，顾拜旦在致第9届阿姆斯特丹奥运会各位运动员和参与者的一封信中表示，反对女子参加奥运会，他说："至于女子参加奥运会的问题，我仍然持反对态度。女子已被接受参加越来越多的体育比赛，这是违背我的初衷的。"⑦ 1934年6月23日，顾拜旦在洛桑大学礼堂发表题为《奥林匹克主义四十年1894~1934》的演讲，他说："我始终认为，女子不应该从事

① 《论语·八佾》。

② ［法国］皮埃尔·德·顾拜旦著《奥林匹克回忆录》，刘汉全译，北京：北京体育大学出版社，2007年11月第1版，第72页。

③ ［法国］皮埃尔·德·顾拜旦著《奥林匹克回忆录》，刘汉全译，北京：北京体育大学出版社，2007年11月第1版，第23页。

④ ［法国］皮埃尔·德·顾拜旦著《奥林匹克回忆录》，刘汉全译，北京：北京体育大学出版社，2007年11月第1版，第206页。

⑤ 国际皮埃尔·德·顾拜旦委员会编《奥林匹克主义——顾拜旦文选》，刘汉全、邹丽等译，北京：人民体育出版社，2008年8月第1版，第215页。

⑥ 《论语·阳货》

⑦ 国际皮埃尔·德·顾拜旦委员会编《奥林匹克主义——顾拜旦文选》，刘汉全、邹丽等译，北京：人民体育出版社，2008年8月第1版，第209页。

体育运动，女子比赛项目应该从奥运会中排除出去。我仍然认为，奥运会是为男子运动员个人获得难能可贵的无上荣耀而恢复的。"① 1935 年，顾拜旦发表题为《现代奥林匹克主义的哲学基础》的演讲，他明确地讲："我眼中的真正的奥林匹克英雄是成人男子个体"②；"我把现代奥林匹克主义设计为一种由精神的阿尔提斯神圣围墙构成的一个中心，运动员聚集这里进行竞技的是那些充满男子气概的运动项目，是那些防身和培养人们对自己、对危险、对事件、对野性和对生命进行自我控制的运动项目。"③ 他接着说："我本人不赞成妇女参加公开的竞赛。这并不是说她们不能参加各种体育运动，只是她们决不能成为公众场合注意的中心。她们在奥运会上同在过去的比赛中一样应为胜利者佩戴桂冠。"④

此外，二位都深受艺术的熏陶，希望通过艺术修养来提高人的审美情趣。孔子认为艺术对人的教育和熏陶是不可或缺的，主张在教育实践中要"兴于诗，立于礼，成于乐"⑤。即倡导诗教和乐教来使人达到完善的境界。顾拜旦认为体育运动必须创造美，奥运必须体现美与尊严，为此他设计了奥运会的仪式和标志，在 1906 年召开的"艺术、文学和体育关系研讨会"上向国际奥委会建议在奥运会中设置"建筑、雕塑、音乐、绘画和文学等五项文艺比赛，面向一切直接从体育思想获得灵感的未发表的新作品"⑥。二位都是体育的爱好者和推动者。孔子本人就是一位射箭的能手，他还喜欢登山运动，射箭和驾车是他所推行的体育教育内容。顾拜旦就更是如此，他更看重体育，把体育作为培育人的沃土，把与文化教育相结合的体育竞技视为培育全面和谐发展的人的有效手段，并为此而复兴了奥林匹克运动。

孔子与顾拜旦在出身、爱好、修养、性情等都有如此多的一致性，甚至连性别歧视方面的缺点都是那么的相似，不禁让人产生这样一个不可能存在的假

---

① 国际皮埃尔·德·顾拜旦委员会编《奥林匹克主义——顾拜旦文选》，刘汉全、邹丽等译，北京：人民体育出版社，2008 年 8 月第 1 版，第 169 页。

② 国际皮埃尔·德·顾拜旦委员会编《奥林匹克主义——顾拜旦文选》，刘汉全、邹丽等译，北京：人民体育出版社，2008 年 8 月第 1 版，第 240 页。

③ 国际皮埃尔·德·顾拜旦委员会编《奥林匹克主义——顾拜旦文选》，刘汉全、邹丽等译，北京：人民体育出版社，2008 年 8 月第 1 版，第 241 页。

④ [法国] 皮埃尔·德·顾拜旦著《奥林匹克理想——顾拜旦文选》，詹汝琮等译，北京：奥林匹克出版社，1993 年 9 月第 1 版，第 153～154 页。

⑤《论语·泰伯》

⑥ [法国] 皮埃尔·德·顾拜旦著《奥林匹克回忆录》，刘汉全译，北京：北京体育大学出版社，2007 年 11 月第 1 版，第 86 页。

设——假如生活在同一个时代的同一个国度，他们很可能会成为同道或者挚友，或许会共同成就不朽的事业。孔子与顾拜旦之间最为深刻的一致性在于思想上的一致性，本文旨在构筑一个跨越时空的文化桥梁，试图对《论语》所体现的孔子之道与顾拜旦开创的奥林匹克运动所体现的伦理精神作一次思想灵魂上的沟通。

这一沟通的努力是从如下六个方面展开的：第一，奥林匹克主义与孔子儒学的"成人"之道。人的全面和谐发展是人类永恒的追求，《论语》的"成人"之道与奥林匹克主义就是关于人的和谐、全面、均衡发展的两种思想形态，都强调通过实现人与文化、艺术、教育、体育等的结合，发挥榜样的示范作用，表达出深切的人道情怀。第二，奥林匹克精神与孔子儒学的和爱主张。《论语》的"和而不同"论与奥林匹克精神关注的是人与人之间的和谐关系，即人与人在相处之中要尊重差异，求同存异，相互理解，公道正直，建立充满友爱、仁爱的人际关系氛围。第三，奥林匹克宗旨与孔子儒学的"治世"理想。这个问题关注的是国家、地区如何实现和谐秩序，不同国家之间、不同地区之间如何建立和谐关系。孔子与顾拜旦这两个具有强烈入世精神的人，一直在思考如何建设和维系和谐社会、和平世界。第四，奥林匹克格言与孔子儒学的"弘毅"精神。孔子"弘毅"精神与奥林匹克运动的拼搏精神，都是在倡导不断进取的人生姿态，同时强调在奋斗中寻求人生的快乐，对奋斗的成败保持某种超越的姿态。与进取精神相联系的是竞争精神，在竞争精神方面，孔子与顾拜旦之间，进而可以说中西方之间是有差异的。第五，奥林匹克运动的环境关爱与孔子儒学的环境伦理思想。顾拜旦时代的人类还没有对环境问题给予高度的重视，奥林匹克运动的环境关爱是近半个世纪的事情，《论语》中敬畏天地、乐山乐水、生态关护、力倡节俭等思想对于奥林匹克运动更加尊重与善待自然有着很大的启示意义。第六，奥林匹克运动的世界主义与孔子儒学的天下情怀。与古代奥运会那样具有地域性、封闭性、种族性不同，现代奥林匹克运动具有世界性、开放性，这与孔子儒学所具有的天下情怀是向吻合的。

对于和平的向往，积极进取的人生姿态，"和而不同"的人际准则，对于人的全面和谐发展的追求，对于人类生存环境的关爱，本书之所以从这些方面对奥林匹克理想与孔子儒学之道进行一番沟通和对接的努力，是因为这些可贵的思想反映了人类精神的伦理追求，具有深刻的普世价值，对人们在全球化时代的价值选择具有指导意义。

1988 年 1 月，75 位诺贝尔奖获得者在法国巴黎召开会议。在会议结束时发表的《巴黎宣言》指出："如果人类要在 21 世纪生存下去，必须回首二千五百四十年前，去吸取孔子的智慧。"同样，在 21 世纪，希望自身"更人性、更纯洁、更团结"的奥林匹克运动，也需要从孔子那里吸取智慧。

四、本书的基本概念及其内涵

本书涉及的基本概念包括体育和伦理学两个方面，体育方面的基本概念有体育、竞技运动、奥林匹克运动。体育（physical education）是社会教育的一种形式，是通过身体活动而进行的教育。杨文轩教授认为"体育是以人体运动为基本手段增进健康、提高生活质量的教育过程与文化活动"[①]。周爱光教授认为"体育是以增强体质，促进健康为目的，以身体活动为手段（媒介）的教育"[②]。竞技运动（sports）是体育的一种形式，它起源于游戏，被认为是"有组织的身体游戏"，奥运会上的比赛项目都属于竞技体育项目。国际竞技体育协会（ICSPE）关于竞技运动有一个较为宽泛的定义，即"凡是含有游戏的属性并与他人竞争以及向自然障碍挑战的运动都是竞技运动"[③]。周爱光教授认为"竞技运动是一种具有规则性、竞争性或挑战性、娱乐性和不确定性的身体活动"。[④]任海教授对奥林匹克运动作如下定义："奥林匹克运动，是在奥林匹克主义指导下，以体育运动和四年一度的奥林匹克庆典为主要活动内容，促进人的生理、心理和社会道德全面发展，沟通各国人民之间的了解，在全世界普及奥林匹克主义，维护世界和平的国际社会运动。"[⑤] 现代奥林匹克运动从 1894 年诞生至今，逐渐形成了以奥林匹克主义为核心的思想体系，以国际奥委会、国际单项体育联合会及各国和地区奥委会三大支柱为骨干的组织结构体系，以及以奥运会为周期性高潮的活动内容体系。四年一度的奥林匹克运动会是奥林匹克运动周期性的高潮，包括夏季奥运会、冬季奥运会和残疾人奥运会，其中夏季奥运会是奥林匹克运动会的最为突出的形式。根据体育理论界的习惯称呼，如果没有特别说明，奥林匹克运动会就是指夏季奥运会，如我

---

① 杨文轩，陈琦著《体育原理》，北京：高等教育出版社，2004 年 4 月第 1 版，第 15 页。

② 卢元镇主编《体育人文社会科学概论高级课程》，北京：高等教育出版社，2003 年 8 月第 1 版，第 96 页。

③ 转引自周爱光著《竞技运动异化论》，广州：广东高教出版社，1999 年 4 月第 1 版，第 96 页。

④ 卢元镇主编《体育人文社会科学概论高级课程》，北京：高等教育出版社，2003 年 8 月第 1 版，第 100 页。

⑤ 任海主编《奥林匹克运动读本》，北京：人民体育出版社，2005 年 8 月第 1 版，第 1 页。

国 2001 年申办成功的第 29 届奥运会指的就是夏季奥运会。

伦理学方面的基本概念有道德、伦理、伦理精神。罗国杰先生认为，"所谓道德，就是人类现实生活中，由经济关系所决定，用善恶标准去评价，依靠社会舆论、内在信念和传统习惯来维持的一类社会现象。"① "伦理"一词出自《礼记·乐记》，"乐者，通伦理者也"。"伦"指人伦，指血缘辈分关系；"理"指纹理、条理、道理；伦理的本义就是指调节人伦关系的原则、道理。伦理精神是指伦理思想的精神实质，是一个国家、民族或重大社会运动的基本的道德素质和道德风貌的反映，是该国家或民族、该社会运动关于生存秩序、价值取向与生命追求的基本主张。伦理精神是对于伦理习俗、伦理规则、伦理思想的抽象、凝练与升华，它以伦理习俗、伦理规则、伦理思想为基础，但又高于伦理习俗、伦理规则、伦理思想。陈瑛先生认为道德规范有主次、高低、抽象和具体、决定性和被决定性等区别，明确提出关于伦理精神的概念。他说："当我们分析历史上不同的人群，不同的社会集团，甚至不同的学派时，总会发现他们往往有着自己独特的道德规范体系，他们依据自己的利益和愿望，把某种基本的、重要的道德规范作为根本和核心，去统帅和支配其他道德规范，贯彻和体现在这些人群、社会集团，甚至学派的思想行为之中，并依此形成自己独有的道德倾向和道德风貌。这些最基本、最重要、作为这些人群、集团甚至学派的道德规范体系的根本和核心的道德规范，就是他们的伦理精神或道德原则——当其蕴积在这些人群、集团甚至学派之中，支配其思想行为之时，称为伦理精神；当其决定或指导其他道德规范时，则称之为道德原则。"② 儒家的仁义、道家的自然无为、墨家的兼爱、法家的去私行公等，都可以被称为该学派的伦理精神或道德原则。

① 罗国杰等编著《伦理学教程》，北京：中国人民大学出版社，1986 年 2 月第 1 版，第 8 页。
② 陈瑛主编《中国伦理思想史》，长沙：湖南教育出版社，2004 年 4 月第 1 版，第 11～12 页。

第一章

"成人" 思想与奥林匹克主义

　　人本精神是孔子儒学与现代奥林匹克运动的根本契合点。孔子主张"仁者爱人","己所不欲,勿施于人","己欲立而立人,己欲达而达人",都明白无误地肯定了人的地位和价值。在孔子对人的设计中,实现了全面和谐发展的人被称为"成人"。作为奥林匹克运动核心思想的奥林匹克主义,是谋求人的身体、意志和精神的均衡发展的一种生活哲学。对什么是全面和谐发展的人、如何培育全面和谐发展的人等问题,《论语》和奥林匹克运动做了积极的探索,都强调教育、道德、体育、艺术在实现人的全面和谐发展中的重要价值,注重发挥良好榜样的示范作用。

一、儒家的人道精神与奥运的人本关怀

　　人类文明的早期属于神本时代,后来逐渐演进到拜物教时代。在"以神为本"的神灵崇拜与"以物为本"的物质崇拜的缝隙之间,孔子与顾拜旦把目光都投向了对于人本身的关爱。

　　1. 儒家的人道精神

　　《尚书·泰誓》中说"惟人万物之灵",《孝经》里讲"天地之性人为贵",儒家思想的一个突出特色就是对于人的生命价值的高度关注。在儒家思想中,"人"与"天"、"地"并立为"三才",人是集天地灵气而生成的,可以"参天地之化育",天地之间人是最为尊贵的,是最值得关爱的。

　　儒家的人本关注是从两个方面展开的,一方面,儒家努力将人的世界与鬼神世界隔离开来,把注目的焦点从天上移到人间。《论语》中讲"未能事人,

焉能事鬼"①，"务民之义，敬鬼神而远之"②，"子不语怪力乱神"③ 等。孔子的这些思想体现了中国传统伦理以人为本的精神，即不是以神为中心、为根本，而是以人为中心，更多地考虑社会问题，注重现实人生和尘世的幸福。《左传·桓公六年》上说："夫民，神之主也。是以圣王先成民而后致力于神。……民和而神降之福，故动而有成。今民各有心，而鬼神乏主，君虽独丰，其何福之有！"④ 荀子一方面强调"天人合一"，人必须顺应上天，尊重自然规律；以此为前提，他还主张"天人相分"，要"明于天人之分"，认为人不是自然的奴隶，人在自然面前并非无能为力，要"致天命而用之"。东汉思想家仲长统提出了"人事为本，天道为末"的主张，认为人们应顺应自然四时，以天道引导人道，而不要以自然现象妄言人事的吉凶，注重人事才是最根本的。

另一方面，强调人兽之别，把人从草木鸟兽之中提升出来，使其达到"天地之灵"的位置。儒家强调人与禽兽之间的分别，认为人之所以为人的特性就在于有"人道"，守仁义，讲礼仪。一个人如果不仁不义，不讲廉耻，为所欲为，表面上是人，其实与禽兽无异，即"衣冠禽兽"。孟子认为，人与禽兽的区别本来是不多的，人因为有了"五伦"及其道德关系，即"父子有亲，君臣有义，夫妇有别，长幼有序，朋友有信"⑤，才使其从动物界中升华出来。荀子说："水火有气而无生，草木有生而无知，禽兽有知而无义，人有气有生有知亦且有义，故最为天下贵也。"⑥ 南北朝时期的思想家何承天在批判佛教神学时指出，"人非天地不生，天地非人不灵"，人"禀气清和，神明特达，情综古今，智周万物，妙思穷幽赜，制作侔造化"，因而人是超越于动物界之上的，不能将人与"飞鸟虫蚝"归为一类。

孔子思想中的"仁"就是要求人们富于爱心，尽力帮助他人，要"成人之美"，"己所不欲，勿施于人"，"己欲立而立人，己欲达而达人"。孔子说："泛爱众而亲仁。"⑦ 这就是说，仁者关怀的对象不是局限在社会某一个或某几个阶层，而是非常广泛的，甚至可以理解为所有的人。对此，罗国杰先生指出："孔

---

① 《论语·先进》

② 《论语·雍也》

③ 《论语·述而》

④ 《左传·桓公六年》

⑤ 《孟子·滕文公上》

⑥ 《荀子·王制》

⑦ 《论语·学而》

丘曾明白地解释说，'仁'就是'爱人'。他没有讲，他所爱的人中，也包括奴隶，但是，不论从概念的范畴、理论的选择还是从当时的文字使用和这一思想的内容来看，也得不出他所说的人就不包括奴隶。应该说，尽管在实质上，他不会像爱奴隶主贵族一样去爱奴隶，但从一般意义上来看，他们说的'人'是包括奴隶在内的一切人。"① 孟子认为"民为贵，社稷次之，君为轻"②，这种"以民为本"的思想也是中国古代"以人为本"的文化精神的重要体现。

2. 奥林匹克运动的人本关怀

孔子"泛爱众"的思想，表现在现代奥林匹克运动中就是顾拜旦倡导的"体育为大众"。与古代奥运会不同，现代奥林匹克运动所关心的人超越了阶级局限、性别局限和种族局限，将关心的对象放大至所有的人。《奥林匹克宪章》在"基本原则"第3条规定："奥林匹克的目的是使体育运动为人的和谐发展服务，以促进建立一个维护人的尊严的和平社会。"③《奥林匹克宪章》"基本原则"第8条规定："从事体育运动是人的权利，每一个人都应有按照自己的需要从事体育活动的可能性。"④《奥林匹克宪章》还规定："鼓励发展大众体育。大众体育是高水平体育的基础，而高水平体育又有助于推动大众体育的发展。"⑤

现代奥林匹克运动虽然不是超阶级的，但它不像古代奥运会那样赤裸裸地排斥下等阶层。顾拜旦主张"体育为大众"，认为阶级差异应该在体育中消失，他说："在19世纪的很长时间里，复兴的体育运动仅仅是年轻人、富翁和有闲阶层的消遣。为使中等阶级得到尽可能的运动愉悦，奥委会付出了超越常人的更大努力。现在，它应该可以完全为工人阶级理解和接受。体育为大众，这是一个新的法则，也许我们应该将这一乌托邦变为现实。"⑥ 他提出"需要为无产者青年提供免费或几乎免费的运动训练和运动营养"⑦。在《现

---

① 《罗国杰自选集》，北京：中国人民大学出版社，2007年8月第1版，第153~154页。

② 朱熹：《四书集注》，长沙：岳麓书社，1987年6月第1版，第525页。

③ 国际奥林匹克委员会《奥林匹克宪章》，北京：奥林匹克出版社，2001年2月第4版，第8页。

④ 国际奥林匹克委员会《奥林匹克宪章》，北京：奥林匹克出版社，2001年2月第4版，第8页。

⑤ 国际奥林匹克委员会《奥林匹克宪章》，北京：奥林匹克出版社，2001年2月第4版，第9

⑥ 《奥林匹克评论》，1993年9月，易剑东译。

⑦ ［法国］皮埃尔·德·顾拜旦著《奥林匹克理想——顾拜旦文选》，詹汝琮等译，北京：奥林匹克出版社，1993年9月第1版，第83页。

代奥林匹亚》一文中，他指出："任何损害他人利益以维护所谓社会特权阶层的企图，都将激起公众良知的义愤。除了完善肌体外，现代体育运动不认同任何其他将之贵族化的举动，而强身健体，并不能由某个阶层里的某些个体所垄断。"①

顾拜旦1919年1月13日写到："运动曾经是游手好闲的阔少们用来消磨时光的工具，30年来，它一直只满足资产阶级子弟过闲暇时间的需要，而现在已经是无产阶级子弟品尝体育欢乐的时候了。"② 他1919年在《庆祝奥林匹克运动复兴25周年》的演讲中说，体育运动"必须要面向大众"③，"奥林匹克精神致力于让社会底层的人们接触到现代工业所塑造的各种锻炼形式，享受到强身健体的乐趣。"④ 如果一项体育运动只有有限的一部分人被包含在内，它就是不完美的。

1920年8月17日，他在国际奥委会第18次会议上指出："每个人都有适合自己的运动的机会，不管他的自然潜力有助于抑或不利于其运动的发展都应一视同仁。"⑤ "让我们促进每天的体育锻炼，努力增加吸引群众的便利条件，消除无用的障碍，简化复杂的规则。"⑥ 1925年的布拉格奥林匹克大会上，顾拜旦再次呼吁，为人人提供体育运动的机会是每个现代国家最重要的基本义务之一，"各种体育设施，包括所有的体育项目以及马术项目在内的设施应尽可能免费地提供给所有公民，这也是现代市政当局应当履行的职责。"⑦

奥林匹克运动发展到当代，萨马兰奇认为，"如今的体育运动已经变得相当普及，它不再专属于某些特权阶级，通过广泛的体育教育，而被广大民众所

① 国际皮埃尔·德·顾拜旦委员会编《奥林匹克主义——顾拜旦文选》，刘汉全、邹丽等译，北京：人民体育出版社，2008年8月第1版，第96页。
② 转引自拉斯洛·孔著《体育运动全史》，颜绍泸译，中国体育史学会办公室，第286页。
③ 国际皮埃尔·德·顾拜旦委员会编《奥林匹克主义——顾拜旦文选》，刘汉全、邹丽等译，北京：人民体育出版社，2008年8月第1版，第151页。
④ 国际皮埃尔·德·顾拜旦委员会编《奥林匹克主义——顾拜旦文选》，刘汉全、邹丽等译，北京：人民体育出版社，2008年8月第1版，第152页。
⑤ ［法国］皮埃尔·德·顾拜旦著《奥林匹克理想——顾拜旦文选》，詹汝琮等译，北京：奥林匹克出版社，1993年9月第1版，第80页。
⑥ ［法国］皮埃尔·德·顾拜旦著《奥林匹克理想——顾拜旦文选》，詹汝琮等译，北京：奥林匹克出版社，1993年9月第1版，第80页。
⑦ 国际皮埃尔·德·顾拜旦委员会编《奥林匹克主义——顾拜旦文选》，刘汉全、邹丽等译，北京：人民体育出版社，2008年8月第1版，第195页。

接受。"① 萨马兰奇将体育作为人的一种权利，即每个人都应该进行体育活动，每个人都应该拥有健康。他说："国际奥林匹克运动，并不仅仅关心那些高水平的运动项目，我们也对全世界的全民体育运动的发展极感兴趣。全民体育就是全民健康，它生动地体现我们现代社会中体育运动所具有的极其重要的意义。"② 对于在中国举办的奥运会，萨马兰奇先生评论说："国际奥委会再一次表明了它是为全人类服务的。"③ 在萨马兰奇先生的提议下，国际奥委会成立了大众体育委员会，以引导大众体育的健康发展，使奥林匹克运动所倡导的理想渗透到社会中去。在联合国教科文组织、世界卫生组织等机构的资助下，在国际奥委会的鼓励下，大众体育委员会定期举行大会。1987年以来世界很多国家和地区都在每年6月23日国际奥委会成立周年之际，举行"奥林匹克日"长跑活动。

"以运动员为核心"是奥林匹克运动的重要思想，这一思想正是"体育为大众"思想的体现。为实现"体育为大众"的体育思想，顾拜旦强调发挥奥运选手的榜样作用，将树立"奥运选手的榜样"作为教育青年的一种重要方式。他曾经做这样的设想，"为了吸引100个人参加体育锻炼，必须有50个人从事竞技运动；为了吸引50个人参加竞技运动，必须有20个人接受专门训练；为了吸引20个人接受专门训练，必须有5个人具有创造非凡成绩的能力"。④ 正因为此，看似矛盾的奥林匹克运动的大众化与奥林匹克运动的精英化就完美地结合在了一起。顾拜旦强烈呼吁人们要理解运动员，他们刻苦训练，百折不挠，渴求胜利，而且有互助精神，他们所代表的体育精神是值得尊敬的。萨马兰奇一再强调运动员是奥林匹克运动的主角，如果没有运动员有效而且广泛的参与，奥林匹克运动不可能发展壮大起来。他说："运动员过去是、现在是、将来也应该是奥林匹克运动的核心。"⑤ "我们不能忽视或忘记国际奥委会永远是服务于广大运动员的，在任何前提下，我们的职责都是随时听

---

① ［西班牙］胡安·安东尼奥·萨马兰奇著《奥林匹克回忆》，孟宪臣译，北京：世界知识出版社，2003年7月第1版，第47页。

② 中国体育报，2000年9月10日。

③ ［西班牙］胡安·安东尼奥·萨马兰奇著《奥林匹克回忆》，孟宪臣译，北京：世界知识出版社，2003年7月第1版，第262页。

④ ［法国］皮埃尔·德·顾拜旦著《奥林匹克理想——顾拜旦文选》，詹汝琮等译，北京：奥林匹克出版社，1993年9月第1版，第151页。

⑤ ［西班牙］胡安·安东尼奥·萨马兰奇著《奥林匹克回忆》，孟宪臣译，北京：世界知识出版社，2003年7月第1版，第50页。

候运动员的差遣。"① "我们工作的主要目标就是保护运动员、爱护他们的身体、发展体育设施为运动员创造良好的训练条件。我们致力于让全世界的运动员都拥有同等的机会，无论他们国内政治和经济制度如何；我们必须为他们，甚至可以说是为人类的进步和发展事业做出努力，与任何阻碍其个人发展和融入社会进程的歧视行为做斗争，让每个运动员都成为该国自由并受人尊重的公民。"②

"以运动员为核心"的思想在实践中具体表现为关心运动员的健康、扩大运动员的管理参与、让最优秀的运动员参加到奥运会中来等方面，其中，关心运动员的健康最为根本。随着奥运会比赛竞争的不断加剧以及比赛技术难度的不断增加，运动损伤甚至运动死亡已经成为不可忽视的问题。运动损伤主要是由于运动量过大、运动之前准备不足、运动技术较差、犯规行为、服用违禁药物等引起的。训练和比赛的安全性在提高的同时，对于运动员身体健康造成越来越大的危害的倾向值得忧虑，因为随着比赛技术难度的不断增加，比赛动作的协调性要求越来越高，就越容易出现运动损伤。

古代奥运会的严重问题之一就是其中的残酷与血腥，偏离了服务于人的身心和谐发展的轨道，走向人本精神的反面。每个项目只有一个优胜者，其他竞技者都是被无情地淘汰的失败者，竞争因此异常激烈。拳击、战车、赛马、拳角联合运动等比赛项目是非常残酷与血腥的，竞技选手甚至会付出生命的代价。如拳击比赛，在早期的拳击比赛上，竞技者用在较为柔软的牛皮带缠绕在手上作为护具；公元前 8 世纪后，有人把牛皮带换成了有着锋利的边缘的硬皮带，并把硬皮带从手掌缠到手腕以至小臂上，以便击败对手以及防护自身。到了罗马时代，拳击竞技者竟然在皮带上嵌上金属扣，比赛中导致流血、致伤、致残的事件屡屡出现，拳击成了一项非常残忍的竞技项目。在一次激烈的拳击比赛中，一名身负重伤的运动员由于用力过猛，自己的手竟然刺入对手的腹部，并把对方的内脏拉了出来，由此而获得胜利。如战车比赛，双轮战车竞技是各个城邦显示军事威力的重要场面，每一辆战车套上四匹马，由一名骑手驾驶，全程十二圈约十四公里，由于道路不平，急转弯时造成战车相撞的事故非常多见，因此而摔伤人的惨剧时有发生，极少有人能够安然无恙地驶完全程。

① ［西班牙］胡安·安东尼奥·萨马兰奇著《奥林匹克回忆》，孟宪臣译，北京：世界知识出版社，2003 年 7 月第 1 版，第 47 页。
② ［西班牙］胡安·安东尼奥·萨马兰奇著《奥林匹克回忆》，孟宪臣译，北京：世界知识出版社，2003 年 7 月第 1 版，第 47 ~ 48 页。

公元前460年举行的第80届奥运会战车比赛上，四十多个竞技者中只有一个人毫发无损地达到终点。如赛马比赛，由于马上没有马鞍、脚蹬，不少竞技者由于马匹失足或者技术欠佳而摔下马来，以至折断手脚，甚至当场毙命。而骑手多是贵族雇佣的，马匹的主人无须冒摔死摔伤的危险。如拳角联合运动，这是一项综合了拳击和角力两项竞技的比赛，异常激烈与残酷。竞技没有体重级别划分，几乎所有动作都可以采用，拳打脚踢、掐脖子、堵鼻子等都不被禁止，可以把对方打倒在地并踏踩击打，直到对手认输为止。残酷事件不断出现，如有的竞技者设法把对手的眼球挤压出来，有的折断对手的手指或脚趾，有的将对手的踝骨扭脱臼而使其屈服等。

二、"寓健全的灵魂于健康的躯体之中"

以人为本，最根本的就是关心人的身心和谐状况。身心和谐是人的理想存在状态，在众多关于人的身心和谐发展的思想与实践中，孔子的"成人"之道与奥林匹克运动关于人的均衡发展的生活哲学，是人类社会在不同时代、不同地域、不同文化背景下诞生的美好理想，可谓异曲而同工。

1. 身心关系及其历史发展、观念演变

人的身体与精神之间既是对立的又是统一的，人类身心关系的历史发展呈现出从身心合一到身心分离、再到新的身心合一的过程，在不同时代、不同民族有着不同的观念，表现出不同的特色。

第一，身体与精神的关系。

身体与精神是人的存在的两个不同的方面，人既是物质性的肉体存在，又是非物质性的精神存在。西方文化有一个总体倾向，即强调身体与精神的对立性，推崇精神而贬低肉体，认为肉体是"黑暗的牢房，是与生俱来的坟墓，是丧失了感觉的僵尸，是背负的十字架，是盗贼般的朋友，他伴作爱你，暗中却妒恨你。"① 近代法国哲学家笛卡尔认为人的肉体和精神是完全不同的，在肉体的概念里不包含任何属于精神的东西，反之亦然。

身体与精神不仅是对立的，又是相统一的。这种统一性表现在如下方面：首先，身体是精神存在的物质前提，是精神产生的依托。人的最简单、最低层次的精神活动形式是各种感觉现象，感觉的产生自然离不开肉体的感官。人的

---

① R. D. 莱恩著《分裂的自我》，桂林：桂林出版社，1994年版，第57页。

高层次的精神活动形式是理性认识，而理性认识是以感性认识为基础的，而且思维活动的进行是以人的大脑为中心的神经系统的功能。荀子认为"形具而神生"；在王充看来，"人之所以生者，精气也；死而精气灭。能为精气者，血脉也；人死而血脉竭，竭而精气灭。"① 范缜在《神灭论》中提出"形质神用"的观点，认为"形者神之质，神者形之用。是则形称其质，神言其用"。身体健康是人从事社会活动的基础，是人的最基本的幸福。法国哲学家拉美特利在《人是机器》中说："那美丽的心灵，伟大的意志，只有在身体条件允许它的时候才能发生作用，并且它的趣味是随着年龄和狂热变动的！这样，我们难道还用得着奇怪：为什么哲学家们为了保持心灵的健康，总是注意身体的健康。"德国哲学家叔本华在《幸福论》中把人生的财富分为三种，即物质财富、身体财富和精神财富，认为人生最具意义的是健康、力量、美德、气质、道德、知识和教养，健康是幸福生活的第一要素，是幸福的基础，主张每个人至少花两个小时在新鲜空气中做轻松活动。

其次，身体和精神是相互作用的。身体的状况直接影响精神的状态，身体的健壮与精神的振作是紧密联系在一起的，而身体的虚弱往往导致精神的萎靡，身体的崩溃会引起精神的绝望。研究表明，人在进行有氧代谢运动时，脑垂体腺能够分泌出吗啡类激素内啡肽，内啡肽具有镇静作用，能缓解精神疾病的某些症状。因此，坚持良好的锻炼习惯能够缓解精神紧张，保持饱满的精神状态。经常参加体育活动的人，对于生活节奏的改变有较强的适应能力，帮助人们克服对越来越快的工作节奏、生活节奏的抵触、恐惧、烦闷、焦虑等心理，有助于培养人们良好的伦理观念，建立良好的人际关系。另一方面，人的精神反过来会作用于人的身体，良好的心态会促进身体的健康，压抑的精神会致使神经内分泌免疫机能遭受损害，导致身体的各种疾病。中医认为"精神不守则内疾生"，我们常说"心宽体胖"、"气大伤身"，苏东坡说"心安是药更无方"，毛泽东说"牢骚太盛防肠断"，等等，都说明精神健康对于身体健康的重大意义。

再次，身心和谐是人的生存的理想状态，是作为一个相对全面发展的人的基本标准。古希腊的很多思想家非常注重身体与灵魂的和谐，认为好的灵魂必须与好的身体相关联，精神上的美必须在肉体上表现出来。德谟克利特说，身体的美，若不与聪明才智相结合，是某种动物性的东西。古罗马诗人尤维纳尔

---

① 《论衡·论死》

的名言——"将健全的精神寓于健康的身体",甚至成为今天人们在阐释奥林匹克主义时经常引用的一句话。英国思想家洛克曾经设想说:"把身体上与精神上的训练相互变成一种娱乐,说不定就是教育上最大的秘诀之一。"① 中国的哲学观念总的倾向是主张身心和谐、身心一体。毛泽东在《体育之研究》中说:"体育者,人类自养其身之道,使身体平均发达,而有规则次序之可言也。"② 他说:"体者,载知识之车而寓道德之舍也。"③ "德智皆寄于体,无体是无德智也。"④ 体育能够起到强壮筋骨、增长知识、调节情感、坚强意志、使人"身心并完"的作用。他因此提倡"文明其精神,野蛮其体魄"的主张,认为学校教育应德、智、体"三育并重","三育"之中体育应占"第一位置",反对以"密如牛毛"的繁重课程"蹂躏其身而残贼其生",使学生的身心成长受到危害。

第二,身心关系的历史发展。

原始社会中人类身体处于自然界的威胁之下,风暴、雷电、野兽、疾病等威胁与灾难会对他们的身体构成致命性的打击,加上文化荒芜,身心都没有充分发展。原始人身体个别部位与个别功能的强大,不能说明身体整体发育的进步。面对严峻的生存威胁,身体的训练对于原始人来说就是极其重要的事情,他们必须通过身体锻炼形成强壮的体魄,培养熟练的劳动技能、敏锐的观察能力和勇敢的精神等素质。远古的神话传说,如夸父追日、精卫填海、愚公移山、后羿射日、嫦娥奔月等等,都体现出他们幻想以超出凡人的身体力量和技艺征服自然的强烈愿望。有的原始部族的人用虎皮、野牛皮、野牛角等作为自己身体的装饰,实际上是在对自己做心理暗示,即自己和猛虎、野牛一样强壮有力。至今流行在我国很多地方的一个民俗是,男孩出生后的整个幼儿阶段,给他穿上虎头形状的布鞋,这明显就是原始自然崇拜遗留至今的痕迹,就是希望孩子身体强壮,健康成长,虎虎生威。

奴隶社会是人类走向文明社会的开端,人的身体和精神都有了一定发展,开始自觉追求二者的和谐。古希腊人对于身体、肉体力量与美的关注是比其他

---

① ［英国］洛克著《教育漫话》,北京:人民教育出版社,1979 年版,第 179 页。

② 中共中央文献研究室编《毛泽东著作专题摘编》,北京:中央文献出版社,2003 年 11 月第 1 版,第 1650 页。

③ 中共中央文献研究室编《毛泽东著作专题摘编》,北京:中央文献出版社,2003 年 11 月第 1 版,第 1650 页。

④ 中共中央文献研究室编《毛泽东著作专题摘编》,北京:中央文献出版社,2003 年 11 月第 1 版,第 1650 页。

民族更为突出的，古希腊的人体艺术最为发达，艺术家通过对人体肌肉与骨骼的解剖学观察，发展出人体雕塑艺术，他们认为身体表现了造物主的伟大与神秘。希罗多德在《历史》中认为，强健而多节的身体是统治者的身体，软弱少节的身体是奴隶的身体，古希腊对身体的崇拜包含了对统治者的赞美在里面——这种身体美学来源于政治的直接需要，它为古希腊的贵族统治提供身体上的论证。艺术家创造裸体雕塑艺术的深层阶级动因，即这些艺术家大多来自于贵族阶层。这种发展呈现出的是社会两极的巨大阶级差异，即奴隶阶级的身心摧残与奴隶主贵族阶级中部分成员所实现出的某种程度的身心和谐，而且，一个阶级中少数人的和谐发展是以另一个阶级的所有人的不和谐发展为代价的。古代奥运会对于参加者身份的严格限制就是典型的证明。中国春秋时期的射、御等体育活动也是属于上层奴隶主贵族社会的专利。到了封建社会，封建时代的农民比奴隶制社会的奴隶有了更多的人身自由，采集、渔猎、游牧、园圃等农业体力劳动更有利于身体的健康，民间体育娱乐活动逐渐丰富起来。但是，身心发展不平衡的阶级格局基本不变，即农民阶级的身心相对的不发展与地主贵族阶级中部分成员所实现出的某种程度的身心和谐，而且，地主阶级中少数人的和谐发展是以农民阶级的绝大多数人的不和谐发展为代价的。

资本主义发展初期，机器大生产对人的身体状况造成威胁，资产阶级的教育就是把工人训练成为劳动机器，工人的身心健康受到摧残。恩格斯在《英国工人阶级状况》中指出，由于资产阶级的残酷压迫，广大工人失去了体育活动的机会，"他们没有机会锻炼身体，发展肌肉的力量，增进肌肉纤维的弹性和强度，而且从小就被剥夺了在新鲜空气里活动的机会。"[①] 恩格斯认为，"分工使一切受它影响的人变成残废，使一部分肌肉发达而其他部分萎缩，而且在每一个劳动部门都按照自己的方式使人变成残废。"[②] 马克思在《资本论》中指出："就机器使肌肉力量成为多余的东西来说，机器成了一种使用没有肌肉力或身体发育不成熟而四肢比较灵活的工人的手段。……不仅夺去了儿童游戏的时间，而且夺去了家庭本身通常需要的、在家庭范围内从事的自由劳动的时间。"[③] 马克思主张体力劳动要与体育结合，体育可以为人的全面发展服务，"未来教育对所有已满一定年龄的儿童来说，就是生产劳动同智育和体

① 《马克思恩格斯全集》第2卷，北京：人民出版社，第492页。
② 《马克思恩格斯全集》第22卷，北京：人民出版社，第446页。
③ 《马克思恩格斯全集》第23卷，北京：人民出版社，第433页。

育相结合，它不仅是提高社会生产的一种方法，而且是造就全面发展的人的唯一方法。"①

现代社会的专业化分工更为突出，导致人的身体与精神都不能充分发展，处于对立的状态，人的畸形存在无法从根本上加以改变。随着生态环境日益受到破坏，生活中的危险因素增加，加之营养过剩和运动不足等因素，人们的身体健康受到更大威胁。与此同时，越来越激烈的竞争，越来越快的工作生活节奏，使人们身心都处于高度紧张的状态，导致精神疲劳、感情孤独、厌倦工作、情绪焦虑、缺乏满足感和成就感等，甚至会出现神经过敏、神经衰弱、精神分裂、狂躁忧郁等精神性疾病。现代生活已造就了占城市人口比例高达70%左右的"亚健康群体"，即"灰色健康群体"，他们是有慢性病或隐性病症的人群，其症状是食欲不振、疲乏无力、失眠多梦、烦躁易怒、胸闷心悸、头晕头疼、反应迟钝、健忘等，在精神上表现为注意力不集中、记忆力下降、思维和想象能力降低、偏激固执、消极悲观、情绪低沉、犹豫不决、容易沾染坏习惯等。资本主义社会发展到今天，人们逐渐确立了体育的权利意识，将参加体育作为人的权利的一部分，尊重生命，关心健康。体育成为资本主义社会中文化生活的重要组成部分，这是对资本主义社会专业化分工对人的畸形存在进行抗议的结果。

第三，身心关系的观念演变。

现代奥林匹克运动关于人的均衡发展的主张，是对于参加古代奥运会的古希腊人所具有的身心和谐观念的继承。顾拜旦1894年11月16日在雅典发表题为《现代社会的体育运动与奥林匹克运动会》的演讲中，这样描述古希腊人关于身心合一的观念："人体内在的两股力量——肌体和思想之间，相互竞争，一旦丧失平衡就很难再协调一致。古希腊文理学校的生活，实现了这两股力量间奇妙的协调。肌体和思想友好而和谐地融为一体。这种和谐是如此完美无瑕，竟能将青年与老年有机结合。"② 顾拜旦所崇尚的身心和谐在古希腊人身上得以非常完美的实现。

古希腊人非常注重身体强壮的追求，他们将肌肉松弛和虚弱多病的人视为缺乏高级精神生活的人，身体肥胖的人被认为是缺乏教养，甚至被耻笑为

---

① 《马克思恩格斯全集》第23卷，北京：人民出版社，第530页。

② 国际皮埃尔·德·顾拜旦委员会《奥林匹克主义——顾拜旦文选》，刘汉全、邹丽等译，北京：人民体育出版社，2008年8月第1版，第57页。

"自己肚子的奴隶"。为了使得公民的身体强壮起来，几乎每一个古希腊城邦都有训练场，几乎每个古希腊自由公民都到练身场去接受训练，尤其是那些贵族，他们认为只有到练身场去受过训练的人，才算是有教养的人，否则就要将他们归入做手艺和出身低微的人的行列。据希罗多德记载，西希翁的霸主克来斯西尼斯为了选得佳婿，特意建造了一个赛跑场和一个角力运动场，以检验求婚者的身体素质、接受体育训练以及各种教育的程度。斯巴达城邦实行全民皆兵，斯巴达将军事训练与体育锻炼视为公民的头等大事，将所有的生产性劳动强加于奴隶以及被征服的异邦人。斯巴达人在公共节日聚会的合唱中，老人先唱到："我们曾经年轻、勇敢和强壮。"年轻人接着唱到："这便是我们的现在。"然后是孩子们唱："我们很快会成为最强壮的人。"苏格拉底提出终身运动的思想，将体育视为强身和健美的重要手段，以及敏捷思考和高效工作的基础。苏格拉底特别重视身体锻炼，在他创办的学校里专门开设"健康学科"，并亲自示教。色诺芬在《苏格拉底回忆录》中提到苏格拉底的观点，即"任何一种天生的倾向都可以由训练和锻炼而使之在刚毅方面有所长进"[1]。苏格拉底认为体育和音乐教育一样，应该让他们从小就开始接受，而且体育训练应该十分小心，并要终其一生。根据色诺芬的回忆，苏格拉底非常注重身体健康，"无论是任何其他竞赛或任何事业，把身体锻炼好总不会吃亏的；因为人们所做的一切事情都是需要用身体的，既然一切事物都需要用身体，那末，尽可能使身体保持最良好的状态，就是非常必要的了。"[2] 他总是在早晨去公共场所散步并进行体育锻炼，"他所采取的生活方式都是为了锻炼自己的心灵和身体"[3]。苏格拉底还从正反两方面告诫人们保持良好身体状态的重要性，"身体健全的人健康而强有力，许多人由于这个缘故在战争中光荣地保全了自己，避免了各种危险；许多人救援了朋友，对祖国作出了贡献，并因此而得到了人们应有的感激，获得了极大的荣誉和无比的尊重。"[4] 相反，如果一个人身体状况较差，将会给自己带来无穷的灾难，"有不少人在战争的危险中，由于身体虚弱而死去，或者，可耻地偷生，也有许多人为了同一原因而被人俘虏，而

---

① 周辅成编《西方伦理学名著选辑》上卷，北京：商务印书馆，1964 年 10 月第 1 版，第 50 页。

② ［古希腊］色诺芬著《回忆苏格拉底》，吴永泉译，北京：商务印书馆，1984 年 9 月第 1 版，第 131 页。

③ ［古希腊］色诺芬著《回忆苏格拉底》，吴永泉译，北京：商务印书馆，1984 年 9 月第 1 版，第 23 页。

④ ［古希腊］色诺芬著《回忆苏格拉底》，吴永泉译，北京：商务印书馆，1984 年 9 月第 1 版，第 131 页。

且一旦做了俘虏，他们以后一辈子就要度最难忍受的奴隶生活（如果这是他们的命运的话），或者被迫而陷于最惨重的痛苦之中，为了赎身，付上全部所有还嫌不足，余下的生活就只好在匮乏与贫困中度过；还有许多人，由于身体孱弱，给自己招来耻辱，被人认为懦夫。"①"由于身体不好，健忘、忧郁、易怒和疯狂就会经常猛烈袭击许多人的神志，以致他们把已获得的知识全部丧失净尽。"②

古希腊人认为健美的人体是大自然中最美的形象。他们认为理想的人物不仅在精神上要善于思考、意志坚定、感觉灵敏，而且在身体上要血统纯正、发育良好、体格匀称、身手矫捷。古希腊人崇尚人体的健美，他们欣赏发达的肌肉、匀称的体型和优异的身体素质，以及从这种健美之躯内迸发出来的巨大力量。古希腊人普遍追求身体的强壮与健美，将此与自身的教养与荣誉紧密联系在一起。相传西西里有一位英俊的青年，不但生前备受喜爱，死后仍然受到众人仰慕，人们专门为其筑坛供奉。

裸体训练和裸体竞技是古希腊的运动习俗，裸体竞技时，运动员用橄榄油擦身，既可在烈日下保护皮肤，又显得格外矫健优美。在最初的几届奥林匹克竞技会上，古希腊人并不是裸体比赛的，选手们在比赛时要在腰上束一种叫作"兜裆布"的服饰来遮羞，相传这是荷马时代传下来的习惯。然而在公元前720年第15届竞技会上，一件意外的事件让古希腊人迷上了裸体竞技。当时，一位名叫奥耳西波斯的年轻运动员在赛跑比赛中不慎把"兜裆布"散落在跑道上，他不顾观众的哄笑，坚持跑完了全程。希腊人突然发现，身体全裸的奥耳西波斯更好地展显出了男性特有的魅力，裸体竞技更能体现运动员形体的健美和姿态的动人，大家都开始为他鼓掌欢呼。自此之后，竞技者在赛跑项目中开始不再着任何服饰，尽情展示自己的健美与强壮。这种风俗一直延续到奥林匹克竞技会行将结束的时候。裸体竞技的风尚对古希腊人的社会文化生活产生了很大影响，尤其是对举世闻名的古希腊雕塑提供了艺术题材。那些著名雕塑艺术珍品，充分再现了古代奥运会上裸体竞技者的雄姿，并向人们展示出健美和谐的人体所具有的永恒魅力。公元前六世纪时裸体竞技已经盛行在奥林匹亚的赛场上，运动员们赤身裸体参加多项赛事的角逐，这是竞技者借以流露他们

　　① ［古希腊］色诺芬著《回忆苏格拉底》，吴永泉译，北京：商务印书馆，1984年9月第1版，第131页。

　　② ［古希腊］色诺芬著《回忆苏格拉底》，吴永泉译，北京：商务印书馆，1984年9月第1版，第132页。

纯洁与高雅情感的极好机会，他们在竞技场上能够以一种坦荡无邪的心态来对待裸体竞技，感受健康优雅的美感——人体线条的起伏变化，和谐完美的比例组合，力量与技艺的尽情展示等。

丹纳在《艺术哲学》一书中提到，几乎所有邻近的异族都以裸体为耻，只有希腊人毫不介意地脱掉衣服参加角斗和竞走。的确，全身裸体是希腊人特有的习惯，衣服对于他们来说只是松散的附属品，男子在练身房内、竞技场上以及一些祭祀舞蹈中，干脆就把衣服脱掉，并认为这是非常自然的事情；甚至一些城邦的女子在参加运动的时候也是赤裸着身体，她们没有感到有什么不正当的地方，没有任何淫荡的成份。不仅如此，在古希腊人看来，唯有健美赤裸的人体才是最匀称、最和谐、最庄重、最优美的，展示健美的人体是一种对于神灵的崇敬，是非常高尚和纯洁的活动，肉体自有肉体的庄严，用哲学家德谟克利特的话说，这是对美的追求，而决不是对美的亵渎。在雅典为萨拉米海战大捷而举行的庆祝会上，索福克勒斯赤裸裸体，翩翩起舞，纵情高歌；斯巴达祭祀队伍中走在最前面的是裸体的女子。在马其顿统治希腊时期，亚历山大帝东征大流士，在经过小亚细亚时与同伴们一起在阿喀琉斯墓上的柱子周围裸体舞蹈，以此表示对于英雄的仰慕之情。这些都说明，古希腊人对于裸体的接受和崇拜是自然的、普遍的，而不是局限在古代奥运会的竞技场上。

古希腊人将人的肉体与灵魂紧密相连，好的身体与好的灵魂必须是关联的，精神的美一定要在身体的美上得到体现和认证。从公元前5世纪中叶开始，雅典为培养自由的成年公民而实施全面的人文教育，不仅要将其公民训练成为身强体壮的武士，还要将他们培养成为教养有素、多才多艺的城邦公民。为此，雅典公民的子弟从7岁开始接受学校教育，学习人文知识，开始体育训练。12岁至13岁的少年同时还要上体操学校，努力达到体格匀称、步履轻捷、姿态美观、技巧娴熟，培养其坚韧刚毅、勇敢进取、善于控制情绪等品格。15岁至16岁的杰出青年可以进入国家体育馆学习，接受法律、演说、辩论、体育等全面教育。可见，雅典教育的显著特点就是实施德、智、体、美等全方位的教育，以培养全面和谐发展的合格公民。体育锻炼不仅是一种健身活动，同时是对于道德与灵魂的培养与提升。古希腊思想家从不同意义上阐述了体育与道德的关系，揭示了竞技运动的道德价值问题，以勇敢、节制、智慧为美德，主张身心和谐发展的体育观、道德观。"美"与"善"密切相关，道德观念与审美观念相统一，注重人体美，认为肌肉松弛、体质虚弱、发育不良是耻辱，竞技优胜者是"美"与"善"的象征。

古希腊的哲学家们对于身心和谐做了非常深刻的探讨。苏格拉底说："我觉得凭一个好的身体，不一定就能造就好的心灵好的品格。相反，有了好的灵魂和品格就能使天赋的体质达到最好。"①苏格拉底将"健美的身体和完美的心灵"作为体育和道德教育的主要内容和准则："我们有一种体育锻炼和我们的音乐一样，既朴素又优美。"他反对斯巴达男子只注重身体的锻炼、体力训练，认为那是片面的做法。如果专搞体育运动而忽视音乐文艺教育，人就可能会变得野蛮和残暴；反之，如果专搞音乐文艺而忽视体育运动，人就可能变得软弱和柔顺。他主张体育锻炼与艺术教育并重，以培养既温文尔雅又坚强勇敢的人。"那种能把音乐和体育配合得最好，能最为比例适当地把两者运用到心灵上的人，我们称他们为最完美最和谐的音乐家应该是最适当的，远比称一般仅知和弦弹琴的人为音乐家更适当。"②

　　在柏拉图看来，灵魂与肉体是冲突的，应该高扬灵魂而贬斥肉体。他认为灵魂是永恒的，先于肉体存在，肉体是暂时存在的，是灵魂的形式。美德的获得不能通过肉体而只能通过灵魂的沉思，灵魂在沉思时要尽可能切断与身体的联系。"看来只要我们活着，除非绝对必要，尽可能避免与肉体的交往、接触，这样我们才能不断地接近知识。我们应该在神拯救之前净化自己的灵魂，不能允许灵魂受肉体欲望的侵蚀。通过这种方式，也就是使灵魂避免肉体欲望的侵蚀。我们才能像与自己交往一样与他物交往，获得纯粹的未受污染的直接知识。这种知识大概就是所谓的真理。一个没有先净化的自身就去冒犯纯粹真理王国的人，无疑违反了宇宙间的公道。"③ 然而，从城邦公民的素质提升与城邦保卫的现实需要考虑，柏拉图并没有否认体操训练与身心和谐发展的价值，他认为人的身体和人的灵魂相互影响，道德不良产生于教育不当和身体不健全，提出要为保卫城邦而练就体魄刚健的战士，为造就完美和谐的人而健身。他认为人生完成的意义，就是要体操和音乐两个方面并重，才能够成就完善的人格，因为体操能锻炼身体，音乐可以陶冶精神。"音乐和体育结合起来，不是像我们所说的那样，侍奉它们二者，谐和一致，这才是健康、公正的

---

　　① ［古希腊］柏拉图著《理想国》，郭斌和、张竹明译，北京：商务印书馆，1986 年 8 月第 1 版，第 111 页。

　　② ［古希腊］柏拉图著《理想国》，郭斌和、张竹明译，北京：商务印书馆，1986 年 8 月第 1 版，第 123 页。

　　③ ［古希腊］柏拉图著《苏格拉底的最后日子》，上海：上海三联书店，1988 年版，第 127～129 页。

人。只有这样，个人与国家的幸福才能实现。"他认为不论是政治生活还是体育生活，个人的幸福与国家的幸福是分不开的，国家的幸福是个人的最大幸福。柏拉图将精神和身体发育不一致的人比作"跛子"，认为"良好的精神锻炼要比精神改造更为重要，但是，有良好的精神，一定能锻炼好健全的身体"①。柏拉图笔下的绅士形象是这样的——"他们精力充沛、体魄雄健、热情豪爽；他们喜欢高谈阔论，但那是血肉之躯的交流，他们也同样喜欢雄武强健的体魄；他们头脑冷静，能欢饮达旦，但不出醉语；他们凡事皆抱现实的态度，不会对任何生活现实进行歪曲。他们认识到人的体魄是异常重要的，几乎同理智和精神一样重要。"②

亚里士多德曾在奥林匹亚圣地招徒授课，他还曾对一份奥运会优胜者的花名册作了修正与核对。亚里士多德伦理思想的核心是追求"幸福"，认为构成幸福的要素有十二个，这其中的"健康、美、强壮、身体魁梧、良好的竞技道德"等五个要素，都属于体育伦理的内容。亚里士多德在西方思想史上第一个论证了体育、德育、智育的关系，主张国家要对儿童进行公共教育，以促进他们身体、德行和智慧的和谐发展。亚里士多德说："世有三善，身外诸善，身体诸善，灵魂诸善。幸福生活重在灵魂诸善：城邦和个人相同，应各修四德（智、勇、礼、义）庶几可得真正的快乐。配备身外诸善（衣食所需）和身体诸善，而能勤修灵魂诸善，达成善业，这就是最优良的生活。"③ 他主张德、智、体和谐发展，甚至认为体育优先于智育，智力的健全依靠身体的健全，体育既能强健身体，又能培养人们的形体美、心灵美。他说："发展理性固然为教育的最高要求，如果依人类生理和心理的自然顺序，自当先重体育，培养灵魂所寓的身体，使之既健且美；其次则训练灵魂的本能部分，使人人都具有良好的习惯。"④ 他非常注重人的美感的培育，认为"如果在教育过程中

---

① 转引自于克勤、章惠菁编著《古代奥运会史话》，上海：上海人民出版社，1986 年 6 月第 1 版，第 130 页。

② ［美国］依迪丝·汉密尔顿著《希腊精神——西方文明的源泉》，葛海滨译，沈阳：辽宁教育出版社，2003 年 3 月第 1 版，第 76 页。

③ ［古希腊］亚里士多德著《政治学》，吴恩裕译，北京：商务印书馆，1965 年 8 月第 1 版，第 454 页。

④ ［古希腊］亚里士多德著《政治学》，吴恩裕译，北京：商务印书馆，1965 年 8 月第 1 版，第 458 页。

只顾及身体的完备，那么这同野兽的发育没有什么不同。"① "教育的首要作用在于培养人的美感。只有通过这样的教育才不仅可获得身体的完美发展，获得结实的体力，而且可获得智力和美感的修养。"② 就理想的身体而言，亚里士多德从"中庸"原则出发，认为竞技选手的体质并不适合于一般自由公民的日常生活，而柔弱或娇嫩且不胜繁剧的体质也是不适合的，"介乎竞技选手和娇弱之辈的体质实际上最为优良"。③ 他反对过分的竞技训练，尤其是在身体发育成熟以前不能够过度锻炼，认为斯巴达式的过度训练对于身体是有害的。他说："在发情年龄以前的儿童应教以轻便的体操（竞技）；凡有碍生理发育的剧烈运动和严格的饮食限制都不适宜。早期的过度锻炼所遗留的恶劣影响是很深刻的。在《奥林匹亚赛会历年优胜选手题名录》中，先在儿童竞赛得奖，随后这个同一选手又在成人竞赛时得奖者，总共只有二三例而已；理由是明显的：早期教练中的剧烈运动实际上损耗了儿童选手们的体魄。［所以，在发情年龄以前的体育规程只能是一些轻便的操练。］发情后的三年可授以其它功课［例如读写、音乐和绘画］；到了十八岁的青年才适宜从事剧烈运动并接受严格的饮食规则。"④

德谟克利特认为雅典的体育观培养出来的人是全面发展的，这样的人生是幸福的。他说："人们比留意身体更多地留意他们的灵魂，是适宜的，因为完善的灵魂可以改善坏的身体，至于身强力壮而不伴随着理性，则丝毫不能改善灵魂。"⑤ 他认为"身体的美，若不与聪明才智相结合，是某种动物性的东西。"⑥ 他以"健美的身体和完美的心灵"为标准评价竞技运动的价值和运动员的行为。他对斯巴达的某些极端训练做法表示反对，如片面强调武力，四肢发达，沉默寡言，短于文采，绝对服从等。

1929年3月6日，顾拜旦在巴黎发表演说，认为"奥林匹克主义是肉体

---

① 转引自于克勤、章惠菁编著《古代奥运会史话》，上海：上海人民出版社1986年6月第1版，第134页。

② 转引自于克勤、章惠菁编著《古代奥运会史话》，上海：上海人民出版社1986年6月第1版，第134页。

③ ［古希腊］亚里士多德著《政治学》，吴恩裕译，北京：商务印书馆，1965年8月第1版，第399页。

④ ［古希腊］亚里士多德著《政治学》，吴恩裕译，北京：商务印书馆，1965年8月第1版，第415页。

⑤ 周辅成编《西方伦理学名著选辑》上卷，北京：商务印书馆，1964年10月第1版，第81页。

⑥ 周辅成编《西方伦理学名著选辑》上卷，北京：商务印书馆，1964年10月第1版，第78页。

与精神友好的学说，禁欲主义是肉体与精神敌对的学说。"① 基督教就主张禁欲主义，它产生于公元 1 世纪初的犹太民族，属于犹太教的一个派别，主要由社会下层人士构成。当时犹太人处在罗马帝国的统治之下，早期的基督教徒因为拒绝皇帝崇拜而遭到统治者的残酷镇压。但是，由于基督教带给人们希望与安慰，它在罗马帝国境内迅速传播，罗马帝国转而承认基督教的合法地位，公元 311 年公布了允许基督教徒信仰自由的《宽容敕令》，公元 392 年基督教被罗马皇帝狄奥多尼立为国教，成为罗马帝国唯一合法的信仰。之后，古代奥运会随即被视为异教活动，于公元 394 年宣布废止，持续了 1100 多年的古代奥运会从此销声匿迹。基督教神学倡导"灵肉对立论"，在基督教看来，人是由身体和灵魂两个部分组成的。上帝用地上的尘土造人，将生气吹在他鼻孔里，他就成了有灵的活人。这是在告诉人们，人的身体来自物质的世界，人的灵魂来自上帝，身体和灵魂是冲突的，基督教甚至宣称"肉体是灵魂的监狱"。由此，宣扬禁欲主义，卑污的肉体妨碍灵魂的升华，要弃绝一切肉体的快乐与世俗的幸福。《圣经·约翰一书》第 15～17 节说："不要爱世界和世界上的事。人若爱世界，爱父的心就不在他里面了。因为凡世界上的事，就像肉体的情欲，眼目的情欲，并今生的骄傲，都不是从父来的，乃是从世界来的。这个世界和其上的情欲都要过去，唯独遵行旨意的，是永远常存。"基督教思想家奥古斯丁（公元 354 年~430 年）在《上帝之城》中认为，只有通过信仰上帝，用禁欲、斋戒、忏悔、出家修行等方法，才能摆脱人世的罪恶与痛苦，才能得到上帝的拯救，死后的灵魂才能升上天堂。经院哲学的集大成者托马斯·阿奎那（约 1225 年~1274 年）说："有些人认为人类的幸福在于肉体的快乐，这是不对的，这种快乐使人沉湎于物质享受，阻碍人们去接近上帝。"② 基督教对于身体锻炼持排斥和打击态度，甚至认为洗澡和游泳也因清洁肉体而玷污灵魂，严重阻碍体育活动的开展。早在罗马帝国的末期，基督教会反对一切公共竞赛集会，规定参加圆形竞技场竞技的基督教徒不能领圣餐，角斗士如果不放弃自己的职业就不能受洗礼等。罗马帝国于公元 476 年灭亡之后，教会势力逐渐扩展到整个欧洲。教堂和修道院遍地开花，禁欲之风疯狂蔓延，教士和修士们极力号召人们以摧残身体的方式来追求灵魂的完美，各种原有的民间体育活

---

① 国际皮埃尔·德·顾拜旦委员会编《奥林匹克主义——顾拜旦文选》，刘汉全、邹丽等译，北京：人民体育出版社，2008 年 8 月第 1 版，第 217 页。

② 全增嘏主编《西方哲学史》上册，上海：上海人民出版社，1983 年 10 月第 1 版，第 300 页。

动都被视为罪孽而遭到抛弃或者禁止，从事体育活动的民众极少。对儿童个性发展必不可少的游戏被视为罪恶的根源，与体育一起被宣布为魔鬼的活动。中世纪欧洲的学校教育是完全服务于宗教的，是为了培养维护教会统治的僧侣，认为肉体的强壮就意味着灵魂的卑下。学校不开设体育课程，学生过着禁欲的生活，不准进行任何消遣活动，从事体育活动的学生要受到严厉惩罚。根据匈牙利体育史家拉斯洛·孔的《体育运动全史》，"苦行主义"在希腊语中指的是身体练习，"苦修者"相应地是指竞技优胜者。而到了中世纪，"苦修者"一词是指蔑视身体、折磨身体、只磨练精神的人。欧洲中世纪拜占廷早期曾经出现的柱头隐士，他们献身于祈祷、禁食和守夜，一生中的大部分时间都在很高的柱头上度过，其倡导者西缅就在柱头上过了 37 年。公元 13 世纪出现了一个鞭笞苦行派，他们经常游街窜巷，一边走一边用皮鞭猛抽自己的身体，以鲜血和伤痕表达对于身体的鄙视，感化更多的人去过禁欲的生活。体质的下降与不良的生活习惯使得中世纪欧洲瘟疫泛滥，公元 5 世纪开始流行，6~7 世纪达到高峰期，爱尔兰、威尔士以及北欧诸国有三分之一到二分之一的人被夺去生命，西部欧洲的多瑙河、莱茵河、布列塔尼和高卢地区的人口死亡率高达二分之一到三分之二，长达 300 年的瘟疫扫荡使欧洲 2500 万人丧失生命，当时不少人甚至认为《圣经》所预言的世界末日就要来临。公元 14 世纪的一场由西西里蔓延到英国的鼠疫又夺去了 2400 万人的生命。当然，必要的军事体育训练和少数统治者的消遣活动依然存在，如骑士的体育训练，如王室贵族的狩猎和放鹰等活动。公元 9 世纪法国骑士弗鲁阿·德·普列依提出了"骑士七艺"，即贵族出身的子弟必须学会的七种技艺，包括骑马、游泳、打猎、射箭、厮杀、台桌娱乐游戏和球戏以便为宫廷服务、风度高雅的内侍所必需的吟诗艺术和基本舞蹈动作。15 世纪的诗作《骑士之境》提出"骑士七德"，即对教会和封建领主的绝对忠诚，勇敢，遵守比武规则，信守诺言，对败者和弱者宽容，在宫庭对贵夫人必须尊重等。但总体而言，从公元 5 世纪到公元 12 世纪，欧洲体育处于衰落状态。苦修的兴盛与体育的衰落是相伴而生的，其结果必然是民众体质的衰弱。中世纪的绘画所描绘出来的人物多是身体瘦弱、面容枯槁、神情呆滞，这正是基督教对人进行身心摧残的真实写照。

从 14 世纪到 16 世纪末是欧洲文艺复兴时期，封建社会走向瓦解，资本主义生产关系逐步形成。文艺复兴最早产生于 14 至 15 世纪意大利的佛罗伦萨，从 15 世纪开始，文艺复兴从佛罗伦萨传到了罗马、米兰、威尼斯等城市，以后又从意大利传到了法国、西班牙、德国和英国。新兴资产阶级为了维护自己的政治和经济利益，要求在意识形态领域里开展反对教会神学和封建主义文化的斗争。他们呼唤古典文化的复兴，注重对人的关心和尊重，用一种以人为中心的思想观念对抗神学思想和经院哲学，以推动文学艺术和科学技术的发展，由此形成了文艺复兴运动。其实质是欧洲从封建主义到资本主义这一历史阶段的过渡在意识形态领域的反映，是资产阶级为自己登上历史舞台并最终夺得统治地位而进行的舆论准备。人文主义作为与基督教神学针锋相对的资产阶级文化随之兴起。基督教把上帝看作宇宙与人的创造者，人是附属于上帝的，人生的目的不是为了追求个人的现世幸福，而是为了体现上帝的荣耀，一切肉体的享乐在道德上都是罪恶的。人文主义者强调人的全面发展，以人为价值中心，主张自由、平等、博爱，以"人道"反对"神道"，提倡个性解放和个人幸福，反对封建束缚与宗教禁欲主义。意大利诗人但丁（1265 年 ~ 1321 年）在《神曲》中发出了"走自己的路，让人们去说吧"的呐喊，正体现了对于宗教神学的背叛。人文主义者肯定人的尊严和人的伟大，肯定人充分发展其智慧、知识和力量的能力。莎士比亚在《哈姆雷特》中以王子哈姆雷特的口吻道出了人文主义的思想主题："人是一件多么了不起的杰作！多么伟大的力量！多么优雅的仪表！多么文雅的举动！在行为上多么像一个天使！在智慧上多么像一个天神！宇宙的精华！万物的灵长！"① 当时的绘画和雕塑艺术中所表现出的裸体形象，正是对人性自然的力量与美的讴歌，如波提切利的油画《维纳斯的诞生》是对于人体自然美的崇拜，米开朗琪罗的雕塑《大卫》是对于人体的强健、力量与英雄气概的赞美，这些都在当时冲击了宗教和封建文化，有力地推动了历史的进步，对于继承古代优秀遗产、打破教会权威、消除封建愚昧，进而拓宽近代科学、文化、艺术和思想的发展道路，都具有无与伦比的历史意义。人文主义者宣传注重现实的、健康的、幸福的人生观，反对在宗教的虚幻梦想中追求缥缈的来生。他们认为个人的自由和幸福是人生的目的，是符合人性的自然要求，享受尘世的幸福和欢乐是人生的最大本色。意大利人文主义者彼特拉克（1304 年 ~ 1374 年）反对基督教宣扬的对于神爱和来世的向往，热情讴歌爱情与荣誉，他说："我不想变成上帝，或者居住在永恒中，或者把天地抱在怀里。属于人的那种光荣对我就够了。这是我祈求的一切，我自己是凡人，我只要求凡

---

① 《莎士比亚全集》第 5 卷，朱生豪译，北京：人民文学出版社，1994 年版，第 327 页。

人的幸福。"①法国人文主义者拉伯雷（1515 年～1572 年）在他的《巨人传》中塑造来高康大的形象，中世纪修道院的修士必须许下"贞洁不淫，贫穷自安，尊从教会令"的誓言，而高康大领导的修道院只有一条规矩，即"想做什么，就做什么"②，可以公开结婚，可以发财致富，可以随进随出。人文主义者主张"灵肉和谐论"，抨击基督教神学关于"肉体是灵魂的监狱"的说教，在人的全面发展的教育中大力倡导体育的开展。他们在研究整理古代文化遗产时，发现古希腊的体育文化非常丰富，如荷马史诗中的体育竞技、雅典的体操学校、泛希腊运动会、古希腊哲学家对于体育的推崇等，尤维纳尔"健全的精神寓于健康的身体"的身心健康观被他们广为宣传。帕多瓦大学教授弗吉里奥（1349 年～1320 年）在《论绅士风度与自由学科》一文中，提出了"博雅教育"或者叫"自由教育"的主张，认为人文主义教育的目的在于培养身心全面发展的人，而健全的身体是将来从事任何事业的前提。他强调青少年有"支配的理性"和"顺从的身体"，要根据个人的特点恰当地选择运动，并注意暖和而有节制。拉伯雷笔下的"巨人"见多识广，多才多艺，上午读书，下午锻炼，如骑马、击剑、角力、跑步、游泳、射箭、登山、攀树等。蒙田（1533 年～1592 年）主张教育要培养"完全的绅士"，这种绅士具有渊博的、对生活有益的实用知识，具有良好的判断力，具有坚忍、勇敢、谦逊、爱国、忠君、服从真理、关心公益等品质，并具有强壮的体魄，他认为一切运动和锻炼都应该是学生学习的一部分。意大利人文主义者维多里诺是最早对现代教育和体育进行实践的人，他与 1423 年在曼亚图郊外开办了一个叫"体操宫"的学校，学校实行的是古希腊式的"博雅教育"，实施通才教育，目的是使学生的身体、智力和道德得到和谐发展，为社会造就有高度责任感的公民。他主张把读书与运动结合起来，认为运动是健康的基础，要求学生必须参加户外运动。意大利国务活动家马捷奥·帕尔维耶里（1405 年～1475 年）等人文主义者不断研究古代奥运会的竞赛制度，探讨古代奥运会的审美情趣，主张将古代奥运会的精神贯注于社会生活之中，提出了复兴奥林匹克运动的设想。他们在研究基础上对奥运会的模式进行了实验，组织了"奥林匹克示范表演"等活动，使奥林匹克越来越为世人称颂，越来越令人神往。

---

① 周辅成主编《从文艺复兴到十九世纪资产阶级哲学家政治思想家有关人道主义人性论言论选辑》，北京：商务印书馆，1966 年版，第 19 页。

② 周辅成编《西方伦理学名著选辑》，上卷，北京：商务印书馆，1964 年 10 月第 1 版，第 403 页。

宗教改革和文艺复兴运动并称为早期资产阶级的两大反封建斗争，为西欧资本主义因素的进一步发展开辟了道路。宗教改革运动是新兴资产阶级披着宗教外衣进行的一场反封建的社会运动。宗教改革 16 世纪首先在德国爆发，随后席卷欧洲。它由新兴资产阶级所发动，广大农民和城市平民积极响应，个别国家的君主大力支持，部分贵族也积极投入。宗教改革形式上是反对天主教的教义和教会组织，实际上是对现存的社会和政治制度的反抗，是资产阶级反封建斗争的一个特殊表现，反映了新兴资产阶级要求建立适合资本主义发展的"廉价教会"的要求。宗教改革的矛头直接指向中世纪封建教会的统治。天主教会是中世纪的西欧最反动势力的代表，它占有大量土地，享有政治经济特权；垄断意识形态，是封建主阶级进行统治的工具。中世纪的罗马天主教会，是西欧各国最有势力的封建主，教皇不仅掌握着教会的最高行政权和司法权，还可以裁决俗界各国纠纷，任意废止各国的世俗法律，甚至决定各国皇帝和国王的废立，天主教会是欧洲各国资本主义发展的重大障碍。新兴资产阶级尚不成熟，力量比较弱小，他们反封建斗争只有采取宗教异端的形式，即采用一种宗教反对另一种宗教。最先举起宗教改革大旗的是威登堡大学神学教授马丁·路德（1483 年～1546 年），他主张因信称义，即一个人追求灵魂得救靠的是人的真诚信仰，而不是靠斋戒、施舍、朝圣等外在形式；只要是为了信仰，任何人在上帝面前就享有平等的权利和义务；禁欲修道其实是在逃避尘世的责任，凡是凭信仰从事的各种职业和日常生活皆属善功；教会关心人们的精神生活，世俗政权管理世俗事务，实行政教分离，二者互不干涉。马丁·路德肯定人在世界中的崇高地位，认为"人是一种特殊的被造物，是为了分享神性和不死而被创造出来的，因为人是比天地间所有一切东西更好一些的一种被创造物"①。他认为灵魂与肉体是不矛盾的，只有健康的肉体才能为宗教理想服务，因此保持身体健康也是每一个基督徒的天职。他主张把体操和音乐作为德国教育的固定课程，他在致德国各城市市长及市议员的信中说："古人已慎重考虑与安排，认为人们应该练习体操，这样才不致使人养成尚浮华、不贞洁、好吃、放纵与赌博的习惯。所以有两种康乐使我最感愉快，那就是音乐和体操。前一种将内心所有牵挂与忧郁驱除干净，后者使身体产生弹性并能保持健

---

　　① 转引自《费尔巴哈哲学著作选读》，下册，北京：读书·生活·新知三联书店，1962 年版，第 773 页。

康。"① 他认为参加体育活动不仅可以使四肢得以充分发展，还可以驱散人的烦恼与苦闷；只有健壮的身体才能很好地参加职业活动，才能获得并保持财富，才能扶危济困。宗教改革运动打击了西欧的封建势力，摧毁了天主教会的精神独裁，打破了罗马教廷对各国的控制，宗教自由逐渐盛行，西欧各国的民族文化，教育事业得到迅速发展。新教对后来的资产阶级革命产生了重大的影响，为西欧资本主义的发展进一步解除了精神枷锁。

17 世纪至 18 世纪上半叶，资产阶级掀起了一场规模宏大、来势迅猛的启蒙运动。这一运动起源英国，代表人物有霍布斯、洛克；18 世纪上半叶在法国达到高潮，代表人物有伏尔泰、孟德斯鸠、卢梭、狄德罗等。他们高举理性的旗帜，呼唤用理性的阳光驱散现实的黑暗，激烈抨击封建专制统治和天主教会，号召消灭专制王权、贵族特权和等级制度，追求政治民主，权利平等、个人自由。他们高度重视体育的作用，如伏尔泰提出"生命在于运动"的名句。英国思想家约翰·洛克（1632 年～1704 年）明确主张英国的教育目的是培养绅士，他的体育观念是建立在尤维纳尔"健全的精神寓于健康的身体"这一理论之上的。他在《教育漫话》中描绘的英国绅士实际上是贵族化的资产阶级分子，他们应该善于精明地处理事务，具有赚钱敛财的能力；有勇敢精神，具备驰骋疆场的能力和气概；懂得礼仪，有文雅的风度等。洛克认为培养未来的绅士必须进行德、智、体等全方位的教育，其中体育教育最为重要。他说："我们要能工作，要有幸福，必须先有健康；我们能忍耐劳苦，要能出人头地，也必须先有健康的身体。"② 他吸收了古希腊教育的基本经验，认为一个民族只有培养出"野兽般的体魄"才能立于不败之地，主张开展骑马、击剑、游泳、划船、舞蹈等活动，以培养强健体魄、勇敢精神、优雅风度、团队精神、竞争精神和实战本领。他认为休息和娱乐不是游手好闲，而是通过选择一种新的活动来消除身体的疲劳。法国启蒙思想家卢梭（1712 年～1778 年）高度重视体育在教育中的地位和作用，认为体育是一切教育的前提。他认为人性恶是产生一切社会问题的根源，而人性之恶首先产生于人的体弱，因此必须培养体格强健的青少年。他说："如果你想培养你的学生的智慧，就应该先培养受他的智慧所支配的体力。不断地锻炼他的身体，使他健壮起来，以便他长得既

---

① 转引自谭华主编《体育史》，北京：高等教育出版社，2005 年 7 月第 1 版，第 152 页。
② ［英］洛克著《教育漫话》，傅任敢译，北京：教育科学出版社，1999 年版，第 25 页。

聪明又有理性。"① 他的"自然教育论"是针对封建教育违反自然、戕害人性而提出的,他主张儿童教育要顺应人的自然本性,多给孩子一些自由,不要限制儿童好动的天性;衣服不要穿得太多,使儿童能够进行自由的肢体活动,培养对于天气变化的适应能力;要多利用自然环境,通过爬树、登山、越墙、游泳等,锻炼孩子克服自然障碍的能力,以使儿童的身体获得自然的发展。他对古希腊的教育制度和古代奥运会的教育价值都作了充分的肯定,他在《爱弥尔》中探索了如何将一个儿童培养成为自食其力、身体强壮、勇敢刚毅、心地善良、能独立思考的人的问题。

2. 孔子的"成人"理想

在孔子的心目中,理想的人是能够超越一般的社会职业限制,谋道而不谋食,以天下为己任,在仁德、智慧、勇气、才艺等多方面都达到较高水准或境界的文武兼备、文质彬彬的"君子"。

孔子理想的人就是"成人",即具有仁德、道义、才艺、礼乐、勇敢等全面素质的人。当子路问孔子关于"成人"标准的问题时,孔子说:"若臧武仲之知,公绰之不欲,卞庄子之勇,冉求之艺,文之以礼乐,亦可以为成人矣。"② 孔子的意思是说,如果一个人像深谋远虑的臧武仲那样富有智慧,像孟公绰那样节制个人的欲望,像敢与猛虎搏斗的卞庄子那样勇力过人,像冉求那样多才多艺,再加上礼乐方面的修养,就可以被称为一个完全的人了。朱熹在《论语集注》中这样解释:"成人,犹言全。……言兼有此四子之长,则知足以穷理,廉足以养心,勇足以力行,艺足以泛应,而又节之以礼,和之以乐,使德成于内,而文见乎外。则才全德备。"

孔子认为"君子不器"③,即君子不能仅仅把自己当作一件器物、器具、机器或者部件,不能满足于掌握一些专业化、片面化的职业技能,从而把自己限制在狭隘的范围内。在孔子看来,君子应该全面发展自己的素质,立志成为国家的"大器"。在《论语·公治长》中,子贡想知道孔子对他这个做学生的是如何评价的,孔子说"汝器也",子贡问"何器也",孔子答"琏瑚也"。琏瑚是敬神的玉器,贵重而且华美。在这里,孔子以近乎玩笑的姿态表达出了对子贡的既贬又褒的评价,即子贡虽然已经很"成器"了,但还没有成为超

---

① [法国]卢梭著《爱弥尔》,李平沤译,北京:商务印书馆,1982年版,第138页。

② 《论语·宪问》

③ 《论语·为政》

越一般"物器"的"大器",他是在告诉子贡,已是百尺竿头,尚需更进一步,从而成为一个全面和谐发展的"成人"、"完人"。

孔子说:"吾少也贱,故多能鄙事。君子多乎哉?不多也。"① 孔子在此是以自己的人生经历来告诉学生,君子是不需要掌握这么多技术性的知识的。

《论语·子罕》记载:

达巷党人曰:"大哉孔子,博学而无所成名。"子闻之,谓门弟子曰:"吾何执,执御乎,执射乎?吾执御矣。"

在此,达巷党人称赞孔子的伟大,而看不到孔子所执的专长,孔子自嘲说自己不过就是一个会驾车的人罢了,这种自嘲是孔子对"君子不器"主张的一种非正式的解读形式。

子夏深刻理解老师关于"君子不器"的思想,他说:"虽小道,必有可观者焉。致远恐泥,是以君子不为也。"② 即一个人会一些小的技艺是可以的,但不能深陷其中而不可自拔,以免把君子应做的宏大事业给耽误了。

在其他场合,孔子从不同角度为我们描绘了他对人的理想状态的设想。孔子说:"志于道,据于德,依于仁,游于艺。"③ 即一个人要有志于道,依据道德准则行事,始终做一个仁爱的人,并且要娴熟地掌握礼、乐、射、御、书、数等知识与技能。

孔子说:"知者不惑,仁者不忧,勇者不惧。"④ 这便是《中庸》中所说的"知、仁、勇三者,天下之达德也"。"达德"即最高的道德,知、仁、勇三"达德"源自《论语》。孔子说君子应该具有知、仁、勇这三种道德,并谦虚地说自己没有达到这样的道德境界。

3."全面均衡发展的生活哲学"

奥林匹克主义是现代奥林匹克运动的灵魂,其核心思想是实现人的身心的和谐发展。《奥林匹克宪章》在"基本原则"第2条中明确将"奥林匹克主义"表述为:"奥林匹克主义是增强体质、意志和精神并使之全面均衡发展的一种生活哲学。奥林匹克主义谋求体育运动与文化和教育的融合,创造一种以

① 《论语·子罕》
② 《论语·子张》
③ 《论语·述而》
④ 《论语·子罕》

奋斗为乐，发挥良好榜样的教育作用并尊重基本公德原则为基础的生活方式。"① 奥林匹克主义所倡导的身心和谐，正是对于古希腊人以及文艺复兴以来关于身心和谐观念的确认、继承与发扬。

"奥林匹克主义"一词是顾拜旦在 1910 年提出来的，以此来概括奥林匹克运动的基本理念。奥林匹克主义是奥林匹克运动的真正意义，而公众对此却知之不多，甚至有人对这个词汇横加指责，这让顾拜旦感到非常遗憾和反感。在顾拜旦看来，就像每一种哲学或者宗教学都需要一个核心的词汇，奥林匹克运动同样需要一个核心的词汇，"奥林匹克主义"就是这样一个词汇。他认为奥林匹克主义不是一种制度，而是一种精神态度，这种态度来源于对人的进取精神与和谐发展的双重崇拜。1918 年在回答"什么是奥林匹克主义"的问题时，顾拜旦说："这是力量的宗教，是对坚强意志的崇拜，这种意志是通过富有阳刚之气的、建立在身体健康和公民意识之上的、充满艺术和思想的体育运动的实践培育出来的。"②

作为现代奥林匹克运动的指导思想的奥林匹克主义，就是倡导人的均衡发展的生活哲学。1894 年 11 月 16 日他在雅典帕纳萨斯俱乐部的演说中指出："体育馆的生活是人体内两组力量之间斗争的极妙妥协。一旦这种力量的平衡被打破，就很难再协调一致。"③ 他抨击中世纪以来将身体素质与精神素质分离开来的倾向，认为身体不应该处于奴隶般的从属和低下的地位。他于 1896 年曾经批评法国"直到最近还把体力迟钝看作智力完善的必不可少的助手"④。1906 年 5 月 23 日他在巴黎法兰西喜剧院召开的艺术、文学和体育协商会议的开幕式上说："我们将使一对长期分居的合法婚姻——肌肉与精神重新结合起来。"⑤ 1911 年在国际奥委会布达佩斯会议上，顾拜旦起草的一份题为《体育活动的起源》的文件谈到了身体与精神之间的关联："正常训练可以纯粹是体

① 国际奥林匹克委员会《奥林匹克宪章》，北京：奥林匹克出版社，2001 年 2 月第 4 版，第 8 页。

② 国际皮埃尔·德·顾拜旦委员会编《奥林匹克主义——顾拜旦文选》，刘汉全、邹丽等译，北京：人民体育出版社，2008 年 8 月第 1 版，第 16 页。

③ ［法国］皮埃尔·德·顾拜旦著《奥林匹克理想——顾拜旦文选》，詹汝琮等译，北京：奥林匹克出版社，1993 年 9 月第 1 版，第 9 页。

④ ［法国］皮埃尔·德·顾拜旦著《奥林匹克理想——顾拜旦文选》，詹汝琮等译，北京：奥林匹克出版社，1993 年 9 月第 1 版，第 14 页。

⑤ ［法国］皮埃尔·德·顾拜旦著《奥林匹克理想——顾拜旦文选》，詹汝琮等译，北京：奥林匹克出版社，1993 年 9 月第 1 版，第 19 页。

力的，只提高耐力，但也可以通过意志、勇气和信心等方面的锻炼促成精神进步";① "渴望博得喝彩的雄心或者追求美、健康或力量等更高尚目标的雄心，难道不能在精神上产生运动的需要吗?"② 1927 年 4 月 17 日，在《致各国体育青年》的信中，顾拜旦希望"在这充满巨大可能性，同时也受到危险的堕落所威胁的现代世界里，奥林匹克主义可以是一所既培育高尚精神和美好情操的学校，也是培育身体耐力和力量的学校。但条件是你们必须不断地将你们的体育荣誉观念和非功利观念提高到与你们的身体力量相称的高度。"③ 顾拜旦赋予这一概念以"强壮身体的文化"、"维护世界和平"、"对奋斗、和谐的狂热崇拜"、"对自我超越和自我克制的追求"等含义，努力追求世界的和平进步和人的身心的和谐发展。顾拜旦认为人的肌肉与思想应该是和谐的，应该"兄弟般共生在一起"。萨马兰奇继承了顾拜旦关于实现人的均衡发展的生活哲学，他说："奥林匹克主义是一种人生哲学，其目标在于使体育运动为人的和谐发展服务，从而促进一个关心维护人类尊严的和平社会的建立。"④

人的均衡发展的奥林匹克生活哲学的提出，有其深刻的社会现实背景，即资本主义给人带来的片面化、畸形化、异己化、非人化。众所周知，资本主义的发展促进了人类文明的巨大飞跃，工业迅猛普及，科技日新月异，财富急骤积累，社会化程度越来越高，社会生活也日益丰富多彩；与此同时，资本主义发展也产生了很多严重的社会问题，如经济危机频发，政治冲突不断，战争阴云密布，生态环境恶化，贫富极度不均，利己主义盛行，拜金主义成风，人际关系淡漠，丑恶现象丛生，人的体质下降，精神心理失衡，道德信仰危机，等等。很多运动员身上也表现出了注重物质享受、轻视精神追求的倾向，空虚、虚荣、嫉妒和不信任等风气，高尚的竞技运动几乎沦为了低级的杂耍。在顾拜旦看来，资本主义社会的畸形化、片面化还体现在知识和教育的"极端的专业化"，"我们现在企图借助专门知识使人类能够认识事物的整体，而这只能

---

① [法国]皮埃尔·德·顾拜旦著《奥林匹克回忆录》，刘汉全译，北京：北京体育大学出版社，2007 年 11 月第 1 版，第 132 页。

② [法国]皮埃尔·德·顾拜旦著《奥林匹克回忆录》，刘汉全译，北京：北京体育大学出版社，2007 年 11 月第 1 版，第 131 页。

③ [法国]皮埃尔·德·顾拜旦著《奥林匹克回忆录》，刘汉全译，北京：北京体育大学出版社，2007 年 11 月第 1 版，第 208 页。

④ 任海主编《奥林匹克运动》，北京：人民体育出版社，2005 年 8 月第 2 版，第 118 页。

事与愿违，专门知识使人看到的是变形的整体。"① 现行的教育也将人们带到专业化的思路上，人们处于被蒙蔽、被分化的状态，"他们因为拥有许多愿望，便自认为是非常强大，因为拥有大量科学资料，便自认为是非常博学。其实他们并没有准备好应对正在来临的变故。理解力被学问所窒息，批判精神被渊博的知识所消磨，青少年形成了一窝蜂的思想模式，到处是人工雕琢和循规蹈矩，到处是分门别类和统计数字，到处是对数字的迷信，对细节和例外的病态研究……"② 总之，资本主义社会已对人的身心发展提出了严峻挑战，人的全面发展已成为亟待解决的具有时代性的社会问题。解决问题的出路之一就是，必须使体育运动与文化教育结合起来，用崇高的理想、纯洁的精神和高尚的道德赋予竞技运动以灵魂，以体现竞技运动的精神价值和教育价值。

4. "君子不器"与奥运选手的职业化

孔子"君子不器"的思想与顾拜旦为参加奥运会的选手所确立的业余原则是一致的。业余主义是奥林匹克运动的一个重要思想基础，顾拜旦认为只有那些非雇用的、不受物质因素影响的业余运动员才能促进"各民族体育的友好关系的发展"。

古代奥运会曾经历过由非职业化到职业化的演变。古希腊的竞技活动本来不是一种职业，后来逐渐呈现出职业化的倾向。职业化是以物质和金钱为目标的，这就使得古代奥运会关于身心和谐的美好理想受到了严峻挑战。有的运动员周游各地，轮流参加多种比赛，从而获得大量奖品。一个名叫赛甘尼斯的运动员一次周游比赛下来，竟然得到 1400 多项物质奖励。亚里士多德对竞技体育职业化的趋势提出批评，认为人们应该适度地从事体育锻炼，不应该教给他们任何歪曲身体形象的技术，或者是能使他们赚钱的技术。

现代体育运动中的业余主义思想源于英国，认为只有在业余原则指导下的体育运动才是纯洁的，参加体育比赛的动机是喜爱体育运动，参加者能够从中获得健康与乐趣，能够培养良好的道德；而职业比赛是为生计和金钱而进行的比赛，不会有崇高的追求，参加者很难以公平公正的态度来参赛。20 世纪 80 年代之前，奥林匹克运动坚持业余原则。原《奥林匹克宪章》第 26 条把参加奥运会的运动员规定为"出于兴趣爱好或娱乐目的从事体育运动且不期望任

---

① ［法国］皮埃尔·德·顾拜旦著《奥林匹克回忆录》，刘汉全译，北京：北京体育大学出版社，2007 年 11 月第 1 版，第 198 页。

② 国际皮埃尔·德·顾拜旦委员会编《奥林匹克主义——顾拜旦文选》，刘汉全、邹丽等译，北京：人民体育出版社，2008 年 8 月第 1 版，第 198 页。

何物质回报的人"。布伦戴奇担任国际奥委会主席期间,坚决捍卫顾拜旦确立的业余主义原则,恪守运动员的业余身份,坚决反对职业选手参加到奥运会比赛中来,甚至把职业选手讽刺为"付报酬的角斗士"。

现代奥林匹克运动的业余主义从一开始就是有争议的,这一争议在20世纪70年代后越来越突出,越来越受到职业主义的挑战。主张职业主义的人认为,奥运会必须吸引世界上最优秀的运动员参加竞技。1980年萨马兰奇出任国际奥委会主席时,职业运动员参加比赛已经是既成事实,业余主义名存实亡,萨马兰奇顺水推舟,明确提出奥林匹克运动要对所有最优秀的运动员开放,于1990年9月在东京举行的国际奥委会全会上,修改《奥林匹克宪章》关于奥运会参赛资格的规定,即"报名或参加奥运会不应取决于任何经济上的考虑",实际上废除了业余原则。

从人的全面和谐发展的意义上看,职业化的转向很难说是奥林匹克运动的进步,甚至可以说是一种倒退,运动员职业化是对人的全面和谐发展的背离,其结果是人的片面畸形发展。运动员职业化的受益者不是普通大众,不是广大运动员,甚至也不是获得奥运会奖牌的运动精英。在许多人眼里,运动精英、尤其是奥运会奖牌的获得者是这场游戏的受益者,奥运精英被誉为奥林匹克精神的卓越化身,是奥林匹克神殿中的英雄,一旦金牌在手,鲜花、掌声、金钱、地位等蜂拥而来。但是,巨大的辉煌是也意味着巨大的代价,奥运会获奖选手付出的代价是极其高昂的。代价之一是习以为常的身体伤病。运动员大多从少年就开始投入专业训练,身体长期处于超负荷的紧张状态,伤病率很高。不少人把运动伤病视为必要的代价,认为要想把奖牌拿下来,就得有"舍得一身剐"的勇气。更有甚者,有的运动员不惜服用兴奋剂,拿禁药去换未来,做一番"不入虎穴,焉得虎子"式的冒险与赌博,这对身体的残害就更可想而知。代价之二是巨大的精神压力。成王败寇的残酷逻辑,激烈无比的竞争角逐,大起大落的赛场变化,大喜大悲的最终结局,运动员在精神上承受的压力是不言而喻的。奥林匹克运动一方面鼓励拼搏竞争,一方面倡导重在参与,甚至说"参与比取胜更重要",可是有几个选手人能够做到心平气和,宠辱不惊,将成败得失置之度外呢?代价之三是文化知识的匮乏。运动员来为了训练,没有时间和精力完成正常的学业,收获了奖牌,却丢失了文化。在种种沉重的代价面前,使得以身心和谐为最终追求,并强调体育与文化教育相结合的奥林匹克运动走向了人的全面和谐发展的反面,这无疑是令人深思的。

业余原则被废除实际上是与奥林匹克运动的商业化进程紧密联系在一起

的，奥运选手职业化的实质上是奥运会商业化的必然衍生品。这就是人的全面和谐发展的社会制约性在奥林匹克运动中的一个重要体现。马克思认为，由于私有制与社会分工的存在，绝大多数人的发展就是不自由的、片面畸形的状态，只有少数人才能够有机会、有条件获得相对自由、比较全面的发展，后者获得的自由、全面的发展在很大程度上正是以前者的不自由的、片面畸形的发展为代价的。在马克思看来，少数人所获得的也不是真正的自由全面发展，如精神空虚的资产者为资本和利润所奴役，律师为僵化的法律观念所奴役，一切"有教养的等级"都为各式各样的地方局限性和片面性所奴役，为他们自己的肉体上和精神上的近视所奴役，为他们的由于受专门教育和终身束缚于这一专业技能本身而造成的畸形发展所奴役。

三、教育对人的全面和谐发展的价值

孔子和顾拜旦都是著名的教育家，都高度重视教育在人的全面和谐发展中的重要价值，努力通过教育来提高人的文化知识、身体素质、道德修养以及审美素养。

1. "忠焉，能勿诲乎？"

孔子是春秋末期的教育家，当时官学衰落，私学兴起，由原来的"学在官府"逐步演变为"学在四夷"。孔子创办私学，有教无类，因材施教，诲人不倦，弟子多达三千，精通礼、乐、射、御、书、数"六艺"者七十二人。

根据匡亚明先生在《孔子评传》一书中的考察，孔子一生的教育实践主要分为三个时期：第一个时期是他"三十而立"之后到三十五岁之间，开始收徒讲学，学生有颜路、子路、孟懿子、南宫敬叔等。第二个时期是孔子在鲁昭公二十七年从齐国返回鲁国之后，到他在鲁国从政之前，即从三十七岁到五十岁这段时间，孔子不愿与权臣沆瀣一气，没有去入仕，"退而修《诗》、《书》、《礼》、《乐》，弟子弥众，至自远方，莫不受业焉"①。学生来自鲁国、齐国、卫国、陈国、楚国、秦国等地，颜回、子贡、冉求、仲弓等都是这一时期的弟子。第三阶段是从鲁哀公十一年到孔子去世，即从六十八岁到七十三岁，结束了周游列国的流浪生活的孔子把晚年的全部精力都投入到文化教育事业之中，对《诗》、《书》、《礼》、《乐》、《易》、《春秋》等典籍进行整理和

---

① 《史记·孔子世家》

删定，将之作为定型的教本，培养出子夏、子张、曾参等著名弟子。

良好的教育是实现孔子"成人"理想的必要前提。孔子认为教育对人的成长起着决定性的作用，他说："性相近也，习相远也。"① 即人的先天本性是相接近的，人的后天习性则有较大差异，这正是后天的学习、教育在起作用。他认为每个人都可以通过接受良好的教育，从而在道德上、学识上得到提高，他相信"后生可畏。焉知来者之不如今也？"② 一个人只要接受良好的教育，就会有所成就，就会超越前人。

孔子把教育当作自己的神圣使命，子曰："爱之，能勿劳乎？忠焉，能勿诲乎？"③ 他忠于教育事业，爱自己的学生，把劝勉和教诲他们作为义不容辞的责任。孔子谦虚地说，自己不敢说已经达到了圣与仁的境界，但是，若说自己"学而不厌，诲人不倦"④，那还是可以说得过去的。孔子在陈国时说："归与，归与！吾党之小子狂简，斐然成章，不知所以裁之。"⑤ 意思是说，我该回鲁国去了，我的那帮学生有志向、有能力、有条理、有文采，我真不知道如何去剪裁培育他们呢。

《论语·子路》记载：

子适卫，冉有仆，子曰："庶矣哉。"冉有曰："既庶矣，又何加焉？"曰："富之。"曰："既富矣，又何加焉？"曰："教之。"

可见，管子所说的"仓廪实而知礼节，衣食足而知荣辱"是有条件的，这个条件就是，要让人们接受良好的教育，即"富而教之"。

孔子办学，遵循"有教无类"⑥ 的原则，打破贵族的教育垄断，只要诚心求教，专心向学，无论贵贱，无论国别，"自行束修以上，吾未尝无诲焉。"⑦《论语》记载，互乡这个地方的人很难打交道，孔子却接见了那里的一个少年，学生们对此疑惑不解。孔子说："与其进也，不与其退也。唯何甚？人洁己以进，与其洁也，不保其往也。"⑧ 即做事情不要太过分，应该来者不拒，鼓励引导人家上进。正因为此，在孔子门徒众多而且出身各异，有出身名门的

---

① 《论语·阳货》
② 《论语·子罕》
③ 《论语·宪问》
④ 《论语·述而》
⑤ 《论语·公治长》
⑥ 《论语·卫灵公》
⑦ 《论语·述而》
⑧ 《论语·述而》

贵族子弟孟懿子，有货殖致富的商业巨子子贡，也有在陋巷里箪食瓢饮的颜回，甚至有"三天不举火、十年不制衣"的曾参，有其父为贱人、家无置锥之地的仲弓，等等。

在孔子的教育实践中，他特别强调学习的重要性。孔子说"不学诗，无以言"①；"不学礼，无以立。"② 以此告诉儿子鲤学习的意义。他说："生而知之者，上也；学而知之者，次也；困而学之，又其次也；困而不学，民斯为下矣。"③ "生而知之"其实是不可能的，人的差异也就取决于学习的主动性，不要等到遇到困难和问题的时候才去学习。

孔子以"六言六蔽"来说明学习的重要性，即"好仁不好学，其蔽也愚；好知不好学，其蔽也荡；好信不好学，其蔽也贼；好直不好学，其蔽也绞；好勇不好学，其蔽也乱；好刚不好学，其蔽也狂。"④ 即喜欢仁爱而不喜欢学习，那毛病是愚蠢；喜欢聪明而不喜欢学习，那毛病是放纵；喜欢信实而不喜欢学习，那毛病是狭隘；喜欢直爽而不喜欢学习，那毛病是急躁；喜欢勇敢而不喜欢学习，那毛病是闯祸；喜欢刚强而不喜欢学习，那毛病是狂妄。

孔子还通过阐释"学"与"思"的关系来说明学习的重要意义。他认为"学而不思则罔，思而不学则殆"，⑤ 即一个人如果只读书而不思考，他就会感到迷惘；而如果只思考而不读书，学业就不会有长进。孔子曾经谈到对学与思关系的个人经验："吾尝终日不食，终夜不寝，以思，无益，不如学也。"⑥

孔子本人就是热爱学习的典范，子曰："十室之邑，必有忠信如丘者焉，不如丘之好学也。"⑦ 他拿自己做例子说："我非生而知之者，好古敏以求之者也。"⑧ 即孔子说自己的博学多能也不是生下来就有的，而是乐于求知的结果。孔子这样评价自己："其为人也，发愤忘食，乐以忘忧，不知老之将至云尔。"⑨ 孔子晚年在回顾自己的一生的学习和感悟历程时说："吾十有五而志于学，三十而立，四十而不惑，五十而知天命，六十而耳顺，七十而从心所欲，

① 《论语·季氏》
② 《论语·季氏》
③ 《论语·季氏》
④ 《论语·阳货》
⑤ 《论语·为政》
⑥ 《论语·卫灵公》
⑦ 《论语·公冶长》
⑧ 《论语·季氏》
⑨ 《论语·述而》

不逾矩。"①

孔子鼓励弟子勤奋好学。他所忧虑的是"德之不修，学之不讲，闻义不能徙，不善不能改"②，他甚至会非常生气地斥责大白天睡懒觉的弟子宰予，说他"朽木不可雕也"③。《论语》记载，子路要让子羔做费这个地方的长官，孔子认为这是害了人家，子路说："有民人焉，有社稷焉。何必读书，然后为学？"④ 子路是说，有百姓、土地、庄稼就行了，为什么说一定要读了书才算有学问呢？孔子为此斥责子路，认为他在狡辩，从中可以理解孔子对于读书学习重要性的强调。子夏认为"百工居肆以成其事，君子学以致其道"；⑤ 一个人"日知其所亡，月无忘其所能"，⑥ 就可以说是个好学的人了。他主张"仕而优则学，学而优则仕"；⑦"博学而笃志，切问而近思，仁在其中矣。"⑧

孔子不仅注意教育学生向书本学习，还强调向别人学习。即每个人都有长处，都值得学习。孔子说："见贤思齐焉，见不贤而自省也。"⑨ 子贡说："夫子焉不学？而亦何尝师之有？"⑩ 即孔子无处不在向众人学习。孔子说："三人行，必有我师焉，择其善者而从之，其不善者而改之。"⑪ 也正因为此，孔子要求弟子"敏而好学，不耻下问"⑫；"知之为知之，不知为不知，是知也"⑬，不要自以为是，不要不懂装懂。

2. "谋求体育运动与文化和教育的融合"

奥林匹克主义强调体育竞技与文化教育的结合，赋予体育运动以文化内涵，以促进身心和谐目标的实现。顾拜旦为实现奥运与现代文化教育的结合孜孜以求，给现代奥林匹克运动注入了丰富而深刻的教育内涵。奥林匹克运动的宗旨就是通过开展体育活动来教育青年，从而为建立一个和平的、更美好的世

① 《论语·为政》
② 《论语·述而》
③ 《论语·公冶长》
④ 《论语·先进》
⑤ 《论语·子张》
⑥ 《论语·子张》
⑦ 《论语·子张》
⑧ 《论语·子张》
⑨ 《论语·里仁》
⑩ 《论语·子张》
⑪ 《论语·述而》
⑫ 《论语·公冶长》
⑬ 《论语·为政》

界作出贡献。

现代奥林匹克运动提出与文化、教育的结合，是源自于古代奥运会的传统。古代奥运会也是一种文化盛会，除了宗教仪式和体育竞技外，还有政治、经济、文化等其他活动。从公元前444年举行的第84届古代奥运会开始，文艺比赛被列入奥运会正式比赛项目，诗人、演说家、音乐家、戏剧家也都加入到这一盛大的活动中来，表演音乐、舞蹈、朗诵、唱诗、雕刻、戏剧等，大大增加了古代奥运会的文化气氛。著名雕塑作品"掷铁饼者"，就是古希腊雕塑家为古代奥运会和全人类留下的不朽之作。古希腊"历史之父"希罗多德，曾在古代奥运会上朗诵过他的名著《历史》的一个片断，歌颂古希腊人在与波斯军队的战争中所表现出的英雄气概，受到了大会的嘉奖。人们在竞技场外推销商品、缔结条约、朗诵诗歌、讨论问题等等，在人类文化史和世界体育史上写下了辉煌的篇章。当时的社会精英人士很多都是出色的运动家，哲学家苏格拉底、柏拉图、亚里士多德、毕达哥拉斯，诗人提摩克雷翁，剧作家索福克勒斯、欧里庇得斯等，他们都热爱竞技运动，积极参与到奥运会中来，在运动竞技中有出色表现。哲学家们经常在广场上、练身场内、林荫道上讨论哲学问题，这使奥林匹亚竞技场成了人们进行宗教、文化、竞技等活动相交融的综合活动场所。公元前5世纪出现的"智者学派"经常讨论公民的责任和义务等问题。公元前561年，古希腊哲学家卓罗斯亲自参加了奥林匹亚竞技赛会，并为古代奥运会草拟了一份章程。

顾拜旦创立现代奥林匹克运动的初衷是对于当时教育状况的不满，他甚至把法国的学校描述为"可恶的地方"，希望通过与崇高精神理想和高雅文化艺术相结合的体育竞技来教育青年，从而为促进人的全面和谐发展，为建立和平美好的社会作出贡献。1894年国际奥委会成立之初，讨论的主题就是"教育的价值"。顾拜旦说："在我看来，文明的未来此刻既不依赖于政治的又不依赖于经济的基础，而是完全取决于教育的方向。"[1] 关于奥运会在青年人教育方面的意义，顾拜旦一再强调："奥林匹克运动会绝不单纯是世界锦标赛，它还是世界青少年四年一度的盛会，是人类青春的节日，是一代又一代即将步入成年人门槛的青年人的节日。……我希望复兴的，不是这一达千年之久的活动的外在形式，而是其本原，因为我看到，它能为我的祖国和全人类提供一个重

---

[1]　体育学院通用教材《奥林匹克运动》，北京：人民体育出版社，1993年6月第1版，第121页。

新变得必要的教育导向。我要努力复原那些过去曾支撑过这个教育方向的坚强支柱：知识、道德、从某种意义上还包括宗教。现代世界又为之添加了两种新的力量：技术的完善和民主的国际主义。"①

萨马兰奇说："奥林匹克主义是超越竞技运动的，特别是在最广泛、最深刻义上来讲它是不能与教育分离的。它将体育活动、艺术和精神融为一体而趋向一个完美的人。"② 他认为，如果离开了教育，奥林匹克主义就不可能达到其崇高的目标。他还指出："我们的哲学是从这样的信念出发的，即体育是教育过程不可分割的组成部分，是促进和平、友谊、合作与相互理解的因素。"③ 根据这一传统，《奥林匹克宪章》规定，国家奥委会的使命和职责之一就是，"在全国体育活动范围内，宣传奥林匹克主义基本原则，尤其是在学校和大学的体育教学计划中促进传播奥林匹克主义。负责建立致力于奥林匹克教育的机构，特别要关心国家奥林匹克学院和奥林匹克博物馆的建立和活动以及与奥林匹克运动有关的文化活动。"④

奥林匹克教育的意义包括对个体的意义与对社会的意义。就对个体的意义而言，奥林匹克教育有助于培养爱国主义精神，提高文化素养与审美能力，培育尊重他人、尊重规则、善于合作、团结友谊、公平竞争、拼搏进取、追求卓越、重在参与等精神，促使人的自我发现、自我肯定、自我超越与自我实现，促进人的身心和谐发展。就对社会的意义而言，奥林匹克教育有助于维护世界和平，促进社会的和谐发展，保持人与自然的和谐关系。

奥林匹克教育的内容一般包括奥林匹克的身体教育、知识教育、精神教育，奥林匹克身体教育的目的是使人们得到发达的肌肉、匀称的肢体和机敏的头脑，奥林匹克知识教育的目的是懂得奥林匹克运动的历史、现状以及等《奥林匹克宪章》的基本知识，奥林匹克精神教育的目的在于用奥林匹克主义、奥林匹克精神、奥林匹克宗旨、奥林匹克格言等来提升人的精神境界。奥林匹克的身体教育、知识教育、精神教育不是分离的，而是完全融合在一起的。2002 年 8 月，国际奥委会文化与教育委员会在德国的维斯巴登召开"寓教于体"世界论坛，会议主题就是身体教育与体育文化的融合。

---

① ［法国］皮埃尔·德·顾拜旦著《奥林匹克回忆录》，刘汉全译，北京：北京体育大学出版社，2007 年 11 月第 1 版，第 82 页。

② 谢亚龙主编《奥林匹克研究》，北京：北京体育大学出版社，1994 年 2 月第 1 版，第 67 页。

③ J. A. Samaranch, Setting Our Sight on the 21st Century, Olympic Panorama, 1, 1989, p. 12.

④ 谢亚龙主编《奥林匹克研究》，北京：北京体育大学出版社，1994 年 2 月第 1 版，第 48 页。

四、体育对人的全面和谐发展的价值

体育是包含在教育之中的一种特殊的教育方式,以人的身体为作用对象,使人体的结构、机能获得生物学意义上的改进,如肌肉发达、骨骼健壮、反应灵敏、精力充沛。人们在体育中创造自身的形体美,在体育锻炼中造就健壮的体魄,在体育娱乐中丰富自己的生活。孔子和顾拜旦心目中的体育都不是单纯的身体竞技,而是渗透着道德精神、与道德培育紧密结合的身体活动,追求的是身体和道德的双重提升。孔子强调体育与道德的结合,倡导"君子之争";奥林匹克运动主张尊重基本的公德原则,用渗透着道德精神的体育活动来促进人的和谐发展。

1. 体育对于身心健康的意义

毛泽东在《体育之研究》中说:"体育者,人类自养其身之道,使身体平均发达,而有规则次序之可言也。"[①] 他认为"体者,载知识之车而寓道德之舍也。"[②] "德智皆寄于体,无体是无德智也。"[③] 体育能够起到强壮筋骨、增长知识、调节情感、坚强意志、使人"身心并完"的作用。

体育活动是身体健康的基础,健康的身躯是人从事正常社会活动的基本保证。根据马克思主义的观点,体育起源于社会劳动。原始人要想在自然界中生存,并从中获得更多的物质财富,就要求人自身在肉体上必须是强健的;身体越强壮,动作越敏捷有力,就越有生存和安全保障,就越能保存和发展自己。正是在漫长的社会劳动过程中,人不仅从智能上超越动物界,而且在体形结构上实现了质的飞跃。随着人类文明史的演进,人们逐步产生出了对美的追求,人的形体美成为人们追求的目标之一,而形体美的创造是离不开体育活动的。从生理学的意义上讲,参加体育活动的价值在于能够改变人体结构形态,提高人体器官的机能,调节人体新陈代谢的水平;能够提高人体对于环境的适应能力;能够提高人体在发育期的发育水平,延缓人体衰老进程;能够预防和治疗

[①] 中共中央文献研究室编《毛泽东著作专题摘编》,北京:中央文献出版社,2003 年 11 月第 1版,第 1650 页。

[②] 中共中央文献研究室编《毛泽东著作专题摘编》,北京:中央文献出版社,2003 年 11 月第 1版,第 1650 页。

[③] 中共中央文献研究室编《毛泽东著作专题摘编》,北京:中央文献出版社,2003 年 11 月第 1版,第 1650 页。

某些疾病，增强人体免疫力和抵抗力等。体育活动的参与赋予人健康的体魄，而健康的体魄是幸福生活必不可少的基本要素，是人在工作中取得成就的重要保证；体育比赛、尤其是重大体育赛事的参加与欣赏，已成为当代人休闲娱乐的重要方式；一个国家体育发展水平和公民健康状况，也是关系国民素质与国家形象的大事；体育教育也成为现代学校教育内容中不可或缺的组成部分。

参加体育运动不仅有助于铸就人们健康体魄，也有益于发展个性，丰富情感，开阔视野，完善道德等。英国思想家洛克曾经设想说："把身体上与精神上的训练相互变成一种娱乐，说不定就是教育上最大的秘诀之一。"① 体育运动有强烈的竞争性，能培养现代人的勇于竞争的观念、勇敢顽强的性格、超越自我的品质、迎接挑战的意志和承担风险的能力；体育比赛又特别强调团队精神，注重队员与队员之间的团结与协调，有助于培养人们的协作精神；体育运动体现了充分的平等性，它不承认基于出身、地位、职业等的诸多不平等因素，有助于培育平等和相互尊重观念；体育竞技最讲规则，违规者必须受到处罚，这又有助于培养参加者的规则意识和法制意识；现代体育是日益开放的国际化的体育，封闭的状态越来越成为历史，使参加者的视野更加开阔，心胸更加开放。1992 年第 7 届欧洲体育首脑会议通过的《公平竞赛——欧洲体育伦理纲领》认为，"本纲领视体育为一种社会、文化活动，确信公平地实施体育是丰富社会生活，加深国家间睦邻友好的有效手段。本纲领还认为，就个体而言，体育又是个人的活动，在公平竞赛中，参加的个体可以获得：对个体能力的自我认识，自我表现与充实感、成功感，技术的学习，能力的发挥，社会的相互作用，乐趣，增进健康等机会。对于活跃在体育俱乐部中志愿从事体育工作的有关人员和指导者，体育能提高其社会责任感。"

现代社会生活由于生产的日益分工、人的个性化与独立化的发展，压抑了人的情感的正常发展，人往往感到孤独寂寞，人与人情感逐渐疏远。而参加体育活动则有助于增强人与人之间的亲和感，人们在大众体育中可以培育对集体、社团的信赖感，在和睦欢快的家庭体育气氛中感受天伦之乐，在娱乐体育中得到心旷神怡、淋漓尽致的享受，在探险活动中感受征服艰险、提升自我的自豪感，在竞技体育中感受着成败、进退、荣辱等各种情感的冶炼。澳大利亚奥运选手查勒斯华兹（Ric Charlesworth）认为："把事情做好就是快乐。不论

---

① ［英国］洛克著《教育漫话》，北京：人民教育出版社，1979 年版，第 179 页。

做什么事，如果你能在某一特定领域充分发挥你的潜能，你就会感到漠大的满足。"① 中国的传统民间体育也是这样，我们在元宵灯会活动中体味浓浓的乡情，在端午竞渡中怀念诗人屈原至死不渝的爱国情感，在重阳登高中领略秋高气爽、天高云淡、不似春光却胜似春光的豪迈之情。

2. "射者，仁之道也"

孔子作为一个文化巨人，并没有忽视体育、武力对于个人和国家的重要性。西周以来的教育内容中，射和御，即射箭和驾车，是"六艺"中与体育密切相关的两项。射和御不是单纯的身体锻炼，带有明显的备战性质，也与当时的礼乐制度紧密联系在一起。在孔子的"成人"教育中，射御之道扮演着重要角色。

孔子说，"天下有道，则礼乐征伐自天子出。"② 这从一个侧面说明，在孔子看来，对于一个国家而言，礼乐制度和武力征伐都是必不可少的，二者是可以并行不悖的，甚至是可以相辅相成的。孔子主张"有文事者必有武备，有武备者必有文事"③，一个国家要"足食，足兵，民信之矣"④，政府必须"教民以战"⑤，否则就是对民众的放任和抛弃。

孔子自己堪称一位文武兼备之士。他是一个不折不扣的身体巨人，身材魁梧，强壮有力，精通射御。"孔子之劲能拓国门之关，而不肯以力闻。"⑥ "孔子射于矍相之圃，盖观者如堵墙。"⑦ 孔子说："吾执何？执射乎？执御乎？吾执御也。"⑧ 孔子在此以"执御"表示自谦，由此可知孔子对于射御之道是非常熟悉的。在孔子所设想的"成人"标准中，他对冉有的才艺大加推崇。孔子说："求也艺，于从政乎何有？"⑨ 意思是说，冉有这样一个文武兼备、多才多艺的人，从政是没有什么问题的。《左传》记载，在抵御齐国入侵的战斗中，"冉求帅左师……用矛于齐师，故能入其军。"⑩《史记》记载，季康子问

---

① Bud Greenspan, *The Olympians' Guide to Winning the Game of life.* Los Angeles, General Publishing Group, 1997, p. 106.

② 《论语·季氏》

③ 《史记·孔子世家》

④ 《论语·颜渊》

⑤ 《论语·子路》

⑥ 《列子·说符》

⑦ 《礼记·射义》

⑧ 《论语·子罕》

⑨ 《论语·雍也》

⑩ 《左传·哀公十一年》

冉有，"子之于军旅，学之乎？性之乎？"冉有说："学之于孔子。"①

孔子的体育实践中渗透着礼乐与仁德的内涵，孔子注重对弟子进行"射以观德"的教育。他说："君子无所争，必也射乎？揖让而升，下而饮，其争也君子。"② 这就是说，孔子倡导的是"君子之争"，即他虽然主张在射箭竞技中要勇于争胜，但不应逞强斗能，而要将仁爱、友谊、修身等精神融于竞技之中。他主张"射不主皮"，礼射的射只是一种手段，进行礼、仁的道德教育才是目的。孔子是要通过射箭来体会道德的意蕴，引导道德的提升，正如《礼记·射义》所言："射者，仁之道也。射求正诸己，己正而后发；发而不中，则不怨胜己者，反求诸己而已矣。"③ 据《孔子家语》记载，孔子观看乡射，感到不大合乎礼仪，就亲自率领学生们一起做示范表演，观众云集。孔子让子路宣布观赛与参赛的条件：败军之将、亡国大夫、奴仆等被拒绝入场，孝顺、友善的青少年以及好学、好礼的老年人等属于受欢迎之列。这样，虽然观众所剩无几，但孔子仍然称赞子路等人做得好。可见孔子将道德品质作为一个人立身处世的根本。

根据司马迁对于乡射遗风的实地考察，作为对于孔子的纪念，"鲁世世相传，以岁时奉祠孔子冢，而诸儒亦讲礼乡饮大射于孔子冢。"④ 对于孔子倡导的体育实践的价值，清代学者颜元指出："孔门司行礼、乐、射、御之学，健人筋骨，和人气血，调人性情。"⑤

3. "啊，体育，你就是培育人类的沃地"

关于体育，顾拜旦认为"它涵盖了以下几个概念：意志、持之以恒、强化训练、完美以及潜在的风险。这五大要素，是从事体育的基本前提。"⑥ 他在一本体育教学手册里对体育下了这样的定义："体育是在渴求进步的激励下对强化的、甚至不惜冒险的肌体活动的有意识的和经常性的崇拜。从中引出五个观念：创新、坚持、强化、追求完美、蔑视可能出现的危险。"⑦

---

① 《史记·孔子世家》

② 《论语·八佾》

③ 《周礼·仪礼·礼记》

④ 《史记·孔子世家》

⑤ 《颜习先生言行录》

⑥ 国际皮埃尔·德·顾拜旦委员会编《奥林匹克主义——顾拜旦文选》，刘汉全、邹丽等译，北京：人民体育出版社，2008 年 8 月第 1 版，第 123 页。

⑦ 国际皮埃尔·德·顾拜旦委员会编《奥林匹克主义——顾拜旦文选》，刘汉全、邹丽等译，北京：人民体育出版社，2008 年 8 月第 1 版，第 213 页。

体育是培育人的全面素质的沃土，能够将公正、平等、拼搏、自信、冷静、果断等优秀品质赋予热爱并参与体育运动的人们。1918 年 2 月 24 日，在洛桑自由希腊人协会会议的讲话中，顾拜旦说："体育教育者的任务，在于让优秀品质的种子在人体里开花结果，在于让人们学会举一反三，将这些品质从某种特定环境移植到整个大环境中，从某种特殊类别的活动转移到个体参与的所有行动当中。"①

在顾拜旦看来，"体育活动不是人类与生俱来的习性，而贪图安逸则是人类的天性"②，顾拜旦期望人们克服身心上的惰性，让体育能够成为人们的生活习惯和生活需要。他说："只有当冠军自己并不在乎观众是否在注视他的时候，体育才会真正地成为人们的需要。一个真正的运动员是这样的，对他来说观众只是偶然存在。"③ 为此，就要为大众参与体育活动创造良好的条件，努力培养一代体育新人。

18 世纪被顾拜旦概括为"一个脑力无比活跃而体力惰性十足的世纪"④，"18 世纪末，不论何处，激烈的身体活动，充满阳刚之气的竞技，都应成为昨日黄花，不再时髦。人们已另辟蹊径去寻欢作乐了。"他感慨英国人不再陶醉于清新空气，不再生活于室外，"天生的粗暴与某种柔弱纠缠在一起"⑤；法国人也懒于运动，网球已经无人问津。在顾拜旦看来，正是滑冰运动造就了瑞典人的健康、聪明与活力，"他们的健康，他们那种突出的灵与肉之间的美妙平衡，盖得益于此。平静的心绪，均匀的气息，赋予了他们活力。他们认为应该为此而感谢这项运动的聪明的创立者，而我也毫不犹豫地将此归功于北方平坦冰面上的飞速滑行，归功于冰冷的空气，以及斯堪的纳维亚半岛的冬季使人尽享的有益身心健康的欢乐。"⑥

---

① 国际皮埃尔·德·顾拜旦委员会编《奥林匹克主义——顾拜旦文选》，刘汉全、邹丽等译，北京：人民体育出版社，2008 年 8 月第 1 版，第 125 页。

② 国际皮埃尔·德·顾拜旦委员会编《奥林匹克主义——顾拜旦文选》，刘汉全、邹丽等译，北京：人民体育出版社，2008 年 8 月第 1 版，第 195 页。

③ 国际皮埃尔·德·顾拜旦委员会编《奥林匹克主义——顾拜旦文选》，刘汉全、邹丽等译，北京：人民体育出版社，2008 年 8 月第 1 版，第 195 页。

④ 国际皮埃尔·德·顾拜旦委员会编《奥林匹克主义——顾拜旦文选》，刘汉全、邹丽等译，北京：人民体育出版社，2008 年 8 月第 1 版，第 25 页。

⑤ 国际皮埃尔·德·顾拜旦委员会编《奥林匹克主义——顾拜旦文选》，刘汉全、邹丽等译，北京：人民体育出版社，2008 年 8 月第 1 版，第 25 页。

⑥ 国际皮埃尔·德·顾拜旦委员会编《奥林匹克主义——顾拜旦文选》，刘汉全、邹丽等译，北京：人民体育出版社，2008 年 8 月第 1 版，第 29 页。

顾拜旦非常注重通过奥林匹克运动的开展来提升人们的道德水平，注重"选手思想的净化"①，认为这是古代奥林匹克主义的基础之一，也应成为现代奥林匹克主义的主要内容。他认为只有当参赛者取得道德上的进步时，奥林匹克运动才能够算是取得了完全的成功。他时刻警惕现代体育陷于商业主义泥潭的危险，认为必须寻找道德上的抗衡力量，为现代体育奠定伦理基础。他于1894 年 11 月 16 日在雅典帕纳萨斯俱乐部的演说中指出："如果我们开始研究我们本世纪的历史，我们深感由产业科学的发现所产生的道德混乱。"②他希望"奥林匹克主义可以成为培养道德高尚和心灵纯洁以及锻炼身体耐力和力量的学校"③，希望人们在体育运动中培养并传播忠诚、无私、运动员品格（sportsmanship）等体育精神。萨马兰奇先生对此评价说："皮埃尔·德·顾拜旦和一些现代奥林匹克运动的奠基人相信，根据一定规则组织起来的体育运动，有益于年轻人和整个人类，不仅对体质有好处，尤其是有益于提高道德水平。"④

奥林匹克运动所主张的体育教育的深刻意义在于，通过身体教育来实现人的全面素质的提升以及人与人、国家与国家、民族与民族、人类与自然的和谐。这一思想在顾拜旦 1895 年所创作的《体育颂》中得到了全面、深刻的表达：

啊，体育，天神的欢娱，生命的动力。你猝然降临在灰蒙蒙的林间空地，受难者激动已。你像是容光焕发的使者，向暮年人微笑致意。你像高山之巅出现的晨曦，照亮了昏暗的大地。

啊，体育，你就是美丽！你塑造的人体变得高尚还是卑鄙，要看它是被可耻的欲望引向堕落；还是由健康的力量悉心培育。没有匀称协调，便谈不上什么美丽。你的作用无与伦比，可使二者和谐统一；可使人体运动富有节律；使动作变得优美，柔中会有刚毅。

啊，体育，你就是正义！你体现了社会生活中追求不到的公平合理。任何

---

① ［法国］皮埃尔·德·顾拜旦著《奥林匹克回忆录》，刘汉全译，北京：北京体育大学出版社，2007 年 11 月第 1 版，第 88 页。

② ［法国］皮埃尔·德·顾拜旦著《奥林匹克理想——顾拜旦文选》，詹汝琮等译，北京：奥林匹克出版社，1993 年 9 月第 1 版，第 10 页。

③ ［法国］皮埃尔·德·顾拜旦著《奥林匹克理想——顾拜旦文选》，詹汝琮等译，北京：奥林匹克出版社，1993 年 9 月第 1 版，第 102 页。

④ ［法国］皮埃尔·德·顾拜旦著《奥林匹克理想——顾拜旦文选》，詹汝琮等译，北京：奥林匹克出版社，1993 年 9 月第 1 版，序言第 1 页。

人不可超过速度一分一秒，逾越高度一分一厘。取得成功的关键，只能是体力与精神融为一体。

啊，体育，你就是勇气！肌肉用力的全部含义是敢于博击。若不为此，敏捷、强健有何用？肌肉发达有何益？我们所说的勇气，不是冒险家押上全部赌注似地蛮干，而是经过慎重的深思熟虑。

啊，体育，你就是荣誉！荣誉的赢得要公正无私，反之便毫无意义。有人要弄见不得人的诡计，以此达到欺骗同伴的目的，他内心深处却受着耻辱的绞缢。有朝一日被人识破，就会落得名声扫地。

啊，体育，你就是乐趣！想起你，内心充满欢喜，血液循环加剧，思路更加开阔，条理愈加清晰。你可使忧伤的人散心解闷，你可使欢乐的人生活更加甜蜜。

啊，体育，你就是培育人类的沃地！你通过最直接的途径，增强民族体质，矫正畸形躯体，防病患于未然，使运动员得到启迪；希望后代长得茁壮有力，继往开来，夺取桂冠的胜利。

啊，体育，你就是进步！为人类的日新月异，身体和精神的改变要同时抓起。你规定良好的生活习惯，要求人们对过度行为引起警惕。你告诫人们遵守规则，发挥人类最大能力，而又无损健康的肌体。

啊，体育，你就是和平！你在各民族间建立愉快的联系。你在有节制、有组织、有技艺的体力较量中产生，使全世界的青年学会相互尊重和学习，使不同民族特质成为高尚而和平竞赛的动力。

顾拜旦关于体育育人的思想被科学研究以及优秀运动员的实践所证明。美国密西根州立大学的研究表明，奥运会冠军一般具有下列人格特征：应对和控制焦虑的能力，自信，坚韧的精神，运动智力，注意力集中，竞争性，努力工作的理念，设置并达到目标的能力，教练能力，乐观等。我国的研究人员认为，奥运会成功者的心理特征有：目标定位正确，注重操作而非结果；心态超脱，高度自信；思维的优化和净化程度较高；意志顽强，超越自我，能够顶住压力；长期心理技能训练形成了良好的心态等。奥运会失利者的心理状态主要表现为：压力太大；心理调节不到位；角色定位偏离，心理准备不足，盲目自信；想赢怕输；自我情绪调控能力的注意技能不强等。从许多奥运优秀选手的切身体会中，可以更深刻地理解体育运动对人的巨大的精神价值。1988年第24届汉城奥运会女子跳高冠军、美国人里特（Louise Ritter）认为："运动的经历会作用于一个人的日常生活。如果你在体育方面训练有素，你的这种素质将足使在商界取得成功。一旦你是赛场上的赢家，你会相信在你做任何事情时都会成为赢家。"① 1976 年第 21 届加拿大蒙特利尔奥运会划艇冠军、芬兰人卡皮宁（Pertti Karppinen）说："评价一个伟大运动员的真正标准是，当他的身体和技术水平不再继续提高时，他的精神依然是坚强的。"② 巴西著名运动员阿·达西尔瓦就是一位身心和谐、全面发展的典范，他曾经五次打破三级跳远的世界纪录，蝉联第 15 届和第 16 届奥运会三级跳远比赛的冠军；他还能歌善舞，演技高超，是一位倾倒了无数观众的电影明星；更难得的是，他是一位法律专家，多次出席国际学术会议。

五、人的全面和谐发展中艺术的介入

孔子和顾拜旦不约而同地强调艺术对于人的综合素质提升的价值，主张要通过艺术的学习、感受和训练来提高人的审美情趣。

1. "兴于诗"与"成于乐"

在孔子的思想中，艺术对人的教育和熏陶是不可或缺的，主要体现为诗教和乐教。子曰："兴于诗，立于礼，成于乐。"③ 即诗篇能够使人受到启发，礼制能够使人得以立身处世，音乐能够使人达到完善的境界。

《礼记·经解》中有这样一段话：

孔子曰："入其国，其教可知也。其为人也，温柔敦厚，《诗》教也；疏通知远，《书》教也；广博易良，《乐》教也；洁静精微，《易》教也；恭俭庄敬，《礼》教也；属辞比事，《春秋》教也。故《诗》之失愚，《书》之失诬，《乐》之失奢，《易》之失贼，《礼》之失烦，《春秋》之失乱。温柔敦厚而不愚，则深于《诗》者也；疏通知远而不诬，则深于《书》者也；广博易良而不奢，则深于《乐》者也。……"

这段话不一定是孔子的原话，可能是汉儒借孔子之口说出来的，但其含义是符合孔子的思想的，说明了诗教和乐教对于培养人的温柔敦厚的性情和广博易良的德行有着很高的价值。

---

① Bud Greenspan, *The Olympians' Guide to Winning the Game of Life.* Los Angeles, General Publishing Group, 1997, p. 49.

② Bud Greenspan, *The Olympians' Guide to Winning the Game of Life.* Los Angeles, General Publishing Group, 1997, p. 75.

③ 《论语·泰伯》

诗教是孔子教育的基本内容之一，学诗可以启迪性情，启发心智，培育情感。《诗》即《诗经》，又称《诗三百》，是中国的第一部诗歌总集，主要收集了西周初年至春秋中叶大约五百年间的作品，共分风、雅、颂三类，风是不同地方的乐歌，雅是西周王畿的乐调，颂是宗庙祭祀之乐。孔子对儿子孔鲤说"不学诗，无以言"。① 孔子对儿子孔鲤说："汝为周南召南矣乎？人而不为周南召南，其犹正墙面而立也与？"② 这就是说，一个人如果不去研读《诗经》中的《周南》、《召南》，就好像面壁而立，不能前行一步，不能获得长进。

孔子说："小子，何莫学夫诗？诗可以兴，可以观，可以群，可以怨。迩之事父，远之事君。多识于鸟兽草木之名。"③ 孔子在此讲的是诗教的功能，即可以启发想象、观察事物、会合群体、表达哀怨、事奉父君、增加知识等。"诗可以兴"，是说诗歌具有艺术感染力，"托物兴辞"，"引譬连类"，"感发意志"，即通过具体形象引发人的丰富联想，使人的思想和情感受到触动。"诗可以观"，是说通过诗歌可以了解政治状况和社会风尚，了解作者的思想与情感，用朱熹的话说是"考见得失"，用郑玄的话说是"观风俗之盛衰"。"诗可以群"，是说人们能够通过诗歌来交流情感，可以增进人与人之间的了解，使关系更加融洽。"诗可以怨"，是说人们通过诗歌可以批评政治，讽刺统治者实行的不良政治措施。

孔子强调学《诗》的一个重要目的就是在处理政治和外交事务中能够运用自如，他说："诵诗三百，授之以政，不达；使于四方，不能专对；虽多，亦奚以为！"④ 《左传》关于春秋时期各国君臣赋诗、引诗的记载达 251 次，当时的士大夫如果没有诗歌方面的知识和才能，不能在各种交往中以诗相对，就会受到歧视。《左传·昭公十二年》记载了华定因不能以《诗》答赋而受到昭子奚落的故事：

夏，宋华定来聘，通嗣君也。享之，为赋《蓼萧》，弗知，又不答赋。昭子曰："必亡。宴语之不怀，宠光之不宣，令德之不知，同福之不受，将何以在？"

孔子对于音乐爱好、感悟和实践是值得称道的。他说："兴于诗，立于

---

① 《论语·季氏》

② 《论语·阳货》

③ 《论语·阳货》

④ 《论语·子路》

礼，成于乐。"①《礼记·乐记》主张"以乐治国"，"生则乐，乐则安，安则久，久则天，天则神，天则不言而信，神则不怒而威，致乐以治心者也。"他喜欢歌唱，"子与人歌而善，必使反之，而后和之"。② 他还善于弹琴鼓瑟，《论语》记载，"孺悲欲见孔子，孔子辞以疾。将命者出户，取瑟而歌，使之闻之。"③ 孔子在此以弹琴唱歌的方式告诉孺悲，孔子不愿见他。孔子对鲁国的音乐大师说："乐其可知也。始作，翕如也。从之，纯如也，皦如也，绎如也，以成。"④ 即音乐是可以被理解的，开始的时候兴奋而热烈，接着是和谐而纯静，在清晰和连续中得以完成。孔子说："师挚之始，关雎之乱，洋洋乎盈耳哉！"⑤ 即从音乐大师挚开始演奏，到以关雎篇合奏结尾，美妙的音乐充满了双耳。

在孔子看来，音乐不仅在形式上应该是美的，在精神上也应该是善的。孔子对于韶乐的倾心和赞誉让人感慨不已，他在齐国听到了在他看来是尽善尽美的韶乐，竟然"三月不知肉味"⑥，情不自禁地说："不图为乐之至于斯也。"⑦他没有想到韶乐带来的快乐是如此强烈。武乐是歌颂武王统一中国的伟大功绩的一种武舞，孔子对于武乐的评价是"尽美矣，未尽善也"⑧，这是因为武舞中有许多体现搏斗和拼杀的场面，这与儒家宣扬的"筋骨之力不如仁义之力荣也"的道德思想相抵触。当颜渊问如何建立一套国家制度时，孔子说："行夏之时，乘殷之辂，服周之冕，乐则韶舞。放郑声，远佞人。郑声淫，佞人殆。"⑨ 因为"郑声淫"，令人沉溺其中，所以要舍弃郑国的曲调。

2. 中国传统体育的艺术美

中国古代体育的一个重要特点就是强调体育与艺术的结合，不仅重"技"，而且讲"艺"，寓"技"于"艺"，在"技"中求"艺"，在"艺"的追求中提升"技"的水平，将体育与文学、书法、舞蹈等艺术形式有机地融合为一体，达到文武兼备，追求出神入化的境界。

---

① 《论语·泰伯》
② 《论语·述而》
③ 《论语·八佾》
④ 《论语·八佾》
⑤ 《论语·泰伯》
⑥ 《论语·述而》
⑦ 《论语·述而》
⑧ 《论语·八佾》
⑨ 《论语·卫灵公》

周的射礼中专门安排有"乐人"演奏乐曲，太极拳、荡秋千、龙舟竞渡等都追求艺术的形式美。《礼记·乐记》中记载了歌颂周武王功德的"武舞"，包括"武王出师"、"消灭商朝"、"回师南征"、"巩固南疆"等段落，表演中将士们手持各种兵器，模拟战斗中简单的攻防动作，庆祝征战的胜利。除了"武舞"之外，还有舞姿文雅、乐曲舒缓、庄严肃穆的"文舞"。有人认为古称"文舞为舞，武舞为武"，不无道理。剑术与舞蹈是天然地结合在一起的，即所谓的"剑舞"。唐朝时期著名书法家张旭曾多次在河南邺县观看公孙大娘舞"西河剑器"，从中悟得草书的妙谛。他将公孙大娘舞剑的凌人气势、疾飞动作等巧妙地运用于书法行笔的轻重徐疾上，使草书笔势飞动，上下连贯，连绵回转，气魄雄健，变化多端，妙不可言，形成了独特的狂草艺术，生动而深刻地说明了"拳技书艺两相通"的道理。公孙大娘舞剑的精彩场景虽然不可再现，但张旭的狂草则流传至今，我们从张旭的狂草中亦能体会出公孙大娘舞剑的几分神韵来。

　　中国武术在其发展中，随着对于武术天然具有的军事性的不断超越，独立性不断增强，与艺术的联系越来越密切，以至被人们称为"武艺"。中国武术要求人的形体动作要达到如下标准，即"动如涛，静如岳；起如猿，落如鹊；立如鸡，站如松；转如轮，折如弓；重如铁，轻如叶；疾如风，缓如鹰"，①这样才能体现运动的美。我们常说的："坐如钟，立如松，行如风，卧如弓"，也是这个意思。太极拳是中国体育文化百花园中的一朵奇葩，它植根于中国传统文化的沃土中，吸取了哲学、美学、传统医学等理论精华，"拳架造型美观，动作刚柔相济，开合相寓，虚实相换，快慢相间，松活弹抖，充满对称和谐之形、波浪节奏之姿、轻沉兼备之态、气势磅礴之势、外示安逸之神，给人以潇洒而浑厚、轻灵而凝重、舒展而紧凑、活泼而庄重、情景交融的意境之美感。"②

　　中国体育文化最终所追求的是，将力量与勇气、技巧与智慧、道德与礼仪等有机地融合在一起，最终超越"形而下"的技巧，达到和谐完美、超凡入圣、出神入化的境界。民国时期嵩山少林寺方丈妙光大师有句精言，即"久练自化，熟极自神"，"化"与"神"，出神入化，这就是达到的境界。拳艺练习"三年一小成，十年一大成"，练至"大成"境地时，骨节通灵，气血贯

---

① 彭卫国编《中华武术谚语》，北京：电子工业出版社，1988年10月第1版，第316页。

② 马虹著《陈氏太极拳拳理阐微》，北京：北京体育大学出版社，2001年3月第1版，第36页。

通，浑然一气，伸手能练拳，开口能明理，落笔能立论。"拳无拳，艺无艺，无艺之中是真艺"①，一旦达到这样的状态，练习者周身浑然一气，拳打三节不露形，忽进忽退，忽左忽右，忽起忽落，拳无定手，脚无定步，无踪无迹，窈窈冥冥；打就是走，走就是打，拳脚无意而动，活泼圆转全任自然，无规矩而又合规矩。棋艺也是这样，对于境界的追求非常执著。清朝康熙年间的"棋圣"黄霞，十八岁就成了国手，它的棋风被人们誉为"如天仙化人，绝无尘想"。这样的境界，就是一种"否定之否定"，如老子所说的"大象无形"、"大音希声"、"大成若缺"、"大直若曲"、"大巧若拙"、"大辨若讷"等。

3. "体育运动必须创造美"

奥林匹克运动强调体育运动与文化艺术的结合，文化艺术能够增强竞技运动的精神价值，赋予竞技运动极高的审美意境，营造浓厚的艺术氛围，陶冶高尚的道德情操，协调人与人之间的社会关系，改变资本主义工业文明造成的过分追求物质利益的倾向。文化艺术活动能够丰富现代奥林匹克运动的内容，各种文化艺术形式从不同的角度，以不同的方式，相互结合和补充，构成了现代奥林匹克运动多姿多彩的文化景观，以艺术非凡的感染力激励人们为创造和平美好的未来而奋斗。

顾拜旦是奥运与艺术结合的倡导者和实践者，他认为奥林匹克运动并非只是增强肌肉力量，它也是智力的和艺术的。他对艺术特别钟情，喜欢绘画，擅长弹钢琴，有着艺术家的超凡气质，良好的教育背景和渊博的人文知识赋予顾拜旦浓厚的人文气质。顾拜旦创作的不朽诗篇《体育颂》体现了他神圣的体育理想，从中我们能够感受到他深邃的思想、深切的人文关怀、饱满的生命激情与优美动人的文笔。他强调现代奥运会应追求两个境界，即美与尊严。他指出："体育运动必须创造美，并为美提供机会。它创造美，是因为它创造了活生生的雕塑——运动员；它为美提供机会，是因为通过建筑、场景和庆典带来了美。"② 1911年顾拜旦在一篇论文中写到："体育应该给大众带来欢愉，所以必须身着节日的盛装。"③

顾拜旦遵从古代奥运会四年举办一届的传统，确定了点燃圣火、举手宣誓

---

① 彭卫国编《中华武术谚语》，北京：电子工业出版社，1988年10月第1版，第70页。

② 韩志芳著《点燃圣火——现代奥运之父顾拜旦》，成都：四川文艺出版社，2002年1月第1版，第113页。

③ 国际皮埃尔·德·顾拜旦委员会编《奥林匹克主义——顾拜旦文选》，刘汉全、邹丽等译，北京：人民体育出版社，2008年8月第1版，第13页。

等仪式，并亲自为现代奥林匹克运动设计了著名的五环标志。1896 年 4 月 6日，雅典奥运会开幕式上，依照古代奥运会的仪式点燃了奥林匹克圣火，演奏了奥林匹克会歌《萨马拉斯颂歌》，并放飞了象征和平与纯洁的白鸽；雅典奥运会会标的中心图案是手执橄榄花冠的雅典女神；为纪念古希腊人在马拉松平原大败波斯军队而设计了马拉松赛跑项目，运动员的奖品中有生长于奥林匹亚神圣区域的橄榄枝等等，这些充满历史情怀与人文精神的不俗之举，定下了现代奥运人文追求的不朽基调。

他认为应当赋予体育比赛以美感，实现体育与文化艺术的结合，提升体育竞技的文化精神，在运动员和观众之间产生一种完美的和谐，呼吁回归到已被人们丢失的和谐。1904 年顾拜旦在《费加罗报》发表文章，认为现代奥林匹克运动会应该以古代奥林匹克运动会为榜样，实现体育与艺术的结合。他说："跨进新阶段和恢复奥运会原始之美的时刻已经来临。在奥林匹亚辉煌的时代，文学艺术与体育珠联璧合，相得益彰，保证了奥林匹克运动会的伟大与崇高。未来也应如此。"[1] 1906 年 5 月，顾拜旦选择在法兰西剧院召开艺术、文学与体育协商会议，会议探讨的主题是"艺术和文学应该以何种规模、何种形式，参与到现代奥林匹克运动会中来，并与广泛意义上的大众体育运动相辅相成，从而既提升体育运动的声望，艺术和文学自身又能从中获益"。[2] 会议决定在奥运会中设置建筑、绘画、雕塑、文学、音乐五项艺术比赛，并从 1912 年奥运会开始执行这一计划，这一计划一直执行至 1948 年，它使人们更加注重奥林匹克运动的人文价值和精神追求，赋予了奥运会以优雅和美感。1908 年，顾拜旦在伦敦发表的题为《奥林匹克理念的"受托人"》的演讲中说："在我们看来，奥林匹克是一个强烈展示体格文化的概念。体格文化一方面建立在勇武的骑士精神之上——诸位习惯于亲切地称之为'公平竞争'原则，另一方面则建立于美学原则之上，崇尚美、崇尚优雅。"[3]

顾拜旦希望实现音乐与奥运会的充分而完美的结合。1908 年伦敦奥运会

① 国际皮埃尔·德·顾拜旦委员会编《奥林匹克主义——顾拜旦文选》，刘汉全、邹丽等译，北京：人民体育出版社，2008 年 8 月第 1 版，第 13 页。

② 国际皮埃尔·德·顾拜旦委员会编《奥林匹克主义——顾拜旦文选》，刘汉全、邹丽等译，北京：人民体育出版社，2008 年 8 月第 1 版，第 71 页。

③ 国际皮埃尔·德·顾拜旦委员会编《奥林匹克主义——顾拜旦文选》，刘汉全、邹丽等译，北京：人民体育出版社，2008 年 8 月第 1 版，第 76 页。

后，在顾拜旦看来，由于观众"欣赏趣味的畸形和崇尚技艺的流弊"①，在很长一段时间里，对体育场面与露天合唱的结合不感兴趣，"迟迟不肯领略歌唱与体育的相映成辉"②。1918 年顾拜旦在洛桑自由希腊人协会会议上谈及音乐与奥运会的结合问题，他说："假如合唱曲将千百年流传的曲目都吸纳进来，该是多么壮观啊！拜占庭圣歌，来自波兰和俄罗斯、英国和斯堪的纳维亚、法兰西和西班牙、德国和意大利的战争歌曲以及爱情歌曲……可谓取之不尽用之不竭，构成了无与伦比的音乐宝库。"③ 1935 年顾拜旦在《现代奥林匹克主义的哲学基础》一文中说："第 11 届奥林匹克运动会将按照我有幸提出的愿望，在最庞大的合唱团演唱的无与伦比的贝多芬第九交响曲终曲的歌声中揭开序幕。没有比这更令我欢欣鼓舞的了，因为从童年时代开始，每当我听到这首终曲，便心潮澎湃，激动不已，仿佛我在通过它的旋律和神灵相通。这些如此充分表达青年人的向往和欢乐的歌声，我希望将来在奥林匹克运动会上越来越多地响起，为运动员创造佳绩的精彩比赛喝彩。"④

现代奥林匹克运动的艺术形式包括奥林匹克五环标志、奥林匹克旗、奥林匹克格言、奥林匹克会歌、奥林匹克会徽、奥林匹克吉祥物、奥林匹克口号等奥林匹克标志，它们以鲜明简洁的艺术符号，将现代奥运抽象的价值理念变换为形象的艺术语言，使奥林匹克运动的崇高追求突出地显现出来。此外，奥运艺术形式还有奥林匹克圣火、奥林匹克建筑、邮票、宣传画、音乐、收藏、纪念章、雕塑、奥运会项目图案等。奥运会正式比赛项目中的女子自由体操、马术中的盛装舞步、花样滑冰、花样游泳、艺术体操、表演项目中的花样滑雪等，更是艺术与体育的直接结合。

六、榜样对人的全面和谐发展的意义

榜样是人群中的优秀分子，他们以高尚的品德和卓越的才华为人们做出示

---

① ［法国］皮埃尔·德·顾拜旦著《奥林匹克回忆录》，刘汉全译，北京：北京体育大学出版社，2007 年 11 月第 1 版，第 95 页。

② ［法国］皮埃尔·德·顾拜旦著《奥林匹克回忆录》，刘汉全译，北京：北京体育大学出版社，2007 年 11 月第 1 版，第 95 页。

③ 国际皮埃尔·德·顾拜旦委员会编《奥林匹克主义——顾拜旦文选》，刘汉全、邹丽等译，北京：人民体育出版社，2008 年 8 月第 1 版，第 127 页。

④ 国际皮埃尔·德·顾拜旦委员会编《奥林匹克主义——顾拜旦文选》，刘汉全、邹丽等译，北京：人民体育出版社，2008 年 8 月第 1 版，第 241 页。

范，以无穷的魅力和巨大的感召力，鼓舞和引导人们达到更加完善的人生境界。孔子强调"见贤思齐"，要求人们"择其善者而从之"；奥林匹克运动注重发挥良好榜样的表率作用，引导人们向优秀选手学习，以达到身心和谐的目标。

1. "见贤思齐"

为了引导人们实现全面和谐的发展，使更多的人朝着"成人"的目标努力，孔子非常注重榜样的示范效应。当子张问及人的自我完善之道时，子曰："不践迹，亦不入于室。"① 即只有跟着别人的脚印走，才能够登堂入室；只有向优秀的人物学习，才能够达到完善的境地。所以，人们要"见贤思齐焉，见不贤而内自省也"②；"三人行，必有我师焉，择其善者而从之，其不善者而改之。"③

孔子为人们树立的典范或榜样主要有两类，一类为孔子之前的历史中出现的圣人，如尧帝、舜帝、禹帝、周公等。孔子这样盛赞尧帝："大哉，尧之为君也。巍巍乎，唯天为大，唯尧则之。荡荡乎，民无能名焉。巍巍乎，其有成功也。焕乎，其有文章。"④ 孔子这样称道禹帝："禹，吾无间然矣。菲饮食而致孝乎鬼神，恶衣服而致美乎黻冕，卑宫室而尽力乎沟洫。禹，吾无间然矣！"⑤ 孔子把周公作为自己敬仰的榜样，子曰："甚矣，吾衰也久矣！吾不复梦见周公。"⑥

另一类是孔子时代的卓越人物，包括孔子本人、孔子的优秀门徒以及当时的其他非凡人物等。孔子本人就是好学的模范，子曰："学如不及，犹恐失之。"⑦ "十室之邑，必有忠信如丘者焉，不如丘之好学也。"⑧ 孔子非常赞赏学生颜回，不停地夸赞"贤哉，回也！"颜回身上的确体现出了非同寻常的智慧、仁德、乐观、上进和毅力，在孔子的诸多门徒中出乎其类、拔乎其萃。在智慧上，颜回"闻一以知十"⑨，就连孔子也感到自愧弗如；在仁德上，"回

---

① 《论语·先进》
② 《论语·里仁》
③ 《论语·述而》
④ 《论语·泰伯》
⑤ 《论语·泰伯》
⑥ 《论语·述而》
⑦ 《论语·泰伯》
⑧ 《论语·公冶长》
⑨ 《论语·公冶长》

也其心三月不违仁，其余则日月至焉而已矣。"① 在乐观方面，颜回"一箪食，一瓢饮，在陋巷，人不堪其忧，回也不改其乐。"② 在追求上进方面，孔子说："吾见其进也，未见其止也。"③

孔子特别强调从政者要提高道德修养，做事正派，任用贤才，严以律己，率先垂范，清正廉政，具有君子风范，为百姓做好表率。子曰："其身正，不令而行；其身不正，虽令不从。"④ "苟正其身矣，于从政乎何有？不能正其身，如正人何？"⑤ 季康子问政于孔子，孔子说："政者正也，子帅以正，孰敢不正。"⑥ 孔子还对他说："子为政，焉用杀。子欲善，而民善矣。君子之德风，小人之德草，草上之风，必偃。"⑦ 上梁不正则下梁歪，季康子对于盗窃感到忧虑，孔子对他说："苟子之不欲，虽赏之不窃。"⑧ 孔子还说："上好礼，则民莫敢不敬；上好义，则民莫敢不服；上好信，则民莫敢不用情。夫如是，则四方之民，襁负其子而至矣。"⑨ 上行而下效，长此以往，就能够引领和培育出良好的社会风尚。

孔子强调国家要选择和提拔正直的人从事政治，让正直的人居于高位，而不能让奸佞之人窃取很高的官职。《论语》记载，孔子曰："举直错诸枉，能使枉者直。"子夏对不明白此话的樊迟解释说："舜有天下，选于众，举皋陶，不仁者远矣。汤有天下，选于众，举伊尹，不仁者远矣。"⑩ 《论语》记载，哀公问曰："何为则民服？"孔子对曰："举直错诸枉，则民服；举枉错诸直，则民不服。"⑪

孔子把圣人和君子树立为人们学习的榜样，主要是突出道德的价值，进而追求内圣而外王的境界。"儒家以圣王、君子为理想人格模式，在其身上，体现了儒家德性思想对人的德性本质的思考，凝聚了儒家德性思想内涵及价值选

---

① 《论语·雍也》
② 《论语·雍也》
③ 《论语·子罕》
④ 《论语·子路》
⑤ 《论语·子路》
⑥ 《论语·雍也》
⑦ 《论语·雍也》
⑧ 《论语·雍也》
⑨ 《论语·子路》
⑩ 《论语·雍也》
⑪ 《论语·为政》

择。"① 以圣人和君子来治理国家，这样的政治自然会呈现出"扬善"而非"抑恶"的特质。

2. "发挥良好榜样的教育作用"

奥林匹克运动强调发挥良好榜样的表率作用，希望人们以奥运英雄为榜样，发扬奥林匹克精神，为建立一个美好的世界而奋斗。

古希腊人不仅把奥林匹克竞技赛会上的英雄视为学习的榜样，更表现出对于这些英雄的高度崇敬，认为他们是宙斯喜欢的勇士，是城邦强大力量的象征。"一个奥林匹克决胜者甚至比凯旋的将士还要光荣。他的野橄榄枝编成的花冠和悲剧家的奖品并列排放。游行、献祭、盛宴，还有最伟大的诗人欣然写下的颂歌，一个奥林匹克的优胜者被所有的这些盛誉包围着。"② 古希腊诗人品达把竞技比赛的胜利者看作是贵族中的精华，认为他们表现了人类的真正理想，甚至视他们为宗教人物，因为他们在以神明的名义举办的竞技会上以自己全部的体力和意志获得胜利，并将胜利的荣光献给神灵。品达的诗歌这样描述得胜后的狂欢场面：

"当可爱的洁净明月闪耀于蓝色天空中的时候，竞技场上四面都被赞美的歌声包围住了。"③ "当庄美快乐的歌声正起来的时候，把得胜者名字照在很强烈的光焰之下。"④

每当一个比赛结束，大会立即为优胜者举行橄榄花冠的授与仪式，裁判员高声宣布优胜者的名字，并向优胜者授予一只棕榈树叶，人群中爆发出热烈的欢呼声，人们纷纷向英雄投以鲜花、彩带和礼品，祝贺他们为城邦立下的不朽功勋。冠军获得者走到裁判席前，戴上橄榄花冠，在竞技场内游行示意。早在荷马时代，人们对于竞技优胜者的奖励是三足鼎、银缸、双耳杯、黄金、山羊、马匹以及女奴隶等；第六届之前的古代奥运会上，一只山羊是优胜者获得的唯一奖赏；从公元前752年举行的第七届奥运会开始，橄榄花冠成了优胜的标志，竞技的目的是荣誉而非金钱。

古代奥运会上的优胜者在他所属的城邦以至整个希腊都享有崇高的声誉，

① 葛晨虹著《中国特色的伦理文化》，郑州：河南人民出版社，2003年8月第1版，第54页。

② ［美国］依迪丝·汉密尔顿著《希腊精神——西方文明的源泉》，葛海滨译，沈阳：辽宁教育出版社，2003年3月第1版，第13页。

③ ［英国］迪金森著《希腊的生活观》，彭基相译，上海：华东师范大学出版社，2006年1月第1版，第112页。

④ ［英国］迪金森著《希腊的生活观》，彭基相译，上海：华东师范大学出版社，2006年1月第1版，第112页。

角逐的胜利被视为城邦精神的最高体现，这种荣耀甚至不亚于战争的胜利。当他们回到自己的城邦时，庆祝活动的气氛极为热烈，人们建造"胜利门"和"凯旋街"欢迎英雄们荣归故里。有的城邦特意把城墙打通，让凯旋归来的英雄乘坐装饰着鲜花与彩带的马车从这里进入自己的城邦，这是最为隆重的欢迎仪式，意味着英雄在奥运会上的胜利给城邦带来了荣誉和力量。人们还要为英雄们举行盛大的庆祝宴会，赞颂他们为城邦建立的巨大功勋。

如果一个人能够在三届奥运会上获得优胜，就由当时一流的雕刻家用大理石或者青铜为其塑像，并将塑像放置于宙斯神殿周围，让英雄的形象永远守护在宙斯身旁，以名垂千古，流芳万世。"希腊人竭力以美丽的人体为模范，结果竟奉为偶像，在地上传颂为英雄，在天上敬之如神明。"① "这种思想生产雕塑艺术，发展的经过很清楚：一方面，公众对得奖一次的运动员都立一座雕塑作纪念，对得奖三次的人还要塑他本人的肖像；另一方面，既然神明也有肉身，不过比凡人更恬静更完美，那么用雕塑来表现神明自是很自然的事，无须为此篡改教理。"② 他们创作的雕塑是如此之多，以至于后来统治希腊的罗马在清理希腊遗物时，罗马城中的雕塑和城中居民的数目差不多。

古希腊诗人品达曾经这样歌颂奥运会上的英雄："胜利者由于自己的功绩而终身享有愉快的安宁，这种无边的幸福是每个凡人最高的企望。"③ "任何人都要乐于消耗精力和苦干，宙斯高尚的礼品才会置于其身，命运也才能和荣誉相连。他已经到达了天堂的边缘，宙斯将给他以莫大的荣光。"④ 古希腊史学家修昔底德以简洁、严肃而著称于世，不少竞技英雄因他的妙笔而名垂青史，"当他笔下的一个人物在竞赛中获得胜利的时候，他也暂时停下其他的著述，专门为这件事情写下一段，以使这件事情获得应有的赞誉。"⑤

第一届奥运会只设赛跑项目，科莱巴是古代奥运会的第一个冠军。为了纪念人类史上第一个橄榄花冠的获得者，人们在阿尔菲斯河岸的花岗岩石柱上刻下这位胜利者的名字，以便使后人永久参拜。宙斯神庙里有一尊神像最引人注

①　[法国] 丹纳著《艺术哲学》，傅雷译，北京：人民文学出版社，第 46 页。

②　[法国] 丹纳著《艺术哲学》，傅雷译，北京：人民文学出版社，第 46 页。

③　于克勤、章惠菁编著《古代奥运会史话》，上海：上海人民出版社 1986 年 6 月第 1 版，第 151 页。

④　于克勤、章惠菁编著《古代奥运会史话》，上海：上海人民出版社 1986 年 6 月第 1 版，第 159 页。

⑤　[美国] 依迪丝·汉密尔顿著《希腊精神——西方文明的源泉》，葛海滨译，沈阳：辽宁教育出版社，2003 年 3 月第 1 版，第 13 页。

目的雕像，上面刻着这样的铭文："这尊闪闪发光青铜塑像，是永远值得纪念的奥运会上从未败阵的摔跤名将米隆。"米隆是个大力士，以"大力神之子"著称于世。他一生下来就有一副健壮的体格。别人训练都是举哑铃举石头，而米隆是举牛，这是他十二岁生日时父亲送给他的生日礼物。随着牛犊慢慢长大，米隆举起的重量也与日俱增，到后来他竟举起了几百公斤重的大牛。天赋与努力使他在奥运会历史上保持了三十年的不败记录。除了在奥运赛场上的辉煌战绩，米隆还是自己所在城邦的将军，在战争中他经常身先士卒，英勇作战，没有外族敢来侵犯他的城邦。

现代奥林匹克运动在100多年的历史发展中，诞生了一大批卓越的竞技选手，他们是奥运赛场上出色的英雄，是奥运星空中璀璨的星斗，是奥林匹克精神的卓越体现者。他们道德高尚、意志坚定、作风果敢、技艺高超，受到了全世界人民的尊敬和喜爱，成为人们前进路程上永远飘扬的旗帜。他们高举着奥运圣火，点燃人们心中神圣的激情。人们崇拜英雄，希望自己有朝一日能够成为英雄，把奥运英雄当作自己人生奋斗的巨大动力。他们之中有向偏见和不公平挑战的穆罕默德·阿里，有"乒坛长青树"瓦尔德内尔，有永远在拼搏进取的"小个巨人"邓亚萍，有在体坛和商界都取得巨大成就的"体操王子"李宁等等。

美国拳王穆罕默德·阿里原名叫卡修斯·克莱，因憎恨沿用奴隶主的姓氏而改为现名。他在拳台上"像蝴蝶一样移动，像黄蜂一样进攻"，18岁时即获1960年奥运会拳击比赛的金牌，后成为职业运动员，是曾戴上三大拳击组织金腰带的重量级拳手。阿里曾说："我要做我自己想做的人。我要像我愿意的那样自由思考。"1974年，这个32岁的勇士重新赢回了他10年前首次获得的世界重量级拳王的头衔。他还积极投身黑人解放运动，尽管对抗的是强大的势力，他也没有放弃，体现出崇高的人格魅力。他被联合国命名为"和平使者"。1996年患帕金森氏症的阿里被选来点燃亚特兰大奥运会的圣火，当那双因病而严重颤抖的手点燃火炬时，全世界的观众都屏住了呼吸，激动地向心中的英雄投去无比尊敬的目光。

中国的优秀奥运选手们身上体现出的献身祖国、为国争光的理想，勤学苦练、奋力拼搏的精神，以及不断进取、勇攀高峰的追求，给人们留下了极为深刻的印象，成为亿万中国大众的楷模。中国自从1979年回到奥林匹克大家庭之后，中国运动员在奥运赛场上创造了辉煌的业绩，洗刷了中国曾经被人挖苦为"东亚病夫"的耻辱，谱写了一曲曲爱国主义的颂歌。著名乒乓球运动员蔡振华放弃国外优厚的待遇，把自己的全部身心投入到祖国乒乓球事业的振兴之中，带领中国乒乓球队一次又一次走上奥运会以及世界乒乓球锦标赛的领奖台。

"宝剑锋从磨砺出，梅花香自苦寒来"，每个奥运冠军成功的背后都曾经流下无数辛勤的汗水，鲜花与掌声是用汗水和泪水换来的。拼搏会给身体和精神带来疲劳，但它对于运动者并不是意味着痛苦和负担，相反，拼搏是一种积极主动的生活态度，人在拼搏与奋斗的过程中会感受到无穷的欢乐。著名女子乒乓球运动员、奥运冠军邓亚萍先后 18 次夺得过奥运会、世界锦标赛、世界杯冠军，辉煌业绩的背后是她在平时训练中每天超过一万次的击球，是每天比别人多 40 分钟的苦练，是节假日加班加点的训练。奥运健儿胸前的奖章是辛勤汗水的凝结，他们的辉煌成绩是对他们顽强拼搏精神的报答。

奥运选手充满信心，顽强拼搏，战胜对手，超越自我，不断向新的目标冲击，不断把奥林匹克运动推向更高的水平。很多优秀运动员在踏上体育事业的辉煌顶峰之后，重新上路，为自己选择了全新的事业目标，并取得了骄人的业绩。"体操王子"李宁是唯一入选 20 世纪 25 名最佳运动员的中国人，在 17 年的体操生涯中，李宁共获得 14 个世界冠军，在国内外的体操大赛中拿到 106 枚金牌。退役后，李宁转向了新的事业，开始经营"李宁"牌运动装，在推广"李宁"品牌的过程中，他再次找到了自我的价值，取得了新的成功，将生活的轨迹引入了新的目标。"运动带来了精彩的人生"，"一切皆有可能"，这些精典语句既是对李宁赛场生涯的概括，也是对李宁经商生涯的写照。

第二章

"和而不同"与奥林匹克精神

　　"和而不同"是孔子关于不同主体之间关系的核心主张，他希望在人与人之间建立一个充满和谐、相互关爱的理想关系模式。"仁者爱人"是"和而不同"的道德基础，"智者知人"是"和而不同"的基本前提，"直道而行"是"和而不同"的底线保证，"以友辅仁"是"和而不同"的理想境界。孔子"和而不同"的主张与《奥林匹克宪章》表述的狭义的奥林匹克精神，即相互理解、友谊、团结、公平对待，在很宽的范围内、很大的程度上是相契合的。

　　需要对本章所采用的概念作出必要的解释和限定的是，作为一个可以上升到哲学意义的主张，"和而不同"所适合的主体并不限于个人，其适合的主体在今天还可以包括不同的国家、民族、文化、团体等等。本章着重论述人与人之间的关系，主体主要限定在人，主要是人与人之间的"和而不同"。奥林匹克精神可以分为狭义的和广义的两种，本章所采用的是狭义的奥林匹克精神，即《奥林匹克宪章》所表述的"相互理解、友谊、团结和公平对待"，广义的奥林匹克精神除了其狭义内涵外，还包括顽强拼搏、以奋斗为乐的精神，重在参与、不畏失败的精神，反对战争、追求和平的精神等。

一、作为人际关系的理想模式的"和而不同"

　　根据孔子"君子和而不同，小人同而不和"的观点，人与人之间关系中"和而不同"的模式可以称为"君子模式"，"君子模式"以外的人与人之间关系的模式，包括"同而不和"的"小人模式"和"不同也不和"的"敌对模式"。奥林匹克运动追求的是不同人之间"和而不同"的"君子模式"，力求避免和消解"同而不和"的"小人模式"与"不同也不和"的"敌对模式"。

77

1. "君子和而不同"

在人与人相处的方式上，孔子提出了著名的主张，即"和而不同"。子曰："君子和而不同，小人同而不和。"① 即君子能够与人和谐相处，而不强求统一；小人表面同一，却达不到和谐。

西周末年的史伯说："和实生物，同则不继。以他同他谓之和，故能丰长而物归之。若以同裨同，尽乃弃矣。故先王以土与金、木、水、火杂，以成百物。"② 这就是说，"和"指的是不同事物互相配合而达到的平衡状态，只有在"和"的状态下才能产生新的事物，"同"则是排除了差异性和多样性的同一，这种状态持续下去就是事物的灭亡。

《左传·昭公二十年》记载有齐侯与晏婴的一段对话。齐侯想知道晏婴对齐国大臣梁丘据的看法，便问："唯据与我和夫？"晏子对曰："据亦同也，焉得为和？"公曰："和与同异乎？"对曰："异。和如羹焉，水火醯醢盐梅以烹鱼肉，燀之以薪。宰夫和之，齐之以味，济其不及，以泄其过。君子食之，以平其心。君臣亦然。……今据不然，君所谓可，据亦曰可。君所谓否，据亦曰否。若以水济水，谁能食之？若琴瑟之专壹，谁能听之？同之不可也如是。"晏子清楚地告诉齐侯，"和"与"同"是不一样的，齐侯与梁丘据之间的关系是"同"而不是"和"。

孔子的"和而不同"是人与人之间关系的最为理想的模式，在这一模式中，"和"是以"不同"作为前提的，因为在矛盾关系之中，差异性是绝对存在的，一个事物与其他事物之间都是有差异的，一个人与其他人之间也都是不一样的，要处理好、协调好各种矛盾关系，就必须尊重差异，承认事物和人的多样性，以广阔的胸襟、宽容的情怀去接纳不同的对象，去实现人与人之间关系的和谐。李泽厚解释说："'和'的前提是承认、赞成、允许彼此有差异、有区别、有分歧，然后使这些差异、区别、分歧调整、配置、处理到某种适当的地位、情况、结构中，于是各得其所，而后整体便有'和'——和谐或发展。"③

《中庸》上说："喜怒哀乐之未发，谓之中；发而皆中节，谓之和。中也者，天下之大本也；和也者，天下之达道也。致中和，天地位焉，万物育

① 《论语·子路》

② 《国语·郑语》

③ 李泽厚著《论语今读》，合肥：安徽文艺出版社，1998年10月第1版，第319页。

焉。"① 也就是说，达到了"致中和"的状态或境界，宇宙万物和人类社会便会各安其位，各得其所。儒家思想所追求的社会理想就是实现和保持不同社会等级之间的平衡与和谐。

"和而不同"的思想是在承认差异的前提下追求人与人之间的和谐，其中蕴含着作为普世伦理内容之一的尊重原则，即既尊重自己，又尊重他人。许启贤先生将尊重看作是"最基础的道德和道德的基础"，他说："一个人的道德品质是有高低之分的，但最基础的道德品质是尊重自己和尊重别人。一个尊重自己和尊重别人的人，是有道德的人。相反，一个不尊重自己和不尊重别人的人，就无起码的道德可言。"② 1993 年世界宗教会议通过的《世界宗教议会宣言》在全球伦理中特别倡导尊重原则，主张"要彼此尊重、相亲相爱"；"我们承诺尊重生命与尊严、敬重独特性和多样性，以使每一个人都得到符合人性的对待"；"每一个人，不论其年龄、性别、种族、肤色、生理或心理能力、语言、宗教、政治观点、民族或社会背景如何，都拥有不可让渡的和不可侵犯的尊严"；"每一个人、每一个种族、每一个宗教，都应当对任何其他的人、其他的种族和其他的宗教，表现出宽容和尊重"。

2. 现代奥运中的"和而不同"

顾拜旦等现代奥林匹克运动的创立者希望全世界的人们通过在奥运会上展开充满高尚精神的体育竞技，超越"不同也不和"的"敌对模式"，达到和谐与和平的目标，也就是达到"和而不同"的"君子模式"。现代奥林匹克运动中人与人之间的"和而不同"，就是希望人们超越种族、国家、信仰、习惯等差异，达到奥林匹克精神所期待的人与人之间的公正平等、相互理解、尊重差异，求同存异，达到团结友谊的和谐目标。

顾拜旦在《现代奥林匹克运动会》中列举了19 世纪末期世界体育界中的种种纠纷和冲突，他说："我目睹纠纷四起，看到赞成者与反对者因对体育锻炼形式意见不一而发生内讧，互相攻击。依我看，这起因于过分的专业化：体操运动员对赛艇运动员满怀敌意，击剑运动员对自行车运动员恶意相向，射击运动员对草地网球选手心存偏见。即便是从事同一项目的运动员之间，也是永无宁日：德国体操界的朋友们，对瑞典体操的优点矢口否认；在英国运动员那

① 朱熹著《四书集注》，长沙：岳麓书社，1987 年 6 月第 1 版，第 25 页。
② 许启贤著《道德文明新论》，郑州：河南人民出版社，2003 年 8 月第 1 版，第 72 页。

里，美式足球的规则不合情理。"① 顾拜旦希望运动员之间既是竞争对手，又是合作伙伴。

作为奥林匹克运动最核心的标志，奥林匹克五环就是"和而不同"的象征。《奥林匹克宪章》规定："奥林匹克标志由单独使用的五个奥林匹克环组成，可以是一种或几种颜色。五环的颜色规定为蓝、黄、黑、绿、红。从左到右相套接，蓝、黑、红环在上，黄、绿环在下。整体大致形成一个规则的梯形，较短的平行边构成底基，如同保留于国际奥运会总部并复制如下的正式图案。奥林匹克标志代表五大洲的团结和全世界的运动员在奥林匹克运动会上相见。"② 蓝、黄、黑、绿、红五种颜色分别代表欧洲、亚洲、非洲、大洋洲和美洲，颜色各异的五个环之间环环相扣，表明五大洲人民手拉着手，共同团结在奥林匹克的旗帜之下。1913 年顾拜旦在《奥林匹克评论》上写到："五环代表世界的五个部分，统一到奥林匹克精神的旗帜下，接受长期以来作为对立方的彼此。另外，六种颜色以这种方式联接在一起，再现了所有国家（旗帜）的色彩，无一例外。"③

"同而不和"是现代奥林匹克运动应当抵制的倾向。现代奥林匹克运动与古代奥林匹克竞技赛会的根本区别之一，就是对于地域性、民族性的突破，不是限定在奥林匹亚，也不是限定在希腊民族，而是在世界各地轮流举办，邀请所有的民族参加。这一做法适应了全球化时代世界体育发展的必然趋势，是巨大的历史进步。然而，必须看到的是，全球化决不是，而且也不可能抹平、消除世界各地不同人之间的所有差异，人与人之间在肤色、信仰、习俗、语言等诸多方面总会有所不同。一味地求"同"，要人们都去说英语，都去吃西餐，都信仰基督教，都去玩欧美的体育项目等等，这种单一化、同一化、一元化的设想显然是空想。

需要说明的是，这种赤裸裸的同一化在奥林匹克运动中基本上是不存在的，而带有一定倾向的同一化则是奥林匹克运动的现实，表现为奥林匹克运动中极其浓厚的西方文化色彩，奥运会的比赛项目绝大部分来自西方，国际奥委

---

① 国际皮埃尔·德·顾拜旦委员会编《奥林匹克主义——顾拜旦文选》，刘汉全、邹丽等译，北京：人民体育出版社，2008 年 8 月第 1 版，第 45 页。

② 国际奥林匹克委员会《奥林匹克宪章》，北京：奥林匹克出版社，2001 年 2 月第 4 版，第 16 页。

③ ［英国］麦克尔·佩恩著《奥林匹克大逆转》，郭先春译，上海：学林出版社，2005 年 7 月第 1 版，第 155 页。

会委员大多出自西方国家，赞助商也大多是西方国家的企业，举办城市更是由西方国家所垄断等。1999 年 6 月，国际奥委会召开的"国际奥林匹克 2000"会议认为，在奥林匹克运动中，强调"普遍性"并不意味是按统一标准的现代化或者文化的同质性，更不是欧洲化或西方化。这就是说，国际奥委会也注意到了奥林匹克运动文化单一化的事实，强调西方体育文化应与其他民族体育文化一起构成丰富多彩的体育世界，希望奥林匹克运动在 21 世纪的发展中更加体现文化多元的色彩，更加尊重不同文化背景下的人之间的差异性。

"不同也不和"更是现代奥林匹克运动必须反对的。在现代奥林匹克运动的历史上，基于国家利益、宗教信仰、政治立场、种族差异、奖牌争夺等而发生的冲突事件不时地出现，如 1904 年圣路易斯奥运会的组委会曾经决定禁止有色人种参加，这是赤裸裸的种族歧视，人为制造不同种族的人之间的隔阂与对抗；德国法西斯控制之下的 1936 年柏林奥运会，也带有浓厚的种族主义色彩。1956 年墨尔本奥运会水球比赛中，因为前苏联和匈牙利的政治矛盾，两国运动员之间发生了肢体冲突，造成球场骚乱。奥运会历史上发生的多次抵制事件，对奥林匹克的和谐精神造成很大伤害。恐怖主义也在奥运会上制造流血事件，1972 年慕尼黑奥运会期间，11 名以色列运动员被阿拉伯恐怖分子枪杀；1996 年亚特兰大奥运会期间，奥林匹克公园发生恐怖爆炸事件，一人死亡，多人受伤。

二、"仁者爱人"与奥林匹克的利他主义

实现人与人之间的"和而不同"，首先要求每一个人要拥有仁爱之心，真心地去关爱他人。奥林匹克运动也强调利他主义、志愿精神、关爱残疾人等，致力于提升人类的道德水平。

1. "仁者爱人"

"仁"是孔子思想中最核心的范畴，《吕氏春秋·不二》中说，"孔子贵仁"。"仁"的基本内涵之一，就是对他人的关爱。樊迟问仁，子曰："爱人。"① 《论语》记载，孔子家里的马厩被焚，他退朝回来后，不是先问马被伤着了没有，而是问："伤人乎?"② 孔子不是真的不爱惜马，而是说，虽然马

① 《论语·颜渊》
② 《论语·乡党》

也值得珍惜，但相对而言人更值得珍爱。

孔子对人的关爱，表现在他对残疾人的尊重与细致入微的关怀。《论语·卫灵公》中记载了孔子接待前来求见的盲人乐师冕的情形：

师冕见，及阶，子曰："阶也。"及席，子曰："席也。"皆坐，子告之曰："某在斯，某在斯。"师冕出，子张问曰："与师言之，道与？"子曰："然。固相师之道也。"

孔子对人的关爱还表现在他对待以木俑或陶俑代替活人殉葬这一现象的态度上，他对这种做法是坚决反对的，他甚至以诅咒的口吻说："始作俑者，其无后乎！"人殉制度是奴隶社会产生的极不人道的制度，甲骨文中记载有商代奴隶主用人牲来祭祀的情况，每次祭祀时所用人牲的数量不等，有一个或几个，也有数十、数百乃至上千。殉葬制度在孔子所处的时代依然有其残余，以木俑或陶俑代替活人殉葬便是其中的一种残余形式。孔子对以木俑或陶俑代替活人殉葬的做法表示极力反对，由此可以推断出他对于用活人殉葬的态度，即绝对不能接受，绝对不能容忍。

孔子说："唯仁者能好人，能恶人。"① 也就是说，孔子所讲的仁爱不是无原则、无是非的、绝对的爱，仁爱作为一种蕴含着丰富理性的情感，不排除对于恶人恶事的憎恨。但是，仁者与不仁的人的差异在于，仁者是超越一己之私心私利来对他人做好恶评价的。

在孔子看来，人必须有仁爱之心，仁爱是礼乐的道德根基；礼乐不是单纯的形式，如果不与仁爱结合在一起，就是徒有其表，就是虚伪的和多余的。孔子说："人而不仁，如礼何！人而不仁，如乐何！"② "礼云礼云，玉帛云乎哉？乐云乐云，钟鼓云乎哉？"③ 即礼乐不只是贡玉献帛、敲钟打鼓的事情，不只是外在的仪式，而在于内心的情感。

《论语·八佾》记载：

子夏问曰："'巧笑倩兮，美目盼兮，素以为绚兮。'何谓也？"子曰："绘事后素。"曰："礼后乎？"子曰："起予者商也，始可以言诗已矣。"

孔子在此以"绘事后素"做喻，即先有了白色的质地，然后才能够画出一幅好的图画，以此说明只有以仁爱作为基础的礼乐才能打动人，才有真正的

---

① 《论语·里仁》
② 《论语·八佾》
③ 《论语·阳货》

意义。

关于如何做到"仁",也就是实行"仁"的方法,孔子开出的方子是忠恕之道。所谓"忠"就是《论语·雍也》中孔子讲到的"立人"与"达人":

子贡曰:"如有博施于民,而能济众,何如?可谓仁乎?"子曰:"何事于仁,必也圣乎!尧舜其犹病诸!夫仁者,己欲立而立人,己欲达而达人。能近取譬,可谓仁之方也已。"

这就是说,自己想立身成人,也要想着如何帮助别人立身成人;自己想事业顺达,也要想着如何帮助别人事业顺达。

所谓"恕",也就是"己所不欲,勿施于人"。子贡问孔子:"有一言而可以终身行之者乎?"孔子说:"其恕乎!己所不欲,勿施于人。"① 仲弓问仁,子曰:"出门如见大宾,使民如承大祭,己所不欲,勿施于人,在邦无怨,在家无怨。"② 子贡把"己所不欲,勿施于人"解释为,"我不欲人之加诸我也,吾亦欲无加诸人"③,即要推己及人,设身处地地为他人着想,自己不愿意接受的,就不要强加给别人。

仁爱是儒家最为重要的思想,罗国杰先生指出:"中国传统伦理思想的核心,是一种具有民族特点的'爱人'思想,从一定意义上,也可以说是一种人本主义的精神。"④ "孔子和儒家把'仁'当作最高的道德原则,就是要强调一种舍己利人和舍己爱人的无私精神。"⑤ 孔子之后的儒家继承了孔子的和爱主张,孟子认为爱人是人的本能,人人都有"不忍人之心",都有发自内心的恻隐与慈悲,倡导"子吾子以及人之子,幼吾幼以及人之幼"。宋明理学把爱物、爱亲、爱人统一起来,如张载所说,"惟大人为能尽其道,是故立必俱立,知必周知,爱必兼爱,成不独成。"⑥ 儒家的和爱主张,要求人们在人际交往中,必须严格要求自己,"吾日三省吾身",做到"君子慎其独",使得自己的视、听、言、貌、思、情、行等时刻都不会背离道义原则;同时做到宽以待人,真诚地去关爱他人,用理解去消除隔阂,用爱心去化解仇恨,让社会充满温暖的爱意。

---

① 《论语·卫灵公》

② 《论语·颜渊》

③ 《论语·公治长》

④ 《罗国杰自选集》,北京:中国人民大学出版社,2007年8月第1版,第153页。

⑤ 《罗国杰自选集》,北京:中国人民大学出版社,2007年8月第1版,第154页。

⑥ 《正蒙·诚明篇》

2. 奉行利他主义

在奥林匹克运动中，能够与孔子的仁爱精神相媲美的是顾拜旦倡导的利他主义。顾拜旦1918年12月11日在《洛桑日报》发表《"奥林匹克化"的秘诀》一文，他说："运动员知道维持肌体良好状态的价值，也知道该如何使肌体获得满足感，但这并不等于一定能带来无上的快乐，因为无上的快乐离不开另一要素的支持：利他主义。"① 1920年8月顾拜旦在安特卫普市政厅发表题为《体育是王》的演讲，他提出，为了保证奥林匹克这一"体育王国"的"王权"坚不可摧，需要以下三个方面的要素，即"胆大心细而循序渐进地工作；坚持不懈地推崇理想和无私奉献的精神；最后，日复一日地为集体利益和大众利益服务。"②

1928年顾拜旦在致阿姆斯特丹第9届奥运会运动员及全体与会者的贺信中说："从青少年到成年，人人处处都必须培养并传播真正的体育精神：出自内心的忠诚和勇士般的公正无私。"③ 1932年在洛桑，在为他举行的70寿辰庆祝会上，他提出三点希望，其中一条是，"忠实地、完整地、不屈不挠地奉行利他主义……因为值得注意，将来的社会要么是利他主义的，要么就完蛋。"④

奥运志愿精神就是一种利他主义的体现，无私奉献的精神是志愿精神的突出内涵，奥林匹克志愿者就是顾拜旦倡导的利他主义的实践者。顾拜旦以及其他所有的国际奥委会委员都是奥林匹克运动的志愿者，他们不在国际奥运会拿分文的报酬，把自己的时间、精力、才智、甚至财产，都无私地献给了奥林匹克事业。韩国人金云龙担任过国际奥委会的副主席，在任期间曾经提出给国际奥委会委员一定数额的报酬，国际奥委会没有接受这个意见，因为这一提议有损于国际奥委会委员作为志愿者的身份。

随着赛会志愿者队伍越来越庞大，今天的奥运会也成了志愿者的盛会。志愿者从事的都是非常细节和枯燥的工作，比如引导人流、停车场指挥、搬运行

---

① 国际皮埃尔·德·顾拜旦委员会编《奥林匹克主义——顾拜旦文选》，刘汉全、邹丽等译，北京：人民体育出版社，2008年8月第1版，第135页。

② 国际皮埃尔·德·顾拜旦委员会编《奥林匹克主义——顾拜旦文选》，刘汉全、邹丽等译，北京：人民体育出版社，2008年8月第1版，第155页。

③ ［法国］皮埃尔·德·顾拜旦著《奥林匹克理想——顾拜旦文选》，詹汝琮等译，北京：奥林匹克出版社，1993年9月第1版，第110页。

④ ［法国］皮埃尔·德·顾拜旦著《奥林匹克理想——顾拜旦文选》，詹汝琮等译，北京：奥林匹克出版社，1993年9月第1版，第137页。

李、维持现场秩序、安全保卫等。志愿人员主要是奉献，是为奥运会的成功尽一份力，不能计较兴趣、好处。绝大部分志愿者都无缘观看比赛。北京体育大学任海教授认为，志愿者在举办奥运会过程中以个人无私的参与，尽其所能，通力合作，完成交给自己任务，而不计报酬，他们为奥运会提供了大量的人力资源、降低举办奥运会的成本。更为重要的是，志愿者热心公益、无私奉献的行为对主办城市乃至主办国的民众有强烈的示范作用，从而启发社会良知、鼓励人们多为他人考虑，为社会着想。

北京奥运会组织起了奥林匹克运动历史上最庞大的志愿者队伍，除了少量的前期志愿者外，有大约 10 万名的赛会志愿者、大约 40 万名的城市志愿者、大约 100 万名的社区志愿者参加志愿服务，他们秉承中国文化的仁爱精神与奥林匹克志愿精神，尽心尽力地服务北京奥运会，进而把中国的志愿服务推向新的发展境界。

三、"智者知人"与奥林匹克的理解诉求

与"仁者爱人"相对应，孔子提出"智者知人"，这与奥林匹克精神中的"相互理解"是相通的，人与人之间的相互理解是达到"和而不同"的前提。

1. "智者知人"

《论语·颜渊》中樊迟问智，子曰："知人。"即"智者知人"，智慧的人能够主动理解他人，宽容他人，不必过于担心自己不为世人所知。

孔子希望人与人之间能达到相互理解，要求君子做到理解他人，也希望君子的好名声能够为人们知道。孔子是很在乎君子的名声的，子曰："君子疾没世而名不称焉。"[1] 即君子担心自己默默无闻，不为世人称道。但是，孔子要求君子首先要做到"知人"，主动地去理解他人，而不要过分忧虑自己不被世人知道和理解。孔子说："不患人之不己知，患不知人也。"[2] "不患人之不己知，患其不能也。"[3] "君子病无能焉，不病人之不己知也。"[4] 在他人不知道、不理解自己的情况下，君子不要表现出不悦的意思，而是要做到心平气和。孔

---

① 《论语·卫灵公》
② 《论语·学而》
③ 《论语·宪问》
④ 《论语·卫灵公》

子这样说:"人不知而不愠,不亦君子乎?"①

能够做到主动地理解他人的人,本身应该具有谦逊的美德。孔子说:"如有周公之才之美,使骄且吝,其余不足观也已。"② 曾子这样说:"以能问于不能,以多问于寡,有若无,实若虚,犯而不校,昔者吾友,尝从事于斯矣!"③ 孔子和曾子的意思是说,一个人即使像周公那样博学多能,也要保持谦虚、虚怀若谷的姿态,而不能态度骄横,目空一切。

主动理解他人,内含着对他人的宽容。子曰:"躬自厚而薄则于人,则远怨矣。"④ 即如果能够做到严以律己,宽以待人,人们对你就没有怨恨。他说:"伯夷叔齐,不念旧恶,怨是用希。"⑤ 孔子要人们学习伯夷、叔齐不念旧恶的宽大胸怀,不去怨怨相报,这样人与人之间的怨恨就会越来越少。《论语》记载,子夏的门人向子张讨教与人交往的道理,子张说他不赞同子夏在这个问题上的主张,子夏的主张是"可者与之,其不可者拒之"⑥,即能打交道就打交道,不能打交道就拒绝往来。子张的观点是,"君子尊贤而容众,嘉善而矜不能。我之大贤与,于人何所不容;我之不贤与,人将拒我,如之何其拒人也?"⑦ 即君子应该尊重贤人而包容大众,称赞好人而怜悯能力不高的人;要尽可能地包容他人,不要把人拒于门外。

2. "相互理解"

孔子"智者知人"的主张,表现在奥林匹克运动之中,就是奥林匹克精神所倡导的"相互理解"。

现代奥林匹克运动孕育和诞生在全球化趋势越来越明显、世界各地的联系越来越紧密、不同国家的人们之间交往越来越频繁的时代。对这样一个时代,马克思、恩格斯在《共产党宣言》中深刻指出:"资产阶级由于开创了世界市场,使一切国家的生产和消费都变成了世界性的了。……过去那种地方的和民族的自给自足的和闭关自守的状态,被各方面的相互往来和各方面的相互依赖所代替了。"⑧

---

① 《论语·学而》

② 《论语·泰伯》

③ 《论语·泰伯》

④ 《论语·卫灵公》

⑤ 《论语·公治长》

⑥ 《论语·子张》

⑦ 《论语·子张》

⑧ 中共中央马克思恩格斯列宁斯大林著作编译局马列部、教育部社会科学研究与思想政治工作司编《马克思主义经典著作选读》,北京:人民出版社,1999年7月第1版,第38~39页。

而与这种发展趋势格格不入的是人与人之间的陌生、文化与文化之间的隔绝、国家与国家之间的冲突。顾拜旦发现不同体育文化之间存在明显的冲突，他说："到处都是冲突，在某种特殊的运动项目的热情支持者和反对者之间展开内战这种形势在我看来似乎是由过度专门化倾向引起的。那些参加跳跃的人看不起赛艇，击剑运动员反对赛车运动员，射击运动员瞧不起草地网球运动员，甚至在完全同类的运动项目的好手之间也不再融洽。德国体操的赞美者摒弃瑞典方法的一切好处，而美国足球规则在英国球员看来缺乏起码常识。"①

　　现代奥林匹克运动就是要为打破隔绝、消解冲突而建立一个世界平台，促进不同地区的人们之间的相互理解和友好往来。让有着不同的文化背景，长着不同的肤色，穿着不同的服装，操着不同的语言，习惯于不同的生活方式，持有不同的信仰，拥有不同的意识形态的人们之间有越来越多的理解和沟通。四年一度的奥林匹克运动会让人们在一个较小的空间和较短的时间之内，展示和了解不同文化之间的差异，学会如何对待不同文化间的差异，学会如何使人们在相互尊重、求同存异的基础上相互交流、相互学习。奥林匹克精神强调相互理解，就是要为现代奥运创造良好的精神氛围，使人们摆脱各自的文化偏见，以世界公民的博大胸怀，容忍、尊重、欣赏和借鉴别的文化，取长补短，共同进步。

四、"直道而行"与奥林匹克的公正原则

　　"直"，在《论语》中可以理解为正直、正派、公正、公道、无私心等，"直道而行"就是为人正直，做事公道。"直道而行"是达到"和而不同"的底线保证，一个为人诡诈、做事不公的人在与他人的相处中，是不可能达到"和而不同"的。孔在的"直道而行"与奥林匹克精神中的非歧视性、公平对待之间有内在的联系。

　　1. "直道而行"

　　"直道而行"出自《论语·卫灵公》，子曰："吾之于人也，谁毁谁誉。如有所誉者，其有所试矣。斯民也，三代之所以直道而行也。"② 意思是说，孔

　　① ［法国］皮埃尔·德·顾拜旦著《奥林匹克理想——顾拜旦文选》，詹汝琮等译，北京：奥林匹克出版社，1993年9月第1版，第15页。

　　② 《论语·卫灵公》

子对于任何人的褒贬都是实事求是、有根有据的，夏商周三代的老百姓做事情的规矩就是"直道而行"。

孔子强调做人处事必须公正、正直，不能有私心。子曰："人之生也直，罔之生也，幸而免。"① 即人应该做正直的人，过正直的生活，那些不正直的人虽然也能够生活下来，他们不过是幸免于灾祸罢了。有人问孔子如何看待"以德报怨"，子曰："何以报德? 以直报怨，以德报德。"② 孔子的主张是以公正来回报怨恨，以恩德来回报恩德。孔子主张"举直错诸枉，能使枉者直"，③ 孔子在此要求推举正直公道的人做官，这样就能够引导"枉者"改邪归正，培育公正之心。他还说："君子矜而不争，群而不党。"④ 即君子庄重严正而不相互争夺，合群而不偏袒。

孔子认为，为了正义的实现，在必要时可以不去信守承诺。子曰："君子贞而不谅。"⑤ 即君子要坚持正义，不必固守小信；这与孟子所说的"大人者，言不必信，性不必果，惟义所在"是一个意思。他还说："君子之于天下也，无适也，无莫也，义之与比。"⑥ 即君子对于世上的任何事情，不存心敌视，也不盲目羡慕，而是要以正义作为衡量标准。

孔子称赞史鱼、柳下惠、齐桓公是正直、公正的人，他认为"晋文公谲而不正，齐桓公正而不谲"，⑦ 即晋文公是个诡诈的人，而齐桓公是个正派的人。他说："直哉史鱼。邦有道如矢，邦无道如矢。"⑧ 即无论国家有道还是无道，史鱼都能够像箭那样正直。

《论语·微子》记载：

柳下惠为士师，三黜，人曰："子未可以去乎?"曰："直道而事人，焉往而不三黜? 枉道而事人，何必去父母之邦?"

即柳下惠在司法官的位置上，因为办事公正而三次被免职，即使这样他也不离开自己的国家。

孔子倡导"直道而行"，要求人们为人正直，做事公道，这是人与人之间

① 《论语·雍也》
② 《论语·宪问》
③ 《论语·雍也》
④ 《论语·卫灵公》
⑤ 《论语·卫灵公》
⑥ 《论语·里仁》
⑦ 《论语·宪问》
⑧ 《论语·卫灵公》

达到和谐的道德底线要求，因为只有具有正直、公正美德的人之间，即君子之间打交道时才会有真正的和谐，而小人与小人之间、君子与小人之间打交道，是不会有真正的和谐的。君子的使命之一就是以公道正直的品性，引导社会中的其他人追求并逐步趋向公道正直的美德，以此来增加社会的和谐程度。

2. "公平对待"

公平精神是奥林匹克运动所倡导的基本精神，是竞技体育的灵魂。体育竞赛必须做到公开、公平、公正、公道，这样才能保证比赛结果的真实有效。公平竞争有利于培养实事求是的精神，提高人们的体育道德境界。

"直道而行"所蕴含的正直、正派、公正、公道、无私心等，表现在奥林匹克运动之中，转换成《奥林匹克宪章》的语言，"fair play"一词，即"公平对待"，大致上可以与之相接近。费孝通先生说"fair play"这个词不好作中文翻译，因为中国的文化中没有与之相对应的东西，不妨翻译为"礼争"或"公平合理地竞争"，就是指人们在规则和道义允许的范围内充分显示自己的技能甚至武力。他说，"英美相同，而和我们传统社会不同的，是并不把动手用武一概加以否定。君子也可以动手，那就是他们所谓 fair play"；"fair 必须是在用武之前，相打的对手都有胜利的机会，旗鼓相当，才能在 play 中比个高下。"①"不按规则得到的胜利是道德上的失败"②。还有人把"fair play"译为"公平竞争"、"公平比赛"，似乎是顺理成章，但总觉得这样翻译显得有些"意犹未尽"。这种译法的缺憾是，它把奥林匹克的公平精神局限于竞技赛场之内，而"fair play"的公平精神是包含赛场又超越赛场的，是对直接参加的比赛运动员的要求，也是对教练员、官员、观众以及其他所有参与奥运会的组织和人员的要求，其含义在本质上是应该与奥林匹克的反歧视原则相一致的。因此，如果把"fair play"译为"公平对待"，意思会更贴切，包容性会更强。

我们可以从古希腊文化与古代奥运会那里寻找到平等、公正等精神的古代渊源。古希腊人认为竞技比赛不能在团体之间进行，优胜者的荣誉不能被"结合的团体"所分享，只有优胜者本人、他的家人以及他所在的城邦才能享有这一殊荣，所以，古代奥运会上没有正式的集体比赛项目，比赛是个人与个

---

① 费孝通著《美国人与英国人》，北京：读书·生活·新知三联书店，1984 年第 1 版，第 186 页。

② 费孝通著《美国人与英国人》，北京：读书·生活·新知三联书店，1984 年第 1 版，第 186 页。

人之间的比赛。这说明古希腊城邦公民极为重视个人的价值，注重发挥个人的潜能，追求自身的完善。古希腊奴隶制城邦中，所有的公民都是法律上平等的自由人。古希腊社会没有出现类似于专制社会帝王那样的绝对主宰，虽然雅典城邦的历史上有过短暂的僭主时期，但也只是昙花一见。伯利克里认为，"我们的制度之所以被称为民主政治，因为政权是在全体公民手中，而不是在少数人手中。解决私人争执的时候，每个人在法律上都是平等的；让一个人负担公职优先于他人的时候，所考虑的不是某一个特殊阶级的成员，而是他们的真正才能。任何人，只要他能够对国家有所贡献，绝对不会因为贫穷而在政治上湮没无闻。"① 智者派哲学家安提芬主张人不论出身名门还是贫贱都是平等的，"生于名门望族的人，我们恭而敬之；生于微寒之家的人，我们既不恭之，又不敬之。我们在彼此对待的行为方面是［不文明的，而是］野蛮的。我们的天赋在一切点上都一律平等，不论我们是希腊人或蛮族。"② 智者派哲学家普罗泰戈拉讲述的神话也告诉人们必须做到公正。人们为了安全而聚居筑城，但他们不会共同生活，经常争吵、分散和毁灭。宙斯为了拯救人类，指派赫尔美斯把公正与廉耻带给人间，并把这两种美德分配给所有的人，否则国家就不存在。宙斯说："再遵照我的命令立一条法律，把不知廉耻和公正的人通通处死，因为他们是社会的祸害。"③ 苏格拉底认为遵循公正等美德就是人们的真正幸福和利益，他说："我把公正和正直的人们——无论他们是男人还是女人，叫作幸福的人，而把不公正和不道德的人叫作不幸的人。"④ 德谟克利特说："豪爽的人永远不得不做公正的并为法律所许可的事，他是不论白天黑夜都轻松愉快、勇往直前并且无忧无虑的人。"⑤ "所有使我们损害一切公正的东西，应该不惜任何代价加以除去。这样做的人将在任何情况下享受更大的安宁、公正、保证和幸运。"⑥ "应该尽一切力量来保护那些身受不公正而不听任不公正之举得逞的人。这样一种态度是合乎公正并且勇敢的，而相反的态度则

---

① 周辅成编《西方伦理学名著选辑》上卷，北京：商务印书馆，1964 年 10 月第 1 版，第 38 页。

② 周辅成编《西方伦理学名著选辑》上卷，北京：商务印书馆，1964 年 10 月第 1 版，第 33 页。

③ ［苏联］A. 古谢伊诺夫、Г. 伊尔利特茨著《西方伦理学简史》，刘献洲译，北京：中国人民大学出版社，1992 年 9 月第 1 版，第 58 页。

④ ［苏联］A. 古谢伊诺夫、Г. 伊尔利特茨著《西方伦理学简史》，刘献洲译，北京：中国人民大学出版社，1992 年 9 月第 1 版，第 84 页。

⑤ 转引自北京大学哲学系编译《古希腊罗马哲学》，第 113 页。

⑥ 周辅成编《西方伦理学名著选辑》上卷，北京：商务印书馆，1964 年 10 月第 1 版，第 87 页。

是不公正并且懦弱的。"① "凡是以最高的报偿给予最配受报的人的，是最高度地分有公正和美德的人。"② 亚里士多德认为："公正自身是一种完全的德性，它不是未加划分的，而是对待他人的。正因为如此，在各种德性中，人们认为公正是最主要的，它比星辰更加令人惊奇，正如谚语所说：公正是一切德性的总汇。"③

古代奥运会推崇竞技的公平、公正，所有竞争者靠自己的实力去争取胜利。每一项比赛进行之前，由宣告员或者裁判员向公众告知参加竞技者的姓名、参加者的父亲的名字以及他所在的城邦的名字，并询问是否有人对这些运动员的公民权以及他们的参赛资格有怀疑。古代奥林匹克运动会对于行贿受贿者、弄虚作假者严惩不贷，不仅要剥夺其获奖的称号，还要课以巨额罚金，并用罚金来雕刻宙斯像，上面刻着违规者的名字和被处罚的原因，立在竞技场的入口处，既使违规者遗臭万年，又是对于参加者的警示教育，同时借此平息宙斯的怒气。公元前388年的古代奥运会上，特萨利亚的埃夫波尔在赛前贿赂了三名对手，因而获得了拳击比赛冠军。东窗事发以后，这四人均被处以重罚。人们用这笔罚款做成了宙斯神像，并在上面刻下了这样的警句："奥林匹克的胜利不是可以用金钱买来的，而需依靠飞快的腿和健壮的体魄。"古代奥运会的裁判员荣誉高、权力大，通常只有王宫贵族才有资格担任，第一位裁判员是依利斯城邦的国王依菲图斯。在奥运会最初的二百年间，只设置了一名裁判员，按传统由依利斯城邦最负盛名的俄克叙卢斯家族的人担任。随着奥运会的发展，到公元前348年第108届奥运会，裁判员最终确定为10人。他们的职责是按照神的意志、祭神的程序，认真公正地行使裁判权，包括审核参加者的资格，禁止参加者以卑鄙手段取胜，确认优胜者并登记他们的名字，下令鞭笞竞赛中的违规者等等。每届奥运会开始前，选中的裁判员需要集中到依利斯城邦参加集训，提前学习比赛规则和各种常识。还要在宙斯神像前举行庄严的宣誓仪式，保证不接受贿赂，保证光明正大履行裁判员职责。比赛开始后，他们身穿紫色长袍，头戴月桂冠，手握赋予极大权力的法鞭，使得竞技会井然有序地进行。古代奥运会也对此作出规定：竞赛中有不服裁判者，可向竞技会评议会提出上诉，如果确系误判，裁判将被课以罚金，但判决结果不会更改。在古

---

① 周辅成编《西方伦理学名著选辑》上卷，北京：商务印书馆，1964年10月第1版，第88页。
② 周辅成编《西方伦理学名著选辑》上卷，北京：商务印书馆，1964年10月第1版，第88页。
③ 苗力田主编《亚里士多德全集》第八卷，北京：中国人民大学出版社，1994年3月第1版，第96页。

代奥运会历史上，裁判员对奥运会的发展传播起了很大作用，判决也较为公正。

1908 年顾拜旦在伦敦发表题为《奥林匹克理念的"受托人"》的演讲，深感在他称为"机械化文明"的时代，某些不良行为威胁着奥林匹克理念，他说："我无须讳言'公平竞争'原则正处于危险境地。人们轻率地听凭一些猖獗的恶习——疯狂赌博、疯狂投注、押宝投机——恣意蔓延。"① 他对此无法容忍，表示"若需要组建一支十字军来讨伐这场投机狂潮，我们乐于参加战斗。"② 顾拜旦认为，弱势群体不能容忍自己遭受的不平等待遇，而整个社会的现实是蛮横无理、旷日持久的不平等，在经济、政治等领域消除不平等的尝试大都无功而返。在此背景下，顾拜旦希望在体育领域实现在其他领域难以实现的平等目标。1918 年 2 月 24 日顾拜旦在洛桑自由希腊人协会会议的讲话中说："在体育王国，人人平等是自然而然的。"③ 他认为，"在民主社会内部，社会和平的最佳基石，是在自然赋予人类的生而不等与立法确立的人人平等之间，建立起和谐的均衡机制。"④ 1925 年顾拜旦在《布拉格大会对体育业余身份的认定》一文中，主张"使得奥运会的'客观公正性'理念深入人心"。⑤ 布拉格奥林匹克大会共有来自 45 个国家的 65 名代表，每个国家的奥委会有一个代表，一个国家内部只能产生两个代表，每个国际单项体育协会推荐两个代表。在顾拜旦看来，这种组合方式虽然不是最理想的，但已经近乎完美了，因为"这种组合保证了各国利益和技术利益都能最大程度地在奥林匹克大的指导方针的带领下实现公平分配，而奥林匹克组织本身又提倡大会的举办要体现公平性、合理性和国际化的特征，完全不受其他因素制约。"⑥

获得首届奥林匹克文学艺术比赛金奖的作品，是顾拜旦于 1895 年创作、

---

① 国际皮埃尔·德·顾拜旦委员会编《奥林匹克主义——顾拜旦文选》，刘汉全、邹丽等译，北京：人民体育出版社，2008 年 8 月第 1 版，第 77 页。

② 国际皮埃尔·德·顾拜旦委员会编《奥林匹克主义——顾拜旦文选》，刘汉全、邹丽等译，北京：人民体育出版社，2008 年 8 月第 1 版，第 77 页。

③ 国际皮埃尔·德·顾拜旦委员会编《奥林匹克主义——顾拜旦文选》，刘汉全、邹丽等译，北京：人民体育出版社，2008 年 8 月第 1 版，第 124 页。

④ 国际皮埃尔·德·顾拜旦委员会编《奥林匹克主义——顾拜旦文选》，刘汉全、邹丽等译，北京：人民体育出版社，2008 年 8 月第 1 版，第 124 页。

⑤ 国际皮埃尔·德·顾拜旦委员会编《奥林匹克主义——顾拜旦文选》，刘汉全、邹丽等译，北京：人民体育出版社，2008 年 8 月第 1 版，第 190 页。

⑥ 国际皮埃尔·德·顾拜旦委员会编《奥林匹克主义——顾拜旦文选》，刘汉全、邹丽等译，北京：人民体育出版社，2008 年 8 月第 1 版，第 190 页。

1912 年以笔名发表的《体育颂》。顾拜旦之所以要用笔名来发表，正是基于他所一贯倡导的"公平对待"精神，为的是评委们能对包括他在内的每一件参赛作品作出公平的评价，不至于因为他的主席身份而损害奥林匹克的公平原则。可以说，顾拜旦不仅是"公平对待"的倡导者，还是身体力行"公平对待"的典范。在顾拜旦看来，坚持"公平对待"原则是实现奥林匹克理想的基本保证。他说："奥林匹克理想，在我们看来，是一个很强的体育文化概念。它一方面基于骑士精神，即你们醒目地称之为的'公平对待'；另一方面基于美学思想，即对美与崇高的狂热追求。"他自豪地认为，体育中有社会的其他领域所追求不到的公平。他在《体育颂》中这样说："啊，体育，你就是正义！你体现了社会生活中追求不到的公平合理。任何人不可超过速度一分一秒，逾越高度一分一厘。取得成功的关键，只能是体力与精神融为一体。""啊，体育，你就是荣誉！荣誉的赢得要公正无私，反之便毫无意义。有人要弄见不得人的诡计，以此达到欺骗同伴的目的，他内心深处却受着耻辱的绞缢。有朝一日被人识破，就会落得名声扫地。"

公平对待是竞技运动的最高法则，是包括运动员、裁判员以及其他与体育比赛相关的主体必须遵守的基本原则。1992 年第 7 届欧洲体育首脑会议通过的《公平对待——欧洲体育伦理纲领》关于"公平对待"的解释是，"公平对待是所有体育活动、体育政策以及体育管理中不可缺少的要素；公平对待是神圣的，它涵盖竞技体育和娱乐体育，适用于不同竞技水平和各种体育项目。""公平对待是在体育规则的范畴内比赛，包含友谊、他人尊严、自始至终表现出正确的行为状态这样一个概念。""公平对待还包括消除不公正、违反规则的行为、兴奋剂、暴力（身体的、语言的）、机会不均等、过分商业化、腐败等内容。"法国的公平对待委员会对体育运动的参加者应具有公平精神做如下描述：认为对手是运动交往中的最佳伙伴；参加者要有坦率与光明正大的精神；不拘胜败，尊重对方，尊重裁判；当对手或观众不公平时，取断然态度；胜利时保持谦逊，失败时保持平静；具有能使对手产生温暖的人际关系的宽容精神。

参与比赛的意义不仅仅在于参与，还在于获得胜利；而要获得胜利，就必须全力以赴地去拼搏竞争；全力以赴决不是意味着不择手段，比赛必须有公平严格的规则，用理性的力量去限制感性欲望的疯狂，这正是公平竞争的意义所在。在这里，公平是竞争的基础，只有建立在公平基础上的竞争才有意义。公平意味着参赛各方都能够尊重规则、遵守规则，规则具有合理性，是参与竞技者普遍认可的，它不是个人强权的产物，不得随意更改或者废除，因而必须得到遵守。规则面前人人平等，违规者必须得到惩罚，以维护规则的权威性和严肃性。公平精神要求参赛者不得参加与自身条件不相符合的比赛，如不得瞒报年龄，不得冒名顶替，不得隐瞒性别；不得进行虚假比赛，如相互串通，踢假球，下假棋，愚弄观众；不得服用兴奋剂；参赛者不得贿赂裁判、贿赂对手、干扰甚至伤害对手等。裁判员不得收受贿赂，不得刻意偏袒一方，恶意整治另一方，"吹黑哨"，"打黑分"，把比赛搞得乌烟瘴气。任何组织和个人不得从事与比赛相关的赌博活动，以消除可能操纵比赛、影响公平竞争的嫌疑。1980年第22届莫斯科奥运会上，前苏联跳水选手波尔特诺（Aleksandr Portnov）跳水时失误，他以观众喧闹为由要求重新跳一次，竟然获得裁判的准许，并获得了冠军；而民主德国的跳水选手霍夫曼（Falk Hoftmann）在跳水失误后要求再跳一次，却遭到了裁判的拒绝，这同样是违背了"公平竞争"的原则。公平精神是奥林匹克运动的精神理想，是非常崇高的价值追求。现实中固然存在一些显失公平的歧视现象，如裁判不公、种族歧视、申办丑闻等，但是，在体现公正和平等方面，体育比赛毕竟是人类迄今为止所做事情中做得最好的，我们没有理由放弃为捍卫"不歧视"原则和体现"公平对待"精神所做的种种努力。

孔子所讲的"直道而行"与奥林匹克运动主张的"公平对待"是有差异的。"直道而行"偏重于讲个人内在的品德，不太强调外在规则的约束，不注重平等精神。市场竞争是现代社会生活中最为普遍的内容之一，价值规律是商品经济中基本经济规律，公平原则是经济竞争得以正常有序进行的保证，公平对待精神是市场经济所倡导的基本精神之一。奥林匹克运动所倡导的公平对待精神，是市场经济的普遍原则在体育领域的表现，它强调的是对个体的尊重、对平等的尊重、强调对外在规则的遵守。

3. 反对歧视

孔子在平等、非歧视的问题上显然有些"先天不足"，他努力在维护一个严格的等级社会，对于女性也存在一定偏见，但是，孔子在许多问题上也坚持平等立场。子曰："君子周而不比，小人比而不周。"① 即孔子要求君子要普遍厚待他人，不能够偏袒阿私。孔子对仲弓说："犁牛之子骍且角，虽欲勿用，

山川其舍诸?"① 文字本身的意思是,那个杂毛牛虽然很难看,而它所生下的小牛身上却长着金红色的毛和整齐的角,这么漂亮的牛如果不用作祭祀,山川之神是不会答应的。孔子在此是以比喻的形式在告诉仲弓,虽然你的父亲地位低贱,而且多行恶事,但是,这并不影响你的才智和美德,你应当为当世所用。由此可以看出,孔子是反对血统论的,主张不问出身,唯才是用。

奥林匹克运动发展的历史,也是反对和逐步消除各种歧视现象的历史。《奥林匹克宪章》规定:"以种族、宗教、政治、性别或其他理由对某个国家或个人的任何歧视都与奥林匹克运动成员的身份不相容。"② 在现代奥林匹克运动中,与奥林匹克精神公平对待原则、非歧视原则相违背的就是各种形式的歧视现象,包括阶级歧视、地区歧视、种族歧视、性别歧视等,在此主要谈反对阶级歧视和性别歧视。

就阶级歧视而言,古代奥运会赤裸裸地排斥下等阶层。古代奥运会不是超阶级的,它的阶级属性是极其露骨的,它是奴隶主贵族与少数自由平民的专利,奴隶阶级被严格排除在奥运会的大门之外。古希腊社会是建立在奴隶制基础上的,奴隶阶级的劳动是古希腊文化的物质基础,奴隶也是部分精神财富的创造者。他们建造神殿,制造工艺品,表演歌舞戏剧,进行文学创作,一些奴隶承担起儿童教育的任务。公元前6世纪的斯巴达,9000名斯巴达贵族要统治3.5万个自由民以及20万奴隶。柏拉图说:"每个城邦,不管它是如何的小,都分成了两个敌对部分,一个是穷人的城邦,一个是富人的城邦。"恩格斯在《反杜林论》中指出:"只有奴隶才使农业和工业之间更大规模的分工成为可能,从而为古代文化的繁荣,使希腊文化成为可能。没有奴隶制,就没有希腊国家,就没有希腊的艺术和科学。没有奴隶制,就没有罗马帝国。"③ "如果没有奴隶被迫去干重体力劳动,以使自由人能相聚对决策进行辩论,在宴饮或郊游时探讨真与美的话,希腊伟大的政治、思想及艺术成就恐怕也不可能实现。"④ 奴隶完全被剥夺了各种权利,受到残酷的剥削和压迫。他们没有人身自由,而且是可以被奴隶主买卖、出租、转让、赠送的财产,奴隶主可以随意

---

① 《论语·雍也》

② 国际奥林匹克委员会《奥林匹克宪章》,北京:奥林匹克出版社,2001年2月第4版,第12页。

③ 《马克思恩格斯选集》第3卷,北京:人民出版社,1995年6月第2版,第524页。

④ [美国] 罗伯特·E.勒纳、斯坦迪什·米查姆、爱德华·麦克纳尔·伯恩斯著《西方文明史》第1卷,王觉非译,北京:中国青年出版社,2003年1月第1版,第116页。

对他们处以各种严酷的身体处罚，直至可以将他们活活绞死。当时的思想家很少有人觉得奴隶制是罪恶的，甚至认为奴隶制是理所当然的，是一项自然而然的事情。尽管柏拉图说过"奴隶是令人尴尬的财产"，在他的"理想国"的设想中也没有采取奴隶制，但他从来就不反对奴隶制，晚年甚至提倡奴隶制。亚里士多德将奴隶定义为"一部会呼吸的机器，一件会活动的财产"，认为奴隶制对于社会延续是必要的。苏格拉底认为出身卑贱的人不可能具有卓越的品质，"只有与生俱来的光荣才真正使人强大有力，从师而得的人是晨光熹微的人，他们的精神摇摆不定。"①

建立在奴隶阶级劳动基础上的制度设计与文化创造却在努力使得奴隶阶级的经济、政治与文化地位永远处于社会的最低层。体育训练以及参加竞技赛会作为专门属于自由人的一项活动，显示了自由人的高贵"禀赋"，通过高贵"禀赋"的开发强化自由人对于奴隶的优越感。亚里士多德在《政治学》中讲到古希腊的克利特城邦，曾经在某个时期城邦采取了一项应变政策，允许奴隶享有主人的除了体育锻炼和持有兵器以外的所有特权，体育在古希腊的阶级属性可见一斑。亚里士多德认为，自然所赋予自由人和奴隶的体格是有差异的，奴隶的体格总是强壮有力，适于劳役；自由人的体格则较为俊美，对劳役便非其所长，而适于政治生活。他认为教育应该从体育入手，城邦如果忽视包括体育在内的教育，其政制必将受到毁损。

在古希腊，虽然每个自由公民都有资格参加比赛，但是，古希腊举办的那些大型运动会是属于贵族的，因为只有他们才有足够的闲暇时间和足够的金钱。竞技者必须要有十个月以上的运动训练历史，并且在奥运会举行前一个月赶到伊利斯城邦的竞技场进行训练。因此，那些农民和小手工业者虽然有自由公民的身份，却由于常年忙于生计，很少有可能进行长时间系统的训练，这样自然就失去了参赛的机会。比如战车赛中的不平等，要想参加战车比赛，首先要有一架性能很好的车身，再加上几匹非常优秀的马，这两样东西在当时都是很昂贵的，通常能拥有一辆齐全的战车的人都是贵族。

顾拜旦主张"体育为大众"，认为阶级差异应该在体育中消失。他在1919年1月13日写到："运动曾经是游手好闲的阔少们用来消磨时光的工具，30年来，它一直只满足资产阶级子弟过闲暇时间的需要，而现在已经是无产阶级

---

① ［美国］依迪丝·汉密尔顿著《希腊精神——西方文明的源泉》，葛海滨译，沈阳：辽宁教育出版社，2003年3月第1版，第61页。

子弟品尝体育欢乐的时候了。"① 萨马兰奇认为，"如今的体育运动已经变得相当普及，它不再专属于某些特权阶级，通过广泛的体育教育，而被广大民众所接受。"② 尽管如此，奥林匹克运动作为资本主义文明的产物，它无法超越其国有的资产阶级的阶级本质。现代奥林匹克运动虽然不像古代奥运会那样绝对地排斥下等阶层，但是，它同样不是超阶级的。现代奥林匹克运动的阶级基础无疑是资产阶级，奥林匹克运动的创始人属于资产阶级，奥林匹克运动是西方发达资本主义国家的资产阶级控制之下的，举办地多在西方发达资本主义国家的城市，参加奥运会的业余选手多出自中产阶级以上的阶层，商业化转向实际上是奥林匹克运动的改良理想对于资本主义商业文明的妥协。国际奥委会委员以西方上层人士为主，其中很多是王公贵族，他们在政治上维护西方发达资本主义国家的利益，在经济上是资产阶级利用奥林匹克运动进行谋利的代表。"在国际奥委会成立初期，来自西方世界的王室、贵族和社会上层精英中的男性被任命为国际奥委会的委员。"③ 在顾拜旦担任国际奥委会主席期间，国际奥委会委员都来自绅士阶层，他们曾经为奥林匹克运动在初期的发展提供资金帮助。"到了近些年，虽然奥委会成员中已经吸纳了许多曾经是运动员和体育组织者的成员，但是国际奥委会中占主流的仍然是那些传统的国际奥委会委员和他们身上抹不去的贵族精英气质。"④ 奥林匹克运动中运动员的业余身份让位于职业身份，其背后实际上一直是有阶级问题作为背景的，都是阶级的趣味和利益在起作用。20世纪80年代之前的业余原则体现的是贵族的虚荣，此后的商业化转向导向的是资本占有者的利益。19世纪末20世纪初，为了抗议奥林匹克运动对于无产者的歧视和排斥，与实际上属于资产阶级的奥运会展开竞争，美国共产党和美国社会党建立了工人奥林匹克运动组织，其目的是建立工人阶级的体育组织，举办属于工人阶级的运动会。该运动会先后举办了4届，分别是1921年的布拉格运动会，1925年的法兰克福运动会，1928年的莫斯科运动会，1932年的芝加哥运动会。其中芝加哥运动会被称为"马克思主义者的奥林匹克运动会"。

① 转引自拉斯洛·孔著《体育运动全史》，颜绍沪译，中国体育史学会办公室，第286页。
② [西班牙]胡安·安东尼奥·萨马兰奇著《奥林匹克回忆》，孟宪臣译，北京：世界知识出版社，2003年7月第1版，第47页。
③ [澳大利亚]K. 吐依，A. J. 维尔著《真实的奥运会》，朱振欢，王荷英译，北京：清华大学出版社，2004年11月第1版，第52页。
④ [澳大利亚]K. 吐依，A. J. 维尔著《真实的奥运会》，朱振欢，王荷英译，北京：清华大学出版社，2004年11月第1版，第52页。

就性别歧视而言，古代奥运会对于女性是绝对排斥的。古希腊社会中女性的地位明显低于男性，扮演着第二性的从属角色。雅典的政治生活仅仅是属于男性公民的事情，"妇女们从未享有公民身份，从来也不征求她们对政治的看法。更糟糕的是，她们常被剥夺诸如提出诉讼或拥有财产的权利。"① 女性生理上的特点使她们在战争中不如男性，生养儿女又使她们长期厮守在家中。雅典女子 14 岁的时候就要与比她们大有一倍的男性结婚，然后是接二连三地生儿育女，生育期一般为两年，年轻妻子的大部分时间是怀孕和喂奶，洗衣和做饭也被视为女性的天职。身体的重负使得雅典女性的平均寿命明显低于男性，据研究古希腊人骨骼遗骸的科学家估计，古希腊男性平均寿命为大约 45 岁，女性仅为 36 岁。德谟克利特认为，"接受一个女人的命令，对一个男人来说是最大的耻辱。"② "女人不应该动口舌，因为这是很危险的。"③ 雅典的一位辩论家曾说："我们有娼妓供愉悦，有情妇以得到日常肉体满足，有妻子给我们带来合法的儿女并做我们忠诚的管家。"④ 伯利克里忠告雅典已婚女子记住三件事情，一是努力为雅典生育更多的孩子，二是除了"女性的天性"外不要表现出更多的弱点，三是不要做被人议论的事，无论是说好还是说坏。古代奥运会严禁女子参加。有关条文规定，女子不能参加和观看比赛，触犯此规的女子将以被推入万丈深渊的方式处以死刑。据史料记载，在古希腊阿尔菲奥斯河岸的山崖陡壁上，曾经悬挂着一具女性的尸体，她就是因为偷看奥运会竞技比赛而惨遭杀戮的。在公元前 396 年举行的第 96 届古代奥运会上，发生了一起轰动性的事件，一位名叫费列尼卡的妇女扮成男装走进奥运会赛场，她要冒险观看儿子庇西特鲁斯在奥运会拳击比赛中的表演。当儿子经过顽强的角逐终于赢得冠军桂冠的时候，她在万分激动中早已忘记了自己的女性身份，情不自尽地跑上前去，热烈地拥抱和亲吻着儿子。她的性别暴露了，当即遭到逮捕，并被判以死刑。后来考虑到她出身明门，儿子又是冠军得主，加上长老出面说情，原来的死刑判决才被赦免。对于女性的排斥在当时就引起了一些有识之士的抗议，著名剧作家普鲁塔克曾经大声疾呼："为了妇女的体格健壮，使她们

　　① ［美国］罗伯特·E. 勒纳、斯坦迪什·米查姆、爱德华·麦克纳尔·伯恩斯著《西方文明史》第 1 卷，王觉非译，北京：中国青年出版社，2003 年 1 月第 1 版，第 107 页。
　　② 周辅成编《西方伦理学名著选辑》上卷，北京：商务印书馆，1964 年 10 月第 1 版，第 78 页。
　　③ 周辅成编《西方伦理学名著选辑》上卷，北京：商务印书馆，1964 年 10 月第 1 版，第 78 页。
　　④ ［美国］罗伯特·E. 勒纳、斯坦迪什·米查姆、爱德华·麦克纳尔·伯恩斯著《西方文明史》第 1 卷，王觉非译，北京：中国青年出版社，2003 年 1 月第 1 版，第 116 页。

和她们的孩子具有对自然的抵抗能力，应该让她们参加赛跑、掷铁饼、投标枪等活动。"①

现代奥林匹克运动在反对性别歧视方面是比较成功的，而消除性别歧视的道路也不是一帆风顺。有人将女性参与到奥运会的历史分为三个阶段，第一个阶段从 1896 年到 1928 年，是女性被排斥以及部分女性开始提出抗议的阶段；第二个阶段从 1928 年到 1952 年，是女性在奥运会中团结奋斗时期；第三个阶段从 1952 年到现在，是女性向男性霸权挑战的时期。奥运史专家艾伦·哥特曼（Allen Guttmann）指出："非白人的运动员以及来自劳动阶级家庭的运动员处于社会下层的不利地位，但是，他们通向奥林匹亚的道路远比女性运动员笔直和顺利，因为她们不得不越过的崎岖不平的小路。在顾拜旦那一代人看来，由社会所构筑的性别差异似乎是生物必然性使然。奥林匹克运动决不意味着努力将两性区别减到最小化。在那个时代，体育竞技从未被人有意识地作为实现女性权利的平台。奥运体育竞技一开始就是男性的体育节日，要是按顾拜旦的想法去做，女性可能将永远被限制为羡慕男性的观众这样一个角色。"②顾拜旦认为奥林匹克运动是对于男性运动员的赞歌，拒绝女性进入奥运会的竞技比赛项目。第 1 届奥运会上没有女子参加；女性开始参加奥运会的比赛是从 1900 年第 2 届奥运会开始的，有 22 名女性运动员参加了网球、高尔夫球等比赛项目，终于打破了自古以来禁止女性参加奥运会比赛的传统。接下来的 1904 年奥运会和 1908 年奥运会分别有 6 名和 36 名运动员参加比赛。1910 年，国际奥委会在卢森堡举行的全会上正式同意女子参加奥运会的游泳、体操和网球比赛。但是 1912 年奥运会的女子项目并没有设立体操比赛，1920 年国际奥委会拒绝了法国女子艾丽丝·米利亚特（Alice Miliiat）参加田径比赛的要求，更激起了女性的抗议。艾丽丝·米利亚特气愤之下另起炉灶，成立了国际妇女体育联合会，于 1922 年在法国举办了第 1 届女子奥运会，1926 年在瑞典举行了第 2 届女子奥运会，与国际奥委会分庭抗礼，引起了强烈反响。1930 年在国际奥委会召开的会议上，当时的国际奥委会主席拉图尔认为女性只能参加奥运会的部分比赛项目，这些项目应该严格限制在包括花样滑冰、网球、体操、游泳等具有美感的项目中。

---

① 于克勤、章惠菁编著《古代奥运会史话》，上海：上海人民出版社，1986 年 6 月第 1 版，第 86 页。

② Allen Gettmann, *The Olympics: A History of the Modern Games*. Urbana and Chicago: University of Illinois Press，2002，p. 4.

第二次世界大战以后，联合国通过了 20 多个有关妇女国际地位的公约和宣言，歧视女性的法律法规不断被废除。《联合国宪章》明确指出："重申基本人权、人格尊严与价值，以及男女与大小国一律平等权利之信念。"1975 年联合国在墨西哥城召开第一届世界妇女大会，提出改变对妇女的不公正待遇。1980 年《消除对妇女一切形式歧视公约》主张男女尊严与价值平等，权利、机会与责任平等。在这样的背景之下，国际奥委会对女性参加奥运会采取了主动支持的态度，尤其是萨马兰奇出任国际奥委会主席之后，奥运会上的女子项目不断增加，女性在奥运会中的位置越来越突出。《奥林匹克宪章》强调，必须"反对损害奥林匹克运动的任何形式的歧视"①，以保障每个人从事体育运动的权利，尤其要保障女子和残疾人在体育方面的权利。《奥林匹克宪章》规定："通过适当手段推动妇女在一切级别、一切机构中参与体育运动，特别是加入国家和国际体育组织的执行机构，以实行男女平等的原则。"② 1994 年 5 月 5 日至 8 日，在英国体育理事会主办的首届妇女与体育国际大会上，来自 82 个国家的代表着重讨论了"如何迅速改变妇女在体育运动中的地位"等问题，签署了《布莱顿妇女与体育宣言》，旨在促使妇女在平等的环境中全方位地参加体育运动。1995 年 12 月，经国际奥委会主席萨马兰奇建议，国际奥委会妇女与体育工作组（IOC Women and Sport Working Group）成立，这是一个就妇女体育问题向国际奥委会执行委员会提出建议的咨询机构，由国际奥委会、国家奥委会和国际单项体育联合会各自的代表、运动员代表及有关人士组成。1996 年国际奥委会组织了第一届世界妇女与体育大会，大会对妇女在体育中的地位和权利作了更为明确的规定，对于促进世界妇女体育的发展有重要意义。

随着现代社会男女平等的观念日渐深入人心，人们普遍认识到妇女有权利、也有能力参加到体育运动中来，体育运动能够使妇女获得自信、娱乐、健美等多方面的满足，会增强其个性、自信与健康，使其作为一个独立的人更好地控制自己的生活，更加具有女性的魅力。越来越多的女子参与到体育运动中来，参加各类比赛的妇女人数急剧增加，奥运会上的女子比赛项目的数量逐渐与男子项目趋同，甚至还有了艺术体操、花样游泳等女子独有的项目，妇女体

---

① 国际奥林匹克委员会《奥林匹克宪章》，北京：奥林匹克出版社，2001 年 2 月第 4 版，第 10 页。

② 国际奥林匹克委员会《奥林匹克宪章》，北京：奥林匹克出版社，2001 年 2 月第 4 版，第 11 页。

育已成为世界体育的重要组成部分。萨马兰奇认为，"为使奥林匹克运动更加充满活力，更具社会代表性，它就应该把大门向女性敞开，让女子也加入到他们的行列中来。"① 萨马兰奇先生担任国际奥委会主席期间，扩大了女子对于奥林匹克运动的参与，主要体现在下面三个方面：第一，女子项目增加了射击、自行车、乒乓球、帆船、羽毛球、柔道、足球、垒球、冰壶、冰球、举重、现代五项、跆拳道、铁人三项等；国际奥委会通过决议，将来奥运会的新增项目，必须包括女子比赛。第二，1984 年参加洛杉矶奥运会的女运动员人数是 1567 人，占全体运动员人数的比例是 23%；2000 年参加悉尼奥运会的女运动员人数是 4063 人，占全体运动员人数的比例是 39%。第三，女性对于奥林匹克运动的管理的参与力度空前加大。1981 年国际奥委会巴登巴登会议决定增加女性对于奥林匹克运动的参与，会议做出了首次选举女性委员的决定，芬兰的田径运动员皮尔约·哈格曼与委内瑞拉的马术运动员弗洛尔·伊萨瓦当选为国际奥委会委员，这是国际奥委会 88 年以来第一次接纳女性委员。1994 年国际奥委会在奥林匹克一百周年代表大会上，通过了关于确保女性能够参加各级世界性比赛的决定；国际奥委会还成立了"女性与体育"工作组，以加强女性在奥林匹克运动中的作用。国际奥委会对 1995 年世界妇女大会的宣言做出回应，要求各国奥委会 2000 年前在其领导机构中的妇女比例不得低于10%，在 2003 年前妇女比例不得低于 20%，这个目标已经实现。

五、"以友辅仁"与奥林匹克的友爱精神

孔子很重友情，主张朋友之间坦诚相待，信守承诺，互帮互勉，不断提高彼此的知识与德性。奥林匹克精神的重要内涵是团结和友谊，这与孔子的友爱追求是相吻合的。

1. "以友辅仁"

在孔子看来，与朋友交往是人生中一件非常快乐的事情。子曰："有朋自远方来，不亦乐乎？"② 曾子曰："君子以文会友，以友辅仁。"③ 这就是说，君子交友是与知识、德性紧密联系在一起的，希望友谊、知识和仁德之间相互

---

① ［西班牙］胡安·安东尼奥·萨马兰奇著《奥林匹克回忆》，孟宪臣译，北京：世界知识出版社，2003 年 7 月第 1 版，第 80 页。
② 《论语·学而》
③ 《论语·颜渊》

促进，这是友谊的最高境界。

一个道德高尚、能够对人恭敬的人，是会交到很多朋友的。子曰："德不孤，必有邻。"① 即道德高尚的人是一定不会感到孤单的。《论语》记载，司马牛愁眉不展，忧心忡忡，对子夏说："人皆有兄弟，吾独亡。"子夏开导他说："商闻之矣，死生有命，富贵在天。君子敬而无失，与人恭而有礼，四海之内，皆兄弟也。君子何患乎无兄弟也。"② 子夏的意思是说，何必担心自己没有兄弟呢？只要你有海纳百川的胸怀，有恭敬友善的态度，普天下的人都是你的兄弟和朋友。

一个人应该去交什么样的朋友呢？孔子说："益者三友，损者三友。友直，友谅，友多闻，益矣。友便辟，友善柔，友便佞，损矣。"③ 孔子在此主张，人们应该选择直爽、信实、见闻广博的人做朋友，而不要选择虚浮、圆滑、夸夸其谈的人做朋友。孔子还强调，为人要坦诚，不要藏起自己的怨恨，与别人表面上交朋友。他说："匿怨而友其人，左丘明耻之，丘亦耻之。"④

与朋友相处时，要信守承诺，相互劝诫，尽到对朋友的责任。子曰："与朋友交，言而有信。"⑤ 曾子把"与朋友交而不信乎"⑥ 作为每天都要不断反省的内容。《论语》记载，子路问曰："何如斯可谓之士矣？"子曰："切切、偲偲、怡怡如也，可谓士矣。朋友切切偲偲，兄弟怡怡。"⑦ 即朋友之间要真切诚恳地相互劝勉，兄弟之间要和睦相处。子贡问如何对待朋友，子曰："忠告而善道之，不可则止，无自辱焉。"⑧《论语》记载，孔子的一个朋友死了，没人来操持丧事，孔子说："于我殡。"⑨ 即朋友的丧事由他来负责操办。

孔子关于友谊的思想为儒家的友谊观确立了高尚的基调，一方面，人需要友谊，人生在世不能没有朋友，人的成长过程中需要朋友之间的相互交流、相互切磋、相互鼓励，"独学而无友，则孤陋而寡闻。"⑩ 另一方面，朋友关系不

① 《论语·里仁》
② 《论语·颜渊》
③ 《论语·季氏》
④ 《论语·公冶长》
⑤ 《论语·学而》
⑥ 《论语·学而》
⑦ 《论语·子路》
⑧ 《论语·雍也》
⑨ 《论语·乡党》
⑩ 《礼记·学记》

能建立在满足个人私欲的基础之上，不能是酒肉相好、财货相恋、权势相资、声色相狭、血气相激的朋友，而是追求"君子之交"，要志同道合，以友助道，以友辅仁，同甘共苦。正如明儒魏象枢所说："朋友之格八，有道德相亲而交者，有学问相成而交者，有气节相感而交者，有然诺相信而交者，有政治相助而交者，有才技相合而交者，有诗文相尚而交者，有山水相姣而交者。下此则群居狎处，卑之不足道也。"①

2. "团结友谊"

团结和友谊是奥林匹克精神的基本内涵。奥林匹克运动不仅注重友谊，还强调团结，奥林匹克运动把团结视为友谊的基础，在实现奥林匹克的国际团结基础上，进而达到友谊的目标。

奥林匹克五环标志是奥林匹克运动最核心的标志，它是全世界五大洲团结友谊的象征。《奥林匹克宪章》规定："奥林匹克标志由单独使用的五个奥林匹克环组成，可以是一种或几种颜色。五环的颜色规定为蓝、黄、黑、绿、红。从左到右相套接，蓝、黑、红环在上，黄、绿环在下。整体大致形成一个规则的梯形，较短的平行边构成底基，如同保留于国际奥运会总部并复制如下的正式图案。奥林匹克标志代表五大洲的团结和全世界的运动员在奥林匹克运动会上相见。"② 蓝、黄、黑、绿、红五种颜色分别代表欧洲、亚洲、非洲、大洋洲和美洲，环环相扣表明五大洲人民手拉着手，共同团结在奥林匹克的旗帜之下。1913年顾拜旦在《奥林匹克评论》上写到："五环代表世界的五个部分，统一到奥林匹克精神的旗帜下，接受长期以来作为对立方的彼此。另外，六种颜色以这种方式联接在一起，再现了所有国家（旗帜）的色彩，无一例外。"③

奥林匹克运动的诞生过程就是一个克服分歧、走向团结的过程。在近代体育走向国际化的浪潮中，顾拜旦于1889年产生复兴奥林匹克运动的意念，他认为应借助古希腊举办奥林匹克运动会的经验和传统，推进国际体育的发展。他深刻地洞察到了当时世界体育发展中的种种问题，如不同项目运动员之间的彼此轻蔑、商业化对体育的侵袭等等，在他看来，解决这些问题的良方就是各

① 《友箴》，《寒松堂集》卷九。

② 国际奥林匹克委员会《奥林匹克宪章》，北京：奥林匹克出版社，2001年2月第4版，第16页。

③ ［英国］麦克尔·佩恩著《奥林匹克大逆转》，郭先春译，上海：学林出版社，2005年7月第1版，第155页。

个国家选派体育代表团参加定期举办的奥林匹克运动会，让不同国家和地区的人们通过广泛而深入的友好交流，消除门户之见，一同为体育的纯洁与神圣、为美好社会的建立而奋斗。顾拜旦主张现代奥林匹克运动会应像古奥林匹克运动会那样以团结、友谊、和平为宗旨。然而，并非一切都如人所愿，发生过许许多多、大大小小的冲突，甚至 1908 年伦敦奥运会后回国的美国代表队牵出一条戴着锁链的英国狮游街，以表明美国代表队在奥运会上对于英国队的胜利，这一公然侮辱的举动几乎酿成外交事件。

两次世界大战扼杀了三届奥运会，此后，努力使奥林匹克运动成为促进国际间相互了解的媒介，是战后世界人民的普遍呼声。在 1946 年 2 月，国际奥委会主席厄德斯特勒姆在邀请全世界运动员参加 1948 年伦敦奥运会的信中呼吁："全世界的青年再次相逢，通过友好的竞赛来比较自己的力量。今天，这比任何时候都更有必要。我们已经经历了两次可怕的世界大战，在这两次战争中，人类几乎毁灭。恶棍们企图破坏我们的文化。未来属于青年，他们的任务是纠正我们的谬误。此外，为了达到我们的目的，一定要使一些国家的青年尽可能清楚地了解其他国家和自己邻国的青年。奥林匹克运动是实现这一目标的极好手段。"[1] 1947 年 11 月，他再次强调，"几乎有五十个国家的孩子要在即将举行的奥运会上相逢，新的友好联系就要建立，相互尊重的感情会在奥运会参加者之间复兴。这将促进各民族和睦相处和相互了解。我希望，并衷心祝愿我们的奥林匹克运动会将成为维护和平的工具。"[2]

体育竞技的魅力之一，就是通过公平的比赛而结成的真挚友情。中国有句俗话，"不打不成交"，场上的对手会成为场下的朋友。2002 年盐湖城冬季奥运会推出的《人性的颂歌》对此做了经典的表达："你是我的对手/但并非我的敌人/因为你的抵抗给我力量/你的意志给我勇气/你的精神给我能力/尽管我的目标是击败你/一旦我取胜/却不会羞辱你/相反我会褒扬你/因为若没有你/我并非现在这般完全的汉子。"

许多优秀的运动员都是忠实实践奥林匹克精神的典范。1896 年第一届雅典奥林匹克运动会上，在自行车 100 公里项目比赛的路途中，法国选手莱·弗拉明一直保持领先优势，而当他发现身后的希腊队员格·科列蒂斯的车子出现

---

① ［匈牙利］拉斯洛·孔著《体育运动全史》，颜绍沪译，中国体育史学会办公室，第 404 ~ 405 页。

② ［匈牙利］拉斯洛·孔著《体育运动全史》，颜绍沪译，中国体育史学会办公室，第 405 页。

故障无法前行时，毫不犹豫地停了下来，与格·科列蒂斯一同将自行车修好以后，才继续自己的赛程。弗拉明最后还是凭借自己雄厚的实力赢得了这个项目的冠军。竞争的精神与友谊的精神在弗拉明身上得以完美统一，他因此博得了人们的高度赞誉。1988 年第 24 届汉城奥运会上，加拿大帆船运动员勒米厄在小组比赛中领先居第二位时，为抢救一名落水的新加坡运动员，最后名次落到 21 位，他被国际奥委会授予荣誉奖章。在授予仪式上，萨马兰奇主席给予勒米厄高度评价："你以你的体育道德、自我牺牲和勇气，体现了奥林匹克理想的一切正义价值。"① 1996 年亚特兰大奥运会上，尽管希腊和土耳其两个国家关系紧张，但希腊运动员列奥尼迪斯（Valerios Leonidis）和土耳其运动员苏莱马诺吕（Naim Suleymanoglu）在举重冠军角逐中结成了深厚的友谊。列奥尼迪斯获得了银牌，他这样说："我们已经告诉世人，体育道德将全世界的人们紧密地联系在一起，它会创造和平，我们俩的关系就是一个典范。"②

3. 中国体育的友爱精神

孔子倡导的友爱精神是中国文化的一个重要特色，这一特色在中国体育中有充分体现。《论语》中讲"以文会友"，孔子强调体育比赛中的"君子之争"其实就是"以武会友"。

抱拳礼是习武人的见面礼，是习武人之间、习武人与众人之间表示礼貌的基本礼仪形式，也是友谊精神的表现。其基本动作是左掌右拳，胸前 20 公分处相对，左掌掌指朝上，右拳拳心朝下。拳掌相对，意即以武会友，以礼相待；左掌右拳，代表五湖四海，天下武林为一家；左掌拇指内扣，表示谦虚谨慎，不妄自尊大；右拳形似人心，表示诚心相处，虚心求教。

20 世纪 70 年代，为了打开中国对外关系的突破口，我国积极开展"乒乓外交"活动，我国在国际体育比赛中提出了"友谊第一，比赛第二"的口号，就是要求把对手视为朋友，对自己的竞争对手要友爱，通过比赛寻求友谊，对于对方有意无意的伤害要宽容。比赛的胜败是暂时的，而国与国、人与人之间的友谊则是长久的。我国著名足球运动员荣志行，宁失一球，不伤一人，是友爱精神的典范。

在今天国际体育交往越来越频繁的时代，国际体育赛事好戏连台，精彩纷

① Bud Greenspan, *The Olympians' Guide to Winning the Game of Life*. Los Angeles, General Publishing Group, 1997, p. 14.

② Bud Greenspan, *The Olympians' Guide to Winning the Game of Life*. Los Angeles, General Publishing Group, 1997, p. 15.

呈。中华民族是热爱和平的民族，参加国际比赛的中国运动员就是"和平与友谊的使者"，他们将和平友爱传向世界的各个角落。中共中央国务院《关于进一步加强和改革新时期体育工作的意见》指出："体育是促进友谊、增强团结的重要手段。通过体育活动，能够扩大人们的情感交流，增进人与人之间的相互了解，改善人际关系，建立健康合理的生活方式，创造文明、和谐的社会环境。国际间的体育交往，能够促进国家与国家之间、人民与人民之间的相互理解，有益于人类社会的'团结、友谊、进步'。"①

　　北京奥运会是国家首脑、赞助商、新闻记者、各国运动员、教练员、体育官员、工作人员、旅游观光者、文化交流者的一场规模盛大的聚会，"有朋自远方来，不亦乐乎？"我国借北京筹备和举办奥运会的机会，大力弘扬友谊、团结和相互理解的奥林匹克精神，为现代奥运创造良好的精神氛围，以世界公民的博大胸怀，尊重和欣赏别的文化，取长补短，共同进步，谱写出了当代北京对外文化交流的新篇章。作为北京奥运会核心标志的会徽"中国印·舞动的北京"，是一个正在伸开双臂、迎接来自海内外宾朋的快乐形象；北京奥运会吉祥物中国福娃"贝贝"、"京京"、"欢欢"、"迎迎"、"妮妮"，彰显了"北京欢迎你"的友善姿态和开放胸怀；北京奥运会的口号是"同一个世界，同一个梦想"，更是突出地表达了人类在当今全球化时代加强交流、增进和谐、共享奥运、共创未来的美好愿望。

---

　　①　中共中央文献研究室编《十五大以来重要文献选编》下卷，北京：人民出版社，2003 年 9 月第 1 版，第 2470 页。

第三章

儒家治世理想与奥林匹克宗旨

孔子和顾拜旦都是社会改良主义者，在社会的混乱与事业的艰辛中，他们以强烈的入世精神，积极地对社会进行批判和改造。孔子的社会理想是恢复西周的礼乐制度，在不同的社会等级之间建立一种相对的和谐秩序。奥林匹克运动则以奥运会的举办为切入点，在全世界开展奥林匹克文化和理想教育，期待建立一个和平的、更美好的世界。

一、改良社会的使命

孔子和顾拜旦都具有入世精神，积极寻求对现实世界的改造。孔子的入世精神一方面表现为从政为官，"学而优则仕"，直接承担知识分子改良社会的使命；另一方面是从教为师，发展教育，传播学问，传承与弘扬道义，这是间接的入世。顾拜旦以及整个奥林匹克运动所体现出的入世精神，主要是奥林匹克运动倡导的参与精神，通过参与体育竞技、文化活动、交流活动、志愿活动等，弘扬奥林匹克理想，改善人类的身心状况，为建设一个和平美好的世界作出贡献。

1. "学以致用"

作为对现实社会极为关注的思想家，孔子对当时礼坏乐崩的社会现实感到痛心疾首，他胸怀救世使命，根据自己的社会理想，对社会进行批判和改良。即使在连连碰壁的境遇中，他也没有畏惧和逃避，而是痴心不改，愈挫弥坚，"不坠青云之志"，甚至"知其不可为而为之"[1]。

孔子主张"学以致用"，《论语》开篇就讲："学而时习之，不亦说乎？"[2]

---

① 《论语·宪问》
② 《论语·学而》

即学习了知识就要不断地实习、实践这些知识，这是很值得高兴的事情。子夏说"学而优则仕"①，知识分子改造社会、实现理想的直接途径是做官从政。子曰："诵诗三百，授之以政，不达，使于四方，不能专对，虽多，亦奚以为?"② 即一个人熟读诗经，却搞不了政治，在外交事务中不能很好应对，读得再多也是没有什么用处的。

春秋末期，礼坏乐崩，天下无道，许多高士怀才不遇，在痛苦中逃避现实，寻求身心得以栖息的"乐土"。《论语》记载，子曰："贤者辟世，其次辟地，其次辟色，其次辟言。"子曰："作者七人矣。"③ 即有道德的人避开社会，其次是避开原来的地方，再次是避开别人不好的脸色，还有就是避开不好的言语，这样做的已经有七个人了。

《论语·微子》记载了子路与两位隐者的对话以及孔子对隐者的评论：

长沮桀溺耦而耕，孔子过之，使子路问津焉。长沮曰："夫执舆者为谁?"子路曰："为孔丘。"曰："是鲁孔丘与?"曰："是也。"曰："是知津矣。"问于桀溺，桀溺曰："子为谁?"曰："为仲由。"曰："是鲁孔丘之徒与?"对曰："然。"曰："滔滔者天下皆是也，而谁以易之。且而与其从避人之士也，岂若从避世之士哉?"耰而不辍。子路行以告，夫子怃然曰："鸟兽不可与同群，吾非斯人之徒与而谁与? 天下有道，丘不与易也。"

在此，长沮和桀溺劝子路说，浊水滔滔，人们只能望水兴叹，谁也改变不了这个局面，与其跟着孔子躲避坏人，不如像我们这样躲避世事。孔子听说了，非常感慨地说："作为一个人，我不能与鸟兽同群，只能和其他人一起生活在社会中。如果天下有道，我何必自讨苦吃地要改变它呢?"孔子是说，人是不应该逃避自己的社会责任的，正因为天下无道，所以才有改造现实的必要。

《论语·微子》还记载了子路与另一位隐者的相遇：

子路从而后，遇丈人，以杖和荷，子路问曰："子见夫子乎?"丈人曰："四体不勤，五谷不分，孰为夫子?"植其杖而耘。子路拱而立，止子路宿，杀鸡为黍而食之，见其二子焉。明日，子路行以告，子曰："隐者也。"使子路反见之，至则行矣。子路曰："不仕无义。长幼之节，不可废也。君臣之

① 《论语·子张》

② 《论语·子路》

③ 《论语·宪问》

义，如之何其废之。欲洁其身，而乱大伦。君子之仕也，行其义也，道之不行，已知之矣。"

子路不愧为孔门弟子，他对隐者的评价是，虽然礼坏乐崩，大道不行，但是，通过从政而履行道义，这是君子不容逃避的社会义务，不能因为追求个人的纯洁而有损人伦的大义。

孔子关心社会、热心政治，"夫子至于是邦也，必闻其政。"① 孔子对自己的从政才能充满自信，他说："苟有用我者，期月而已可也，三年有成。"② 认为君子是能够担当重大使命的，即"君子不可小知，而可大受也"③《论语》记载，公山弗扰盘踞在费这个地方造反，想召孔子过去，孔子打算去那里，子路不高兴地说："没有地方去就算了，何必去哪里呢？"孔子说："如有用我者，吾其为东周乎！"④ 即如果有人用我，我将会在东方复兴周王朝。

他非常愿意能够找一个地方去实施自己的理想。《论语》记载，子贡曰："有美玉于斯，温椟而藏诸？求善贾而沽诸？"子曰："沽之哉，沽之哉！我待贾者也。"⑤ 意思是说，就如美玉不能总被藏在柜子里，而是要找个识货的买主去卖掉；君子不能隐身埋名，而要到社会现实中去干一番事业。《论语》记载，佛肸召孔子，孔子准备去。子路说："过去我听您说过，君子不该不去干坏事的人那里。佛肸中牟造反，你去那里干什么呢？"孔子说："不曰坚乎，磨而不磷；不曰白乎，涅而不缁。吾其匏瓜也哉？焉能系而不食。"⑥ 即坚固的东西是磨不薄的，洁白的东西是染不黑的，我不能像那苦味的匏瓜，老是挂着不吃。

孔子强烈的入世精神奠定了儒家知识分子经世致用的根基，他们厚德载物，自强不息，努力实现对社会的改良，希望最终能够"为万世开太平"，如《大学》中说："格物而后知至，知至而后意诚，意诚而后心正，心正而后身修，身修而后家齐，家齐而后国治，国治而后天下平。"

2. "参与比取胜更重要"

入世精神表现在奥林匹克运动中，就是重在参与的精神。奥林匹克运动倡

---

① 《论语·学而》
② 《论语·子路》
③ 《论语·卫灵公》
④ 《论语·阳货》
⑤ 《论语·子罕》
⑥ 《论语·阳货》

导重在参与的精神，这里的参与，基本意义是对于体育活动的参与，还包括文化活动、交流活动、志愿活动等多种形式的参与，在参与之中促进整个社会的进步。

1908年7月24日，在英国政府举行的宴会上，顾拜旦说："上星期天，在圣保罗组织的运动员颁奖仪式上，宾夕法尼亚主教用中肯的语言提醒大家注意：'对奥林匹克运动会来说，参与比取胜更重要。'"① 他指出："生活中最重要的事情不是凯旋，而是奋斗，其精髓不是为了获胜，而是使人类变得更勇敢、更健壮、更谨慎和更落落大方。"② 也就是说，结果固然重要，冠军的桂冠固然诱人，奥运健儿胸前的奖牌固然耀眼，但是，奖牌并不是体育运动价值的全部，夺取桂冠的过程相比来说更有价值——运动员的身体得以锻炼，意志得到磨砺，品德得到培育，心灵得到净化，广大观众也从竞技比赛中欣赏到了运动员矫健的身姿和激烈精彩的角逐场面，获得了美的感受。

许多优秀的奥运选手超越比赛的胜败，把参与奥运本身作为一件非常有意义的事情，正体现了"参与比取胜更重要"的追求。荷兰选手 Anton Geesink 说："我是那种既不热衷于金牌，也不喜欢银牌的运动员，我就是要争取拿到奖牌而已。如果我赢了，那当然很好；但要是没赢，那也无所谓。最重要的事是要享受奋斗的进程，是对竞技运动的热爱，这样你会对任何比赛结果都感到高兴的。"美国选手 Willye White 是在密西西比的棉花田里出生并长大的，他把体育竞技看作对于苦难生活的逃避，体育给他一个可以自由飞翔的天空，他从中看到了整个世界，从那里得到教育。他说："我参与体育和参加奥运的经历成就了现在的我。虽然我在比赛中没有获得过一枚金牌，但是，我赢得了生活的金牌。"

顾拜旦希望这种参与精神能够扩展到每个领域，以形成一种清澈的、健康的哲学基础。在奥林匹克运动的发展过程中，人们对奥林匹克运动中文化活动、交流活动、志愿活动的积极参与，也体现了奥林匹克运动倡导的参与精神。拿志愿活动来说，志愿者在奥林匹克运动中扮演着越来越重要的角色，志愿者本着对他人的关爱、对建设一个更加和谐、更加美好的世界的向往，投身于奥林匹克志愿行动之中，以自己一点一滴、平平凡凡的努力，在把世界变成

① ［法国］皮埃尔·德·顾拜旦著《奥林匹克理想——顾拜旦文选》，詹汝琮等译，北京：奥林匹克出版社，1993年9月第1版，第24页。
② ［法国］皮埃尔·德·顾拜旦著《奥林匹克理想——顾拜旦文选》，詹汝琮等译，北京：奥林匹克出版社，1993年9月第1版，第24页。

美好的人间。

3. 顾拜旦的改良主义

这个社会为什么需要改良？顾拜旦 1918 年 2 月在洛桑自由希腊人协会的讲话中说："一方面，财阀寡头贪得无厌，统治欲望强烈，近乎疯狂；另一方面，旷日持久的不公正制度，激起了人们的不断反抗。这一切使得文明如临战争般的威胁，而实际上这比战争本身更为可怕。"① 1920 年顾拜旦在安特卫普市政厅发表的题为《体育是王》的演讲中说："人们没有做任何事情去驱除那些酸楚，是的，恕我直言，没有做任何事情，没有做任何事情去平息那些汇聚在一起的愤怒和日积月累的仇恨，愤怒和仇恨令人不安地组成了正在形成的新的土壤基层。"②

在顾拜旦关于未来社会的理想中，世界的进程不能被任何等级集团所操纵或阻止，未来的国家只有依靠全体公民的同心协力才能长治久安。

顾拜旦主张改良而拒绝革命，社会革命在顾拜旦那里是没有位置的，是必须被防止的。顾拜旦在回答"奥林匹克主义是否浸润了革命思想"这一问题时，有这样一个比喻——"奥林匹克主义的目标是铲除现代教育中的隔阂"③，"我所指的消除隔阂的高墙，只不过是要变换教育大楼的内部格局而已，并非要捣毁其主体围墙，也不是要改变其建筑外观。"④ 他非常明确地表示，革命是过于激烈的行为，只有破坏性，而没有建设性，是于事无补的。"暴力革命几乎总是成事不足败事有余。本有望自行打开的大门，却被暴力革命破门而入，而在这冲动狂暴的举动之后，大门又自行关闭，依然故我。"⑤ 他说："让我们切勿陷入全盘共产主义乌托邦。平等不应跨越家庭的门槛，因为人们决不容许平等进入他们家里，也不会允许它干涉自己的家庭事务。亲密的社会关系，受到传统、遗传和日常习惯的影响，它们反映在人们语言与待人接物的细

---

① 国际皮埃尔·德·顾拜旦委员会编《奥林匹克主义——顾拜旦文选》，刘汉全、邹丽等译，北京：人民体育出版社，2008 年 8 月第 1 版，第 128 页。

② 国际皮埃尔·德·顾拜旦委员会编《奥林匹克主义——顾拜旦文选》，刘汉全、邹丽等译，北京：人民体育出版社，2008 年 8 月第 1 版，第 157 页。

③ 国际皮埃尔·德·顾拜旦委员会编《奥林匹克主义——顾拜旦文选》，刘汉全、邹丽等译，北京：人民体育出版社，2008 年 8 月第 1 版，第 133 页。

④ 国际皮埃尔·德·顾拜旦委员会编《奥林匹克主义——顾拜旦文选》，刘汉全、邹丽等译，北京：人民体育出版社，2008 年 8 月第 1 版，第 133 页。

⑤ 国际皮埃尔·德·顾拜旦委员会编《奥林匹克主义——顾拜旦文选》，刘汉全、邹丽等译，北京：人民体育出版社，2008 年 8 月第 1 版，第 133 页。

微差异上。这些差异微乎其微，但却影响持久。这合乎逻辑，理应如此。不过，人们的不同习性不应妨碍到公众生活，也符合逻辑。合唱和体育锻炼不正是为出身不同、境遇不同的青年人相聚交往提供难得的机会吗?"①

在顾拜旦看来，体育运动正是改良社会的重要手段。顾拜旦复兴奥林匹克运动的目的正在于此。顾拜旦非常看重体育的民主性，将体育协会看做"民主的细胞"，以促进社会的改良。② 1919 年 1 月，顾拜旦在《致国际奥林匹克委员会委员们的一封信》中对此阐释到:"这是因为，在体育协会中，人类创造的一切不平等，均被拒之门外，只剩下人类天生的自然差异;这是因为，任何民主社会的两大基石——互助和竞争，也是体育协会的左膀右臂;这是因为，体育不仅铲除了阶级不平等，而且还是矫治人类恶劣天性的一剂良药——它是治疗酗酒的有力措施，是结核病的天然克星，是集体卫生与心理卫生的一流调解人;最后，体育协会还播撒下省察、批判精神、自我控制、筹划奋力拼搏与体能支出以及以实用达观的哲学看待失败等种子。"③

实际上，一方面，顾拜旦出于本人的阶级立场、贵族立场，主张社会改良，反对社会革命;另一方面，他将公平的体育竞技视为改良人自身与改良社会的药方，为我们描绘了一个"体育乌托邦"或"奥运乌托邦"。

二、理想社会的图景

孔子心目中的理想社会是以西周社会为模本，向往建立一个不同社会等级之间严格分明、和谐有序、和平安宁的社会。奥林匹克运动的理想则基于人道主义原则，以相互理解、友谊、团结、公平对待的奥林匹克精神来激励人们，为建立一个和平而更美好的世界作出贡献。

1. 孔子的社会理想

孔子追求的理想社会就是不同等级之间的和谐相处的状态，一方面是"君君、臣臣、父父、子子"的严格的等级秩序，另一方面是"老者安之，少

---

① 国际皮埃尔·德·顾拜旦委员会编《奥林匹克主义——顾拜旦文选》，刘汉全、邹丽等译，北京:人民体育出版社，2008 年 8 月第 1 版，第 128 页。

② 国际皮埃尔·德·顾拜旦委员会编《奥林匹克主义——顾拜旦文选》，刘汉全、邹丽等译，北京:人民体育出版社，2008 年 8 月第 1 版，第 163 页。

③ 国际皮埃尔·德·顾拜旦委员会编《奥林匹克主义——顾拜旦文选》，刘汉全、邹丽等译，北京:人民体育出版社，2008 年 8 月第 1 版，第 163 页。

者怀之，朋友信之"，"均无贫，和无寡，安无倾"的温情关爱。

《礼记·中庸》上说："仲尼祖述尧舜，宪章文武。"孔子所致力于实现的理想社会，就是《礼记·礼运》中借孔子之口所描绘的尧舜时代的"大同"与文武时代的"小康"社会：

> 大道之行也，天下为公，选贤与能，讲信修睦。故人不独亲其亲，不独子其子，使老有所终，壮有所用，幼有所长，矜寡孤独废疾者皆有所养；男有分，女有归。货，恶其弃于地也，不必藏于己。力，恶其不出于身也，不必为己。是故谋闭而不兴，盗窃乱贼而不作。故外户而不闭，是谓大同。

> 今大道既隐，天下为家，各亲其亲，各子其子，货力为己。大人世及以为礼，城郭沟池以为固，礼义以为纪，以正君臣，以笃父子，以睦兄弟，以和夫妇，以设制度，以立田里。以贤勇知，以功为己。故谋用是作，而兵由此起。禹、汤、文、武、成王、周公，由此其选也。此六君子者，未有不谨于礼者也。以著其义，以考其信。著有过，刑仁讲让，示民有常。如有不由此者，在势者去，众以为殃，是谓小康。

"大同"代表了孔子社会理想的最高境界与远期目标，是对于尧舜时代的原始共产主义社会的理想化的憧憬，其实现难度当然也是最高的。尧舜时代"天下为公"，"唯天为大，唯尧则之"①，即尧能够像上天一样大公无私；舜也是如此，"有天下也而不与焉"②，"博施于民而能济众"③。《礼记》"大同"理想中的"老有所终，壮有所用，幼有所长，矜寡孤独废疾者皆有所养"，与《论语》中孔子主张的"老者安之，少者怀之，朋友信之"，"均无贫，和无寡，安无倾"是完全一致的。

"小康"所描绘的则是夏、商、周三代的"盛世"景象，虽然不如"大同"社会那么和谐美满，但也充满仁爱、礼让、信义。具体地说，孔子的"小康"理想就是以西周时代文王、武王、周公的礼制为范本的。孔子推崇西周的礼乐制度，在他看来西周的典章制度是那么的丰富和完美。他说："周监于二代。郁郁乎文哉，吾从周。"④ 周公敬德保民，任人唯贤，是孔子崇拜的圣人，周公甚至会出现在他的梦中。他说："甚矣，吾衰也久矣！吾不复梦见

---

① 《论语·泰伯》

② 《论语·泰伯》

③ 《论语·雍也》

④ 《论语·八佾》

周公。"① 这就是说，周公是经常性地出现在孔子的梦境中的，孔子把"不复梦见周公"看作自己衰老的标志。西周社会能够长治久安，得益于有封建制、宗法制、礼乐制、井田制等一整套完备的制度为保证。封建制度是自上而下由天子、诸侯、卿大夫、士构成的贵族等级制，宗法制是按血缘关系组织起来的家族制度，规定从天子到士各级贵族的名位只能由嫡长子继承。周公制礼作乐，礼是维护统治者等级制度的政治准则、道德规范和各项典章制度的总称，包括吉礼、凶礼、军礼、宾礼、嘉礼等，以区分贵贱、尊卑、长幼。乐是配合各贵族进行礼仪活动而制作的舞乐，其规模须同享有者的等级保持一致。

孔子希望自己所处的社会也能够像西周那样，实现等级之间和谐有序的理想社会。齐景公问政于孔子，孔子回答说："君君，臣臣，父父，子子。"② 孔子是有感于当时社会出现的越来越多的"君不君"、"臣不臣"、"父不父"、"子不子"的僭越行为，期望做君主的要像个君主的样子，做臣子的要像个臣子的样子，做父亲的要像个父亲的样子，做儿子的要像个儿子的样子。孔子强调臣下对于君王的敬畏与忠诚，对类似季氏"八佾舞于庭"③ 那样的僭越行为表示无法容忍。对于当时已经是有名无实的周天子，孔子在《春秋》中也极力维护其绝对权威，因为正月是周天子确定下来的，所以在写到"正月"的时候写作"王正月"，以表明"大一统"的天下格局。《论语·乡党》记载了孔子在君王面前的言行举止，正是其对君王的敬畏感与忠诚感的生动体现：

君召使摈，色勃如也，足躩如也。揖所与立，左右手，衣前后，襜如也。趋进，翼如也。宾退，必复命，曰："宾不顾矣。"

入公门，鞠躬如也，如不容。立不中门，行不履阈。过位，色勃如也，足躩如也，其言似不足者。摄齐升堂，鞠躬如也，屏气似不息者。出，降一等，逞颜色，怡怡如也。没阶趋，翼如也，复其位，踧踖如也。执圭，鞠躬如也，如不胜。上如揖，下如授，勃如战色，足缩缩，如有循。享礼，有容色。私觌，愉愉如也。

与此同时，在孔子看来，在维护等级的严格性的前提下，等级之间的关系不是冰冷的、机械的、严酷的，而是充满理性与温情的，这样的话，整个社会也才能够达到和谐。《论语》记载，定公问："君使臣，臣事君，如之何？"孔

① 《论语·述而》
② 《论语·颜渊》
③ 《论语·八佾》

子对曰："君使臣以礼，臣事君以忠。"① 即君臣关系不仅仅是臣子对于君王的绝对服从，对君王也有礼制的约束。潜在的意思是说，如果君王恣意妄为，对臣下有很多非礼的要求和举动，会影响到臣下对于君王的忠诚。孟子对此讲得非常清楚："君之视臣如手足，则臣视君如腹心；君之视臣如犬马，则臣视君如国人；君之视臣如土芥，则臣视君如寇仇。"②

孔子在与几位弟子"各言其志"的对话中，非常清楚地道出了自己的社会理想：

《论语·公治长》记载：

颜渊季路侍，子曰："盍各言尔志？"子路曰："愿车马，衣轻裘，与朋友共，敝之而无憾。"颜渊曰："愿无伐善，无施劳。"子路曰："愿闻子之志。"子曰："老者安之，朋友信之，少者怀之。"

这样的社会，用《论语·子路》中孔子回答叶公的话说，就是"近者说，远者来"的社会，"近者说"，即这是一个其乐融融的和谐社会，民众的幸福指数很高；"远者来"，即国家的吸引力很强，距离和谐世界也为期不远。

孔子主张君子要通过"修己以敬"，进而达到"修己以安人"，最终期望"修己以安百姓"。③ 孔子主张在司法实践中尽可能地少用刑罚，而是以道德感化的治理方式来促进社会和谐的实现。他说："听讼，吾犹人也，必也使无讼乎。"④ 这就是说，孔子处理社会中的诉讼纠纷，追求的是人们之间的纠纷越来越少，那样的话，就表明社会更加安定和谐。"善人为邦百年，亦可以胜残去杀矣。诚哉，是言也。"⑤ 孔子在此主张"善人为邦"，以德治国，坚持下去就可以消除暴行，也就用不着动用死刑了。

孔子对于理想社会的构想中，和平的地位是非常突出的。应当明白的是，孔子在战争和军事的问题上，坚持的是务实的态度。"子之所慎：齐，战，疾。"⑥ 即对待战争应该像对待祭祀、疾病一样，都要特别慎重。孔子注重备战，他说："善人教民七年，亦可以即戎矣。"⑦ "以不教民战，是谓弃之。"⑧

① 《论语·八佾》
② 《孟子·离娄下》
③ 《论语·宪问》
④ 《论语·雍也》
⑤ 《论语·子路》
⑥ 《论语·述而》
⑦ 《论语·子路》
⑧ 《论语·子路》

即国家必须对民众进行军事训练，以应对战争的需要。

《论语·颜渊》记载：

子贡问政，子曰："足食，足兵，民信之矣。"子贡曰："必不得已而去，于斯三者何先？"曰："去兵。"子贡曰："必不得已而去，于斯二者何先？"曰："去食。自古皆有死，民无信不立。"

孔子主张"去兵"，追求天下太平，但并非迂腐的和平主义者，他深刻地认识到，在残酷的现实战争环境中，国家为了保卫自身的安全，为了求得和平，必须拥有足够的军事力量，不能像老子所主张的那样，"有什伯之器而不用"①，"虽有舟舆，无所乘之；虽有甲兵，无所陈之"②。孔子在此回答的"去兵"是有前提的，即承认"足兵"对于一个国家有重要意义，充足的粮食、强壮的兵马、民众的诚信，这三者对于一个国家来说都是很重要的；在这个前提下，如果一定要在这三者中舍弃一个的话，孔子说首先"去兵"。实际上，"去兵"也是不可能的，而"足兵"又不是为了穷兵黩武。从孔子"足兵"与"去兵"的复杂心态中，可以看出他对和平所寄托的深切的希望。

卫灵公问孔子关于军队部署的事情，孔子说："俎豆之事，则尝闻之矣。军旅之事，未之学也。"③ 即礼仪的事情我懂得一些，而军旅知识我没有学过。其实，孔子不是不懂，而是不愿谈论军事。

《论语·季氏》中记载着孔子对于冉有、子路的批评，希望这两个弟子能够制止季氏将要对颛臾的军事进攻，并谈出了他对于理想社会的构想：

季氏将伐颛臾，冉有季路见于孔子曰："季氏将有事于颛臾。"孔子曰："求，无乃尔是过与？夫颛臾，昔者先王以为东蒙主，且在邦域之中矣，是社稷之臣也，何以伐为？"冉有曰："夫子欲之，吾二臣者，皆不欲也。"孔子曰："求，周任有言曰：陈力就列，不能者止。危而不持，颠而不扶，则将焉用彼相矣。且尔言过矣。虎兕出于柙，龟玉毁于椟中，是谁之过与？"冉有曰："今夫颛臾，固而近于费，今不取，后世必为子孙忧。"孔子曰："求，君子疾夫舍曰欲之，而必为之辞。丘也闻有国有家者，不患寡而患不均，不患贫而患不安，盖均无贫，和无寡，安无倾。夫如是，故远人不服，则修文德以来之。既来之，则安之。今由与求也，相夫子，远人不服而不能来也，邦分崩离

---

① 《道德经》

② 《道德经》

③ 《论语·卫灵公》

析而不能守也，而谋动干戈于邦内，吾恐季孙之忧，不在颛臾，而在萧墙之内也。"

孔子是坚决反对不正义的战争的，他认为季氏对颛臾的进攻是不正当的，希望冉有、季路等弟子能够力挽狂澜，而不能为虎作伥，听任不良事态的发展。孔子同时阐述了关于理想社会的思想，即"丘也闻有国有家者，不患寡而患不均，不患贫而患不安，盖均无贫，和无寡，安无倾。夫如是，故远人不服，则修文德以来之。既来之，则安之"。他强调的是财产上的平均、关系上的和谐、秩序上的安定，武力的征伐应让位于文德的修养。

2. 奥林匹克运动的和平理想

《奥林匹克宪章》规定："奥林匹克的宗旨是使体育运动为人的和谐发展服务，以促进建立一个维护人的尊严的和平社会。为达到这一目的，奥林匹克运动独自或与其他组织合作，在其职能范围内从事促进和平的活动。"①

从奥林匹克运动建立美好世界的着力点来看，其致力于世界和平的努力最为突出。《奥林匹克宪章》指出："奥林匹克运动的宗旨是，通过开展没有任何形式的歧视并按照奥林匹克精神——以互相理解、友谊、团结和公平对待精神的体育活动来教育青年，从而为建立一个和平而更美好的世界作出贡献。"② 正如奥运史专家艾伦·哥特曼（Allen Guttmann）所指出的，"奥林匹克圣歌是和平的国际主义的另一种表达。"③ 现代奥运以竞技体育为沟通媒介，在不同民族、不同文化间搭起一座友谊的桥梁，以此促进世界的和平进步，减少战争对人类文明的威胁。

现代奥林匹克运动的和平宗旨是对于古代奥运会"和平休战"传统的继承。古希腊城邦间战争不断，人民饱受其苦，渴望和平安宁的生活。古希腊人借助于奥林匹克竞技赛会的形式，以众神之王宙斯的名义宣布休战。当时联合城邦的公告规定，在"神圣休战"期间，必须停止一切内外战争，任何人不能动用武器并严禁把武器带入奥林匹亚圣区；所有的道路一律畅通，任人自由往来，不准侮辱和刁难前去参加盛会的人；任何人不准进行偷盗、抢劫、卖淫

① 国际奥林匹克委员会《奥林匹克宪章》，北京：奥林匹克出版社，2001 年 2 月第 4 版，第 8 页。

② 国际奥林匹克委员会《奥林匹克宪章》，北京：奥林匹克出版社，2001 年 2 月第 4 版，第 9 页。

③ Allen Guttmann, *The Olympics: A History of the Modern Games*. Urbana and Chicago: University of Illinois Press, 2002, p. 2.

等不道德的行为；各城邦的教练员、运动员要做好参加赛会的准备工作，并按期到达训练和竞赛场地。古希腊人认为凡是在休战期间参加奥运会的人，都将受到神的保护，是最为幸福的人。休战期间开始为一个月，后延长三个月。据修昔底德记载，公元前420年7月，在第90届奥林匹亚赛会期间，斯巴达一支约1000人的军队开入离伊利斯不远的列普累安，企图攻打菲尔卡斯要塞，因而受到各城邦的强烈谴责。斯巴达被剥夺了参加奥运会的权利，每个斯巴达士兵也被处以两个弥那的罚金。"神圣休战"传统在古希腊持续了1000多年，它的具体实施效果至今我们已无法确切考证，但不可否认，"神圣休战"在一定程度上帮助古希腊人摆脱了长年混战的困扰，体现了古希腊人追求和平的美好意愿，并对现代奥运会和国际社会产生了深远影响。

奥林匹克运动的和平主张是表现在国际体育领域的和平主义。和平主义是指反对一切战争，主张通过宣传和教育，在各民族、国家之间消灭战争和建立持久和平的一种社会思潮。和平主义始于19世纪初的欧洲，随后和平主义运动在英、美得到发展。1815年在美国纽约成立了和平协会，1848年第一次和平主义者大会在比利时布鲁塞尔举行，此后又于1849年、1850年和1851年分别在巴黎、法兰克福和伦敦举行大会，并提出制止战争、裁减军备、组织国际法庭解决国际争端等要求。1867年法国作家V. 雨果和意大利民族运动领袖G. 加里坡第等人在日内瓦成立和平和自由同盟。第一次世界大战时期的社会和平主义者提出"废除武装"、"国内和平"等口号，目的是使人民群众放弃革命手段，因而受到列宁的批判。第二次世界大战中，许多和平主义者参加了反法西斯运动。战后的一些和平主义者积极参加世界人民保卫和平的运动，反对超级大国的核军备竞赛与新的战争威胁，成为和平运动中的一支重要力量。和平主义者没有看到战争的社会根源，不去分析和区别战争的性质，只是从良好的愿望出发，谴责战争的破坏性和非道德性，认为通过宣传和说教，或建立国际法庭进行调解，就能消除战争。

奥林匹克运动是一个世界性的运动，着眼于整个世界的和平与和谐。这里有这样四个层次的和谐目标：第一个层次的和谐是每个人个体意义上的和谐，即追求身体与精神之间的和谐，实现身心和谐的目标；第二个层次的和谐是人与人之间的和谐，希望人与人之间能够达到相互理解，消除歧视，相互尊重，团结在一起，建立友好的关系，促进相互交流；第三个层次的和谐是国家与国家之间的和谐，希望奥林匹克运动能够成为世界和平的促进力量，制止战争，实现奥林匹克的和平理想；第四个层次的和谐是人与自然之间的和谐，希望人们关爱自然，尊重自然，保护自然，促进环境的不断改善。如果四个层次的和谐努力持续不断地推行下去，就会有身心和谐的人，有充满友爱的人际关系，有和平安宁的世界，有充满生机的自然环境，这就是奥林匹克运动追求的理想世界。

顾拜旦创立现代奥运的动机之一就是将全世界的青年人召唤到运动场上竞争，而不是到战场上拼杀，培养"彬彬有礼的公平对待的精神，以避免大国沙文主义的展示"①。他希望奥林匹克运动能成为一种维护世界和平的力量。他于 1892 年 11 月 25 日在法国体育运动协会联合会第 5 次年会上希望体育运动对和平作出更大的贡献，他说："当有些人和你们谈到战争的消亡时，你们把他们视为乌托邦主义者，你们这样做并不完全是错误的，但是当有人相信战争的可能性将逐渐减少时，我并不将此看成乌托邦。这是显而易见的：电报、铁路、电话、深入的科学研究、会议、展览等等，远比各种外交条约和协议对和平的贡献更大。而体育运动则会做出还要大的贡献。"② 他接着说："让我们输送赛艇手、赛跑运动员和击剑的运动员；这是未来的自由贸易，而且某一天当它被引进古老欧洲的城墙内的时候，和平的事业将会获得新的强大的支柱。"③ 在 1894 年"国际体育教育代表大会"，即首届奥林匹克代表大会上，顾拜旦对即将兴起的现代奥林匹克运动的和平意义寄以很高的希望，他说："在适应现代生活需要的条件下的奥林匹克运动会将使世界各国代表每 4 年一次相聚一起，而且可以认为，他们和平的、勇武的竞赛将会构成最好的国际主义。"④ 1894 年 11 月 16 日，在雅典帕纳萨斯俱乐部的演说中，顾拜旦指出："这种相聚将逐步克服人们对关系到他们所有人的事务的无知，一种煽动仇恨、积累误解和对抗，沿着野蛮小径走向残酷冲突的无知。"⑤

第一届奥运会成功举办后，顾拜旦就坚定地认为奥林匹克不是一次性的国

---

① F. M. . Messerli, Impressions and What We Learned From Them. . *Bulletin du CIO*, 36, 15 November 1952, p. 15.

② 国际皮埃尔·德·顾拜旦委员会编《奥林匹克主义——顾拜旦文选》，刘汉全、邹丽等译，北京：人民体育出版社，2008 年 8 月第 1 版，第 34 页。

③ ［法国］皮埃尔·德·顾拜旦著《奥林匹克理想——顾拜旦文选》，詹汝琮等译，北京：奥林匹克出版社，1993 年 9 月第 1 版，第 1 页。

④ ［法国］皮埃尔·德·顾拜旦著《奥林匹克理想——顾拜旦文选》，詹汝琮等译，北京：奥林匹克出版社，1993 年 9 月第 1 版，第 3 页。

⑤ ［法国］皮埃尔·德·顾拜旦著《奥林匹克理想——顾拜旦文选》，詹汝琮等译，北京：奥林匹克出版社，1993 年 9 月第 1 版，第 12 页。

家节日，而是持续性的国际活动，他不只一次地表达出一个宏大的奥林匹克之梦："只有到消除了种族隔离偏见的时候，我们才会有和平。在实现这一目标的方式中，有什么能比定期将不同国家的青年人召集在一起，进行友善的肌肉力量与敏捷性测验更合适呢?"① 他说："让全世界人民相互热爱的想法是天真幼稚的，但是让人民相互尊重却并非乌托邦的幻想，为了相互尊重，人民首先需要相互了解。"② 他将人类和平的希望寄托于体育，认为可以通过开展体育比赛而造就好的个人，好的个人才能构成一个好的世界，好的世界才不会有战争。

第一次世界大战扼杀了 1916 年本应于柏林举办的奥运会，顾拜旦沉痛而愤恨地声讨道："德意志帝国宁可高擎沾满血腥的十字架，挑起一场可怕的战争，用残酷的战争岁月来标记那原本用以服务于青年、敬拜和平的日子。"③ 经历了战争苦难、目睹了战争血腥的顾拜旦并没有丧失对和平的希望，他认为和平是人类的根本利益，没有和平就没有持久的战后重建，他相信体育必将捍卫人类和平。1935 年顾拜旦发表题为《现代奥林匹克主义的哲学基础》的演讲，他说："人类不是天使，我想人类也不太可能使它的大部分变成天使。但是真正强大的人类是这样的：以其坚强的意志约束自我，并能够让集体暂停争权夺利的斗争，无论这种斗争是多么合法。我个人非常支持处于战争状态的敌对力量能够为举办光明磊落和以礼相待的肌体的运动会而暂时地停止作战。"④ 在第二次世界大战来临之前，已是风烛残年的顾拜旦希望现代人也像古希腊人那样借奥运会来实现和平休战，虽然已经不是那么的乐观，但仍然对人类和平寄予美好的期待。

顾拜旦在《体育颂》中深情地赞美道："啊，体育，你就是和平! 你在各民族间建立愉快的联系。你在有节制、有组织、有技艺的体力的较量中产生，使全世界的青年学会相互尊重和学习，使不同民族特质成为高尚、和平竞赛的动力。"⑤ 1894 年 11 月 16 日在帕纳萨斯俱乐部的演说中赞美道："这是一项

① Theodore Knight, *The Olympic Games.* Lucent Books, Inc. 1991, p. 37.
② 韩志芳著《点燃圣火——现代奥运之父顾拜旦》，成都：四川文艺出版社，2002 年 1 月第 1 版，第 112 页。
③ 国际皮埃尔·德·顾拜旦委员会编《奥林匹克主义——顾拜旦文选》，刘汉全、邹丽等译，北京：人民体育出版社，2008 年 8 月第 1 版，第 160 页。
④ 国际皮埃尔·德·顾拜旦委员会编《奥林匹克主义——顾拜旦文选》，刘汉全、邹丽等译，北京：人民体育出版社，2008 年 8 月第 1 版，第 240 页。
⑤ 谢亚龙主编《奥林匹克研究》，北京：北京体育大学出版社，1994 年 2 月第 1 版，第 62 页。

从人类内心处涌出的对和平和兄弟之情的巨大需要所产生的活动。和平已经成为一种宗教信仰,它的圣坛由数目不断增多的忠实信徒在维护。"① 顾拜旦的《体育颂》以法国人名"霍罗德"和德国人名"艾歇巴赫"为笔名发表,这里蕴含了深远的寓意,他想以此告诉人们,既然法国和德国这两个积怨很深的国家也能团结在奥运五环旗下,那么,全世界各个国家和民族的人们就没有理由不和睦相处,所有的人们都应携起手来,为建立和平美好的世界而努力。

现代奥林匹克运动创立之后,国际奥委会继承了古代奥运会的"神圣休战"精神,希望以奥运会这一和平与友谊的聚会来制止战争的爆发。1896 年 4 月 6 日,雅典奥运会开幕式上,依照古代奥运会的仪式点燃了奥林匹克圣火,演奏了奥林匹克会歌《萨马拉斯颂歌》,并放飞了象征和平与纯洁的白鸽;雅典奥运会会徽的中心图案是手执橄榄花冠的雅典女神;运动员得到的奖品中有生长于奥林匹亚神圣区域的橄榄枝,等等,这些具有浓厚象征意味的仪式确立了现代奥运和平主义的不朽基调。

1912 年,为了制止德国发动侵略战争,国际奥委会不惜让布达佩斯、亚历山大等申办城市落选,选定柏林作为第 6 届奥运会会址,希望德国将精力用于筹办奥运会,而不是放到准备战争上,以奥林匹克运动这一和平的力量来反对战争,可谓是用心良苦。结果却是德国军国主义者抛弃赛场而选择战场,于 1914 年发动第一次世界大战,1916 年的奥运会因此而夭折。同样,顾拜旦支持德国举办 1936 年奥运会也是出于和平的良好愿望,同样是事与愿违,希特勒纳粹主义的气氛笼罩了奥运会的整个过程,两年之后,人类历史上最大的劫难——第二次世界大战爆发。

曾任联合国秘书长的科菲·安南指出:"为了推动世界和平,除了官方的外交手段外,还存在一些并非传统的方式,体育运动就是其中之一。这种个人或集体的竞赛形式,向我们展示了长久以来它在各种不同的国家、政治、民族和文化中非凡的融合能力。简言之,体育是一种达到互相理解的工具,一种极富教育性并面向全世界的工具,一种与歧视和暴力斗争的威力强大的武器……联合国为能够和奥林匹克运动一起实现如此高尚的目标感到庆幸。"②

1992 年 7 月 21 日,国际奥委会在巴塞罗那召开第 99 次全会,决定以古希

---

① [法国] 皮埃尔·德·顾拜旦著《奥林匹克理想——顾拜旦文选》,詹汝琮等译,北京:奥林匹克出版社,1993 年 9 月第 1 版,第 11~12 页。
② [西班牙] 胡安·安东尼奥·萨马兰奇著《奥林匹克回忆》,孟宪臣译,北京:世界知识出版社,2003 年 7 月第 1 版,第 40 页。

腊为榜样，向国际社会呼吁在奥运会期间实行"奥林匹克休战"。各奥运项目的国际单项体育联合会、184 个国家奥委会支持并参与了此项活动。1993 年，国际奥委会向联合国提交了"奥林匹克休战议案"。在当时的联合国秘书长加利的支持下，1993 年 10 月 25 日，出席联合国第 48 次大会的 121 个国家一致通过了该项提案，要求联合国各成员国在每届奥运会闭幕前后各一周期间，根据协议要求遵守"奥林匹克休战"，并确定将国际奥委会成立 100 周年的 1994 年作为"体育与奥林匹克理想年"。1994 年第 17 届冬季奥运会开幕前夕，国际奥委会一再呼吁波黑内战各方放下武器，实行"神圣休战"。1995 年联合国 50 周年决议指出，"通过体育与奥林匹克理想，为建设一个和平的更加美好的世界做贡献"。1999 年联合国通过名为《通过体育运动和奥林匹克精神建设一个更加美好的和平世界》的奥林匹克休战提案。国际奥委会前任主席萨马兰奇很欣慰地回忆说："在我任期的 21 年里，我一直以体育运动造福于全人类这一理想为己任。正如外交上提倡的：致力于建设一个更加美好的世界。"①

3. 儒学和平精神与奥运和平理想

孔子儒学的和平主张不仅是中国文化的宝贵财富，也是世界文化的重要资源，奥林匹克运动可以从中汲取丰富的精神营养。

和平对于人类具有最为重要的价值，因为战争是人类的最大不幸，战争给人类带来了最悲惨的命运和最深重的苦难。追求和平是人类的永恒理想，联合国前秘书长德奎利亚尔 1988 年在授予联合国维和部队诺贝尔和平奖时发表的演说中指出："和平，这个词激起了人类最朴质、最珍视的梦想。和平是而且总是人类顶点的渴望。"②《世界宗教议会宣言》的第一项内容就是反对杀戮，"我们决心致力于一种非暴力、主敬、正义与和平的文化。我们要放弃以暴力作为解决分歧的手段，决不压迫、伤害、折磨或杀害其他人。"③

现代奥林匹克运动希望能够制止战争，然而，奥运不仅没有制止战争，反倒是战争已经扼杀了三届奥运会，分别是 1916 年第 6 届奥运会、1940 年第 12 届奥运会和 1944 年第 13 届奥运会。冷战时代不断发生的抵制事件也使得奥运

① ［西班牙］胡安·安东尼奥·萨马兰奇著《奥林匹克回忆》，孟宪臣译，北京：世界知识出版社，2003 年 7 月第 1 版，第 40 页。

② ［秘鲁］佩雷斯·德奎利亚尔《纪念诺贝尔演说》，《诺贝尔奖获奖者演说文集（和平奖）》，王毅译，上海：上海人民出版社，2000 年版，第 467 页。

③ ［德国］孔汉斯，库舍尔著《全球伦理——世界宗教议会宣言》，何光沪译，成都：四川人民出版社，1997 年版，第 6 页。

会元气大伤，恐怖主义活动对奥林匹克运动也造成很大威胁。有人认为包括奥运会在内的体育比赛的和平意义是有限的，"用具有国际主义的奥林匹克运动来承担拯救世界的使命是不合适的"，①"奥林匹克理想主义者们正在期望着一种不可能出现的情况，期望这样一个体育比赛能够取得目前为止国际政治所不能达到的成果——世界和平。"② 应该说，尽管奥林匹克运动本身无法实现世界和平的宗旨，距离它的和谐目标还很遥远，但是，奥林匹克运动已经成为世界和平运动的重要组成部分，是和谐世界的重要促进力量。北京奥运会的举办有助于实现中国文化的和平精神与奥林匹克运动的和平理想的结合，赋予奥林匹克运动更新的和平精神与更大的和平力量，有助于奥林匹克运动和平目标的实现。

《尚书·尧典》在赞颂古代君王的德行时说："尧明俊德，以亲九族；九族既睦，平素百姓；百姓昭昭，协和万邦。"这就是说，圣王要通过道德教化以实现"协和万邦"、"治国平天下"的社会理想。儒家追求协和万邦、天下大同的理想境界，体现出中国文化宽广博大的包容性。国家与国家、民族与民族、文化与文化、人与人之间应该相互尊重，相互学习，互通有无，共同发展，这样才会最终建立一个和谐世界。中华民族素有热爱和平、不尚武力、与其他民族友好相处的传统。在我国历史上，为了与兄弟民族以及邻国友好相处，在不损害民族尊严与国家利益的前提下，常常实行"和议"、"和解"、"和戎"、"和亲"等政策，建立"和约"、"和盟"等，昭君出塞、文成公主入藏等就是这种政策与精神的体现。西方至今仍然受"冷战思维"的影响，美国学者萨谬尔·亨廷顿提出的"文明冲突论"明确提出以美国、西欧为代表的基督教文明将长期处于与伊斯兰文明、儒家文明的冲突对抗之中。一个国家如果总是靠打击威胁自己的假想的敌人来维持自己的霸主地位，那么，它的霸主地位是不可能长久的。

北京是中国的文化中心，北京文化中蕴含极为丰富的和谐资源，是中国文化和平精神的卓越体现。人际交往中强调一团和气，以和为贵；家庭邻里关系注重和谐观念，"家和万事兴"，崇尚四世同堂，一大家子人和和美美，街坊邻居和睦相处；做生意讲"和气生财"，北京老字号里带"和"字的很常见，

---

① ［澳大利亚］K. 吐依，A. J. 维尔著《真实的奥运会》，朱振欢，王荷英译，北京：清华大学出版社，2004 年 11 月第 1 版，第 46 页。

② ［澳大利亚］K. 吐依，A. J. 维尔著《真实的奥运会》，朱振欢，王荷英译，北京：清华大学出版社，2004 年 11 月第 1 版，第 46 页。

如"永和号"、"泰和号"、"义和号"、"天和号"等；皇家建筑文化，故宫三大殿分别是"太和殿"、"中和殿"、"保和殿"，皇家园林叫"颐和园"，园内最大的戏园叫"德和园"，园内最大的游船叫"太和号"。历史上北京城各种宗教并存，佛教、基督教、天主教、伊斯兰教等和平相处。北京奥运会把中国文化的和谐精神赋予奥林匹克运动，为奥林匹克运动的和平追求作出了独特的贡献。

三、理想秩序的维系

建立和维护必要的规则、制度，是改良社会、使和谐的社会秩序得以维系的保证。孔子认为，良好社会秩序的维系，主要依靠的不是政令和刑罚，而是道德和礼制。奥林匹克运动注重从规则、礼仪入手，希望人们对于赛场竞争规则的尊重和基于相互尊重的礼仪能够推广到整个社会、整个世界中去，以此促进一个美好世界的建立。

1. "导之以德，齐之以礼"

在孔子看来，提升人的道德、引导人们遵守礼仪，这是改良社会的根本。子曰："导之以政，齐之以刑，民免而无耻。导之以德，齐之以礼，有耻且格。"[1] 这就是说，一个国家如果以政令来管理，以刑罚来规范秩序，民众就会只想着如何免于受到刑罚，内心并没有耻辱感；如果以道德来引导，以礼制来规范社会，民众就有了羞耻感，就会认同和归依。

理想的社会秩序的获得离不开道德，离不开作为"仁之根本"的"孝悌"。有子曰："其为人也孝悌而好犯上者，鲜矣。不好犯上而好作乱者，未之有也。君子务本，本立而道生。孝悌也者，其为仁之本与?"[2] 道德的遵守离不开为政者的引导和垂范，子曰："为政以德，譬如北辰，居其所，而众星共之。"[3] 即孔子要求为官者必须"为政以德"，这样才能得到百姓的拥护。

但是，具有崇高的道德品质，依据道德准则做事，这并不是一件容易的事情，孔子感慨"知德者鲜矣"[4]，他说："吾未见好德如好色者也。"[5] 孔子感

---

① 《论语·为政》
② 《论语·学而》
③ 《论语·为政》
④ 《论语·卫灵公》
⑤ 《论语·子罕》

慨这个世道真是不行了，能够像"好色"那样"好德"的人，他还没有看到。当然，改造人是很困难的，道德的提升也是很困难的，绝非一朝一夕就可以奏效。他说："如有王者，必世而后仁。"① 意思是说，如果有圣王兴起，也一定要三十年后才能使人都有仁心。

在孔子看来，德行优先于知识，做一个有道德的人比做一个有知识的人更为重要、更为根本。孔子说："弟子入则孝，出则悌，谨而信，泛爱众而亲仁，行有余力，则以学文。"② 子夏这样说："贤贤易色，事父母，能竭其力。事君，能致其身。与朋友交，言而有信。虽曰未学，吾必谓之学矣。"③

道德的提升要体现在对于礼制的遵守上。关于礼的意义，孔子认为："丘闻之，民之所由生，礼为大。非礼。无以节事天地之神也；非礼，无以辨君臣上下长幼之位也；非礼，无以别男女父子兄弟之亲，婚姻疏数之交也。"④ 孔子提出"导之以德，齐之以礼"这一主张的背景，是当时社会现实中出现的天下无道、礼坏乐崩的局面。仪封人感慨道："天下无道也久矣，天将以夫子为木铎。"⑤ 孔子说："天下有道，则礼乐征伐自天子出；天下无道，则礼乐征伐自诸侯出。自诸侯出，盖十世希不失矣。自大夫出，五世希不失矣。陪臣执国命，三世希不失矣。天下有道，则政不在大夫。天下有道，则庶人不议。"⑥ 孔子所说的"天下有道"指的是尧、舜、禹、汤和西周的时代，"礼乐征伐自天子出"；自齐桓公称霸之后，周天子就失去了发号施令的权威，由此江河日下，"礼乐征伐自诸侯出"，"自大夫出"，甚至"陪臣执国命"。

对于违背礼制的行为，孔子觉得难以容忍，并提出尖锐的批评。孔子这样评论季氏："八佾舞于庭，是可忍也，孰不可忍也！"⑦ 当时舞蹈奏乐，八个人为一行，即为一佾；八佾即为八行，只有天子才配享用。季氏在自家的庭院表演天子享用的舞蹈仪式，孔子便抨击说"是可忍孰不可忍也"。《论语》记载，当时控制鲁国的三大家族为孟孙氏、季孙氏、叔孙氏，他们在祭祀礼仪结束时，用雍诗来歌唱，而雍诗是天子祭祀时所唱的曲子。子曰："相维辟公，天

---

① 《论语·子路》
② 《论语·学而》
③ 《论语·学而》
④ 《礼记·哀公问》
⑤ 《论语·八佾》
⑥ 《论语·季氏》
⑦ 《论语·八佾》

子穆穆。奚取于三家之堂！"① 即这样的曲子怎么能够出现在三大家族的庙堂上呢？

正因为此，孔子特别强调对于礼制的遵守。他说："能以礼让为国乎，何有。不能以礼让为国，如礼何？"② 如果能用礼制和谦让来治理国家，就不会出什么问题，否则的话，要那礼制干什么呢？《论语》记载，颜渊问仁，孔子回答说："克己复礼为仁。一日克己复礼，天下归仁焉。为仁由己，而由人乎哉？"③ 颜渊问具体如何体现"克己复礼"，孔子说："非礼勿视，非礼勿听，非礼勿言，非礼勿动。"④ 《论语》记载，子贡欲去告朔之饩羊。子曰："赐也，尔爱其羊，我爱其礼。"⑤ 即子贡想免掉每月初一祭祀时要宰杀的羊，孔子说："你爱惜那只羊，我担心那个礼。"

在孔子看来，礼仪不是单纯的形式、装饰、文饰，其本身具有一定的神圣意义，不是可有可无的。他说："恭而无礼则劳，慎而无礼则葸，勇而无礼则乱，直而无礼则绞。"⑥ 意思是说，恭敬而不懂礼会疲劳，谨慎而不懂礼会懦弱，勇敢而不懂礼会动乱，直率而不懂礼会伤人。正因为此，有子曰："礼之用，和为贵。先王之道斯为美。小大由之，有所不行。知和而和，不以礼节之，亦不可行也。"⑦

孔子本人就是礼制的忠实践行者。《论语·乡党》对孔子所遵循的礼制有比较多的记述，这里选取其中较为典型的一部分，转录如下：

孔子于乡党，恂恂如也，似不能言者。其在宗庙朝廷，便便言。唯谨尔。朝，与下大夫言，侃侃如也，与上大夫言，訚訚如也。君子，椒错如也，与与如也。（《论语·乡党第一》）

君子不以绀緅饰，红紫不以为亵服。当暑，袗絺绤，必表而出之。缁衣羔裘，素衣麑裘，黄衣狐裘。亵裘长，短右袂。必有寝衣，长一身有半。狐貉之厚以居。去丧无所不佩。非帷裳，必杀之。羔裘玄冠不以吊。吉月，必朝服而朝。（《论语·乡党第四》）

齐，必有明衣。齐必变食，居必迁坐。（《论语·乡党第五》）

---

① 《论语·八佾》
② 《论语·里仁》
③ 《论语·颜渊》
④ 《论语·颜渊》
⑤ 《论语·八佾》
⑥ 《论语·泰伯》
⑦ 《论语·学而》

食不厌精，脍不厌细。食饐而谒，鱼馁而肉败，不食。色恶，不食。失饪，不食。不时，不食。割不正，不食。不得其酱，不食。肉虽多，不使胜食气。惟酒无量，不及乱。沽酒市脯不食。不撤姜食。不多食。祭于公，不宿肉。祭肉，不出三日，出三日，不食之矣。食不语，寝不言。虽疏食菜羹瓜祭，必齐如也。席不正，不坐。（《论语·乡党第六》）

乡人饮酒，杖者出，斯出矣。乡人傩，朝服而立于阼阶。（《论语·乡党第七》）

君赐食，必正席先尝之。君赐腥，必熟而荐之。君赐生，必畜之。伺食于君，君祭，先饭。疾，君视之，东首，加朝服拖绅。君命召，不俟驾行矣。（《论语·乡党第十》）

寝不尸，居不容。（《论语·乡党第十三》）

见齐衰者，虽狎必变。见冕者与瞽者，虽亵必以貌。凶服者式之，式负版者。有盛馔，必变色而作。迅雷风烈，必变。（《论语·乡党第十四》）

升车，必正立执绥。车中，不内顾，不疾言，不亲指。（《论语·乡党第十五》）

2. 从射礼看中国传统礼仪

中国作为"礼仪之邦"，礼仪文化渗透于社会生活的各个领域，是管理国家和调控社会的主要手段。关于中国传统中的礼治与法治的关系，葛晨虹教授认为，"'礼治'不在于没有法治，而在于它所动用的法的手段里也充满了礼义道德内涵。这种礼义道德内涵和法的形式的结合体一般称作'礼法'，也可以称作'伦理法'。"① 这种礼义与法律结合的"伦理法"自然也体现于中国体育文化之中，礼仪文化与体育活动的结合赋予中国体育文化非常丰富的内涵，使体育活动与整个社会生活的结合更为紧密，对人们的影响更为深刻。

《礼记·曲礼》上说："道德仁义，非礼不成；教训正俗，非礼不备；分争辨讼，非礼不决；君臣上下，父子兄弟，非礼不定；宦学事师，非礼不亲；班朝治军，莅官行法，非礼威严不行；祷祠祭祀，供给鬼神，非礼不诚不庄。是以君子恭敬撙节退让以明礼。"② 《礼记·礼运》谈到礼仪对人生修养的重要意义时说："夫礼必本于天……其居人也，曰养，其行之以货力，辞礼，饮食，冠婚，丧祭，射御，朝聘。故礼义也者，人之大端也，所以讲信修睦，而

---

① 葛晨虹著《中国特色的伦理文化》，郑州：河南人民出版社，2003年8月第1版，第91页。
② 《礼记》

固人以肌肤之会，筋骨之束也……四体既正，肤革充盈，人之肥也。"① 这就是说，礼义本源于天，是人生的根本，遵守礼义能够使人身心和谐，强健身体，开启智慧，陶冶情操，培育道德。

射箭为孔子所擅长，它是"六艺"中的军事体育教育科目。在中国传统体育中决不是单纯的技巧性活动，它还承载了伦理、政治、教育等多重意义，其多重价值正是靠系统完善的礼仪规范才能得以充分的实现。《礼记·射义》中说："故射者进退周旋必中礼。内志正，外体直，然后持弓失审固，然后可以言中。此可以观德行矣。"② "故事之尽礼乐而又可以立德行者，莫若射。"③

礼射按不同等级分为"大射"、"宾射"、"燕射"，所使用的弓、箭、箭靶、乐节都不同，体现了鲜明、严格的等级秩序。"大射"即周天子的大射之典，在举行盛大祭祀之前，行大射礼于射宫，以射来确定诸侯贡士中可以参加祭祀的人。参加者每人射四箭，并有专职人员在场主持："司裘"负责提供"三侯"，即虎侯、熊侯、豹侯，王自射用虎侯，诸侯射用熊侯，卿大夫射用豹侯；"司马"命"量人"丈量侯道距离，命"射人"掌射法、治射仪以及安排射箭的次序等；"乐正"命"乐人"演奏乐章；"大史"记下射者射中的矢数，安排下士一人和徒四人在侯侧观察中与不中；"司射"观察射者是否射中应射之侯，射中与身份不符的侯属于无效，此规定不适用于尊卑不同的两个人同为一组比赛的情况；"司常"负责供矢和取回已射出的矢、提供奖励给获胜者的旌旗等。

"宾射"是天子因诸侯来朝而与之同射的射礼，射于王庙，用三侯；侯加绘五彩，表示天子以文德接待远来客人之意。天子行宾射礼时也有诸臣专司其事，与行大射礼时的分工大致相同。诸侯、卿大夫也有宾射之礼，不同的是诸侯用"二侯"，即熊侯和豹侯，卿以下用"一侯"即豹侯。"燕射"是天子与群臣饮宴、娱乐时所举行的射礼，安排在诸侯朝拜天子前所等候的庭堂，即"路寝庭"举行，礼节与大射基本相同。"乡射"是合乎要求的乡人均可参加的射礼，分为两种，一种是三年一度的为乡学生完成学业、即将出仕而举行的射礼，由乡大夫为主人，乡中父老为宾客，其中最年长且知礼者为上宾，其余为众宾；另一种为每年春季和秋季举行的射礼，安排在州序举行。

---

① 《礼记》

② 《礼记》

③ 《礼记》

从各种射礼的仪式安排可以看出，我国早已将具有强烈的竞技性、军事性的射箭活动赋予了浓厚的文化内涵，形成了一整套复杂的体育仪式文化。

3. 奥运会的规则与礼仪秩序

奥林匹克运动希望自身的努力能够为建立一个和平美好的世界作出贡献，它对于秩序的诉求不仅体现在奥运会赛场的竞技规则和相关礼仪，还体现在对理想世界秩序的期待和实践。

奥运会的举办秩序主要是由奥运会比赛的竞技规则、奥运礼仪以及《奥林匹克宪章》的其他相关规定来维系的。"奥林匹克运动会"一词在英文中是"the Olympic Games"，"Games"一词最基本的意思是"游戏"，这就是说，竞技运动是"游戏"的一种类型，奥运会属于竞技运动，可以说，奥运会就是一个全世界的运动员每四年玩一次的"游戏"。游戏的属性之一就是规则性，荷兰的豪依金格被誉为"游戏论之父"，他认为一旦规则被破坏，游戏世界也就土崩瓦解了。

奥运会比赛的规则性很强，奥运会每个项目的规则是由各个国际单项体育联合会按照奥林匹克精神来制定和实施的。根据《奥林匹克宪章》的规定，国际单项体育联合会的权利和责任之一，是"制定本运动大项、分项和小项的技术规则，其中包括（但不限于）成绩标准，器材、设备、设施的技术规则，技术动作、套路或比赛的规则，技术犯规而取消资格的规则以及裁判和计时规则。"[1] 乒乓球被誉为中国的"国球"，乒乓球运动的基本规则为众人所熟悉。如每场比赛采取五局三胜制；在一局比赛中，先得11分的一方为胜方，10平后先多得2分的一方为胜方；发球员必须用手把球几乎垂直地向上抛起，不得使球旋转，并使球在离开不执拍手的手掌之后上升不少于16厘米；不得对球进行连击；双打时运动员击球次序不得发生错误，等等。

"无以规矩不能成方圆"，规则是必须被遵守的，如果违反规则，必须受到惩罚。在足球比赛中，如果球员严重违反规则，裁判员要对其出示黄牌或者红牌。出示黄牌的情况是：球员在比赛中违反体育道德，用语言和行为表示不满；连续犯规，故意延误比赛，擅自进出场地等。出示红牌的情况是，恶意的犯规或暴力行为，故意手球，辱骂他人，或者在同一场比赛中同一个人得到两张黄牌。

---

① 国际奥林匹克委员会《奥林匹克宪章》，北京：奥林匹克出版社，2001年2月第4版，第80页。

礼仪也是维系奥运会秩序和体现奥林匹克神圣精神的必要手段。1906 年顾拜旦在《奥林匹克誓言》一文中首次建议奥运会应该引入宣誓仪式，他说："古代体育运动员真正信奉的宗教，不在于到宙斯祭坛前庄严献祭，那不过是一种传统的姿态。真正的信仰，在于呈上一份忠诚无私的誓言，并不折不扣、持之以恒地去遵守。在一定程度上，运动员必须承认并实践这些美德以净化自身，才能获得参赛资格。只有这样，才能展现道德之美与体格文化的内在价值。"① 运动员宣誓是古代奥运会上的一种仪式，顾拜旦在此呼唤这一仪式的回归，类似于孔子"克己复礼"的主张。宣誓仪式不是可有可无的，他说："我们必须这样做，否则将不得不眼睁睁地看着现代体育因遭受堕落因素的侵蚀而发生质变，并且这一衰落会日趋明显，加速来临。"② 他认为如果恢复了比赛前的宣誓仪式，就"可以在现代体育界弘扬坦诚无私、忠贞不渝的精神，从而革新现代体育，并能把锻炼肌体的场馆，办成真正致力于完善道德水准的学堂"。③

1910 年顾拜旦在《现代奥林匹亚》一文的第六章专门谈论奥运会的仪式问题。顾拜旦认为奥运会的庆典仪式是奥运会与一系列世界锦标赛相区别的主要标志，因而是迫切需要规范的重大问题。"奥运会的仪式，既要庄严隆重，又需礼节礼仪，这与赐予它崇高称号的声望是分不开的。"④ "必须避免空洞乏味的仪式，必须严格把握好庆典的高雅品位和温和氛围。"⑤ 顾拜旦考察了古代奥运会上的仪式活动，如丰富多彩的队列、神庙前的宣誓、神灵前的献祭等，都与宗教有关，显示出威严、崇高与和谐。他主张"古为今用"，借鉴古希腊人的经验，用于提升现代奥运会的精神，使其体现出青春、力量与美。他主张"庆典仪式贵精不贵多"⑥，主要包括参赛运动员宣誓、奥运会开幕式、

① 国际皮埃尔·德·顾拜旦委员会编《奥林匹克主义——顾拜旦文选》，刘汉全、邹丽等译，北京：人民体育出版社，2008 年 8 月第 1 版，第 68 页。
② 国际皮埃尔·德·顾拜旦委员会编《奥林匹克主义——顾拜旦文选》，刘汉全、邹丽等译，北京：人民体育出版社，2008 年 8 月第 1 版，第 68 页。
③ 国际皮埃尔·德·顾拜旦委员会编《奥林匹克主义——顾拜旦文选》，刘汉全、邹丽等译，北京：人民体育出版社，2008 年 8 月第 1 版，第 68 页。
④ 国际皮埃尔·德·顾拜旦委员会编《奥林匹克主义——顾拜旦文选》，刘汉全、邹丽等译，北京：人民体育出版社，2008 年 8 月第 1 版，第 99 页。
⑤ 国际皮埃尔·德·顾拜旦委员会编《奥林匹克主义——顾拜旦文选》，刘汉全、邹丽等译，北京：人民体育出版社，2008 年 8 月第 1 版，第 99 页。
⑥ 国际皮埃尔·德·顾拜旦委员会编《奥林匹克主义——顾拜旦文选》，刘汉全、邹丽等译，北京：人民体育出版社，2008 年 8 月第 1 版，第 100 页。

颁奖典礼等。关于宣誓仪式，顾拜旦说："宣誓这项古代已采用的仪式，基本上可以原封不动地予以保留。在古奥运会开幕之前，获得参赛资格的运动员，都会前往宙斯神庙，并宣誓遵守奥运会的一切规则。他们立誓自己不会玷污比赛，可以问心无愧地站在赛场上。假如以各国国旗取代神像，让每个参赛国的运动员面向各自的国旗宣誓，仪式将显得更为庄严隆重。"①

奥运会上有一些重要的场合，如火炬的点燃与传递仪式、开幕式、闭幕式、授奖仪式等。就开幕式而言，必须依照国际奥委会通过的仪式举行，基本的礼仪包括：国际奥委会主席和奥运会组委会主席在体育场入口处迎接国家元首，然后两主席引导国家元首在官员席的包厢就座；参加者列队入场时，各代表团着正式制服，参加入场队列的人员不得携带旗帜、横幅、三角小旗、照相机或其他不属于其制服一部分的可见的饰件或物品；代表团列队入场，希腊代表团引导队列入场，主办国殿后，其他按主办国语言的字母顺序；国际奥委会主席在奥运会组委会主席的陪同下，登上设于官员席前方运动场上的讲台讲话，并邀请国家元首宣布奥运会开幕；国家元首宣布运动会开幕；演奏奥林匹克会歌，同时，奥林匹克会旗以水平展开形式进入体育场，并从赛场上耸立的旗杆上升起；奥林匹克火炬经接力跑送入体育场，最后一名接力跑运动员沿跑道绕场一周后点燃奥林匹克圣火；点燃奥林匹克圣火后，接着应象征性地放飞鸽子；所有代表团的旗手围着讲台形成半圆形，主办国的一名参赛者登上讲台，左手执奥林匹克旗一角，举右手宣读誓言；紧接着，主办国的一名裁判员登上讲台，并以同样方式宣读誓言；然后奏或唱主办国国歌。

奥运会比赛的观众也要遵守基本的观赛礼仪以及自己所观看的比赛所要求的特殊礼仪。基本的观赛礼仪包括：尽量提前或准时入场，在入口处，主动出示票证请工作人员检验；背包入场必须安检；进出场时，不要拥挤，遇到老弱病残者应主动礼让；进场后对号入座。如果比赛开场，应就地入座，比赛中不能随意走动，待中间休息时再寻找自己的座位；进入比赛场地后，应关闭随身携带的手机、寻呼机等通讯工具；在比赛中，举行升旗仪式时，观众应当面向国旗，肃立致敬，不能嬉笑打闹或者随意走动；观看比赛时，不抽烟，不吃带响声的食品；不大声喧哗，切忌起哄、吹口哨、怪声尖叫、喝倒彩、扔东西；比赛过程中照相不能使用闪光灯，规定禁止照相的应遵守；观看体育比赛时应

① 国际皮埃尔·德·顾拜旦委员会编《奥林匹克主义——顾拜旦文选》，刘汉全、邹丽等译，北京：人民体育出版社，2008 年 8 月第 1 版，第 99～100 页。

热情地为双方运动员加油，要给对方运动队、运动员以礼貌的致意；不嘲讽、辱骂裁判员、运动员、教练员，不做有损国格、人格之事；比赛结束时，要向双方运动员鼓掌致意；待比赛完全结束再有秩序地退场，不随便中途退场；衣着整洁，举止文明，室内观看比赛时不戴帽，不把衣物垫在座位上；爱护公共设施，不蹬踏座椅，不乱涂写刻画等。许多体育比赛都有一套固定的观赛原则，观众应提前了解该赛事的具体规定，如乒乓球，它是一项小、灵、快的运动，不能像观看足球比赛那样欣赏乒乓球比赛，观众在观看乒乓球比赛时，特别需要注意的是，不要使用闪光灯照相，以免刺激运动员的眼睛；注意保持安静，在比赛间断时可以鼓掌加油，以免分散运动员的注意力。

从奥运会的比赛规则，到奥运会相关的礼仪，再到对于歧视行为、战争行为的抵制，可以这样说，奥林匹克运动的秩序诉求完全没有局限在体育竞技的范围内，而是是超越赛场的，涉及到整个世界的秩序。

第四章

儒家弘毅精神与奥林匹克格言

志士仁人所具有的自强不息、积极进取的精神，在《论语》中被曾子表述为"士不可以不弘毅"，在奥林匹克运动的话语体系中就是奥林匹克格言"更快、更高、更强"。孔子和顾拜旦都主张人应该在奋斗中不断拓展生命，享受因奋斗而带来的人生欢乐。二者的不同在于，孔子的进取精神之中不太强调竞争的价值，而奥林匹克运动"更快、更高、更强"的追求中显示出西方文化所崇尚的竞争精神。

一、进取的精神

人生存于这个世界上，会遇到诸多方面的难题，对于有着宏大志向的人来说，在实现理想的过程中，各种困难会更多，所吃的苦头会更大，遭遇的挫折甚至会接踵而至。在困难和挫折面前，一种选择是一蹶不振，偃旗息鼓，以逍遥的姿态逃避人生的责任；另一种选择是坚定不移，发愤努力，以无所畏惧的精神永远奋斗下去。孔子与顾拜旦所选择的，当然是后面的一种。

1. "士不可以不弘毅"

"士不可以不弘毅"，此语出自《论语》中曾子的一段话："士不可以不弘毅，任重而道远。仁以为己任，不亦重乎？死而后已，不亦远乎？"[1] 就是说，知识分子应当弘大而且刚毅，永远要把施行仁德作为责任和使命，奋斗不息，死而后已。

孔子就是一个体现知识分子"弘毅"精神的典范，他鄙视那些饱食终日、无所用心的庸碌之人，主张人应为实现崇高理想而不懈奋斗。他始终抱着积极的入世态度，依据自己的社会理想对社会进行分析、批判和改造，虽然到处碰

---

[1] 《论语·泰伯》

壁，饱受挫折，却痴心不改。《论语》记载，叶公想知道孔子是个什么样的人，向子路打听，子路却没有回答。孔子知道后，对子路说："汝奚不曰：其为人也，发愤忘食，乐以忘忧，不知老之将至云尔。"① 孔子对自己的评价是，发愤进取，乐观向上，长久以来一直保持着这样的姿态。《论语》记载，子在川上曰："逝者如斯夫，不舍昼夜。"② 孔子以流水作喻，河水在不舍昼夜地奔流，人也应该这样永不停息地奋斗。孔子还说："譬如为山，未成一篑，止，吾止也。譬如平地，虽覆一篑，进，吾往也。"③ 孔子所倡导的奋斗，就是这样一种"韧的战斗"，就是一种类似于"愚公移山"那样的坚定执著、坚忍不拔的努力。

孔子的刚毅精神表现在他在鲁国从政时期对以季氏为代表的权势集团的态度上，即维护鲁君的权威，绝不与季氏同流合污，为此他宁可放弃司寇这一高官及其附属的厚禄，表示"不义而富且贵，于我如浮云"④。在后来周游列国的过程中，孔子历经磨难，包括遇到匡人、宋人的暴力威胁，他始终充满自信，绝不低头，甚至作好了"杀身以成仁"⑤ 的准备。孟子所说的"富贵不能淫，贫贱不能移，威武不能屈"⑥，可以说是对于孔子弘毅精神的写照。

奋斗的过程当然不会是一帆风顺的，会充满各种各样的艰辛。子曰："先难而后获，可谓仁矣。"⑦ 即经历了耕耘的艰辛，才会有很大的收获，这才符合仁的道理。孔子是不畏艰辛的，《论语》记载，孔子想去很偏远的九夷居住，有人劝他说，那里太鄙陋了，还是不要去了，他却说："君子居之，何陋之有？"⑧ 子曰："不仁者，不可以久处约，不可以长处乐。"⑨ 即没有仁德的人不能够长时间地处在困境之中，也不能够长时间地处在安乐之中，做不到像孟子所说的"大丈夫"那样具有"富贵不能淫，贫贱不能移，威武不能屈"的高贵品格。

孔子是这样要求自己的，也是这样要求学生的。子曰："不患莫己知，求

---

① 《论语·述而》
② 《论语·子罕》
③ 《论语·子罕》
④ 《论语·述而》
⑤ 《论语·卫灵公》
⑥ 《孟子·滕文公下》
⑦ 《论语·雍也》
⑧ 《论语·子罕》
⑨ 《论语·里仁》

为可知也。"① 即不要担心别人不知道你，只要你努力，别人就会知道。《论语》记载，冉求对孔子说："非不说子之道，力不足也。"孔子说："力不足者，中道而废。今汝画。"②冉求学习不努力，还借口说是"心有余而力不足"，孔子批评他不思进取，画地为牢，半途而废。孔子还严厉地斥责不勤奋学习、大白天睡懒觉的宰予，说他"朽木不可雕也，粪土之墙不可圬也"③。

《荀子·大略》记载了子贡与孔子的一段对话，孔子告诉子贡的道理是"生无所息"：

子贡问于孔子曰："赐倦于学矣，愿息事君。"

孔子曰："《诗》云：'温恭朝夕，执事有恪。'事君难，事君焉可息哉！"

"然则赐愿息事亲。"

孔子曰："《诗》云：'孝子不匮，永锡尔类。'事亲难，事亲焉可息哉！"

"然则赐愿息于妻子"。

孔子曰："《诗》云：'刑于寡妻，至于兄弟，以御于家邦。'妻子难，妻子焉可息哉！"

"然则赐愿息于朋友。"

孔子曰："《诗》云：'朋友攸摄，摄以威仪。'朋友难，朋友焉可息哉！"

"然则赐愿息耕。"

孔子曰："《诗》云：'昼尔于茅，宵尔索绹，亟其乘屋，其始播百谷。'耕难，耕焉可息哉！"

"然则赐无息者乎？"

孔子曰："望其圹，皋如也，填如也，鬲如也，此则知所息矣。"

子贡曰："大哉死乎！君子息焉，小人休焉。"

后世儒家以孔子为表率，刚健有为，自强不息，高扬人的主体精神，充分发挥人的主观能动性，在自身的不断完善之中寻求社会的完善之路。儒学的弘毅精神要求儒家知识分子要树立宏大的志向，没有志向就没有人生的方向和前进的动力。王守仁说："夫志，气之帅也，人之命也，本之根也，水之源也。源不浚则流息，根不直则木枯，名不续则人死，志不立则气昏。是以君子之学，无时无处不以立志为事。"④ 同时，空有大志是不行的，必须有为实现理

---

① 《论语·里仁》

② 《论语·雍也》

③ 《论语·公冶长》

④ 王守仁《示弟立志说》，《王文成公全书》卷七。

想而顽强奋斗的勇气和坚忍不拔的毅力。《易传》中说："天行健，君子以自强不息。"① 这就是说，既然天地自然的运行状态是健行不止，生生不已，那么，人的活动方式也应效法于天，也应刚健有为，自强不息。朱熹说："非弘不能胜其重，非毅不能致其远。"② "弘乃胜得重任，毅便是担得远去。弘而不毅，虽胜得任，却恐去前面倒了。"③ 儒家知识分子的生平理想就是通过"格物"、"致知"、"诚意"、"修身"，来完成"齐家"、"治国"、"平天下"的使命。虽然长路漫漫，坎坷不断，他们依然知难而进，百折不挠，甚至愈挫弥坚，坚忍不拔，"虽九死其犹未悔"。

2. "更快、更高、更强"

《奥林匹克宪章》第 1 章第 14 条规定："奥林匹克格言'更快、更高、更强'是国际奥委会对一切属于奥林匹克运动的人们的号召，鼓励他们本着奥林匹克精神前进。"④ 这句著名的格言来自巴黎阿奎埃尔修道院院长亨利·迪东在一次运动会上鼓励学生时说的一句话——"在这里，你们的口号是：更快、更高、更强。"亨利·迪东是顾拜旦的好朋友，顾拜旦借用朋友的话作为奥林匹克格言，充分表达了奥林匹克运动永不满足、永不止步、积极进取的奋斗精神，激励着奥运选手充满信心，顽强拼搏，战胜对手，超越自我，不断向新的目标冲击，不断把奥林匹克运动推向更高的水平。国际奥委会前任主席萨马兰奇先生说："超越困难、持之以恒、毫不懈怠的体育精神一直指引着我。奥林匹克'更快，更高，更强'的超越精神让我受益终身。正因为有了它，我才会冷静地面对复杂困难的局面，并在逆境中超越自我。"⑤

勇于竞争是古希腊人以及古代奥林匹克运动会所崇尚的精神之一。古希腊人的勇敢精神、竞争精神来自于对大自然的挑战，来自于城邦之间频繁战争的考验。我们可以从许多古希腊神话英雄的身上看到古希腊人极为强烈的进取精神、竞争精神、拼搏精神，比如海格拉斯，他在幼小的时候就与爬入自己摇篮中的两条巨蛇勇敢搏斗，并最终取得胜利。"他与危险搏斗，为荣誉受苦，这

① 南怀瑾、徐芹庭译著《白话易经》，长沙：岳麓书社，1988 年 2 月第 1 版，第 15 页。

② 朱熹《四书集注》。

③ 朱熹《朱子语类》卷三十五。

④ 国际奥林匹克委员会《奥林匹克宪章》，北京：奥林匹克出版社，2001 年 2 月第 4 版，第 17 页。

⑤ ［西班牙］胡安·安东尼奥·萨马兰奇著《奥林匹克回忆》，孟宪臣译，北京：世界知识出版社，2003 年 7 月第 1 版，第 20 页。

就是海格拉斯的选择。"①

苏格拉底认为，"如果一个人的激情无论在快乐还是苦恼中都保持不忘理智所教给的关于什么应当惧怕什么不应当惧怕的信条，那么我们就因他的激情部分而称每个这样的人为勇敢的人。"②"我们必须让我们的孩子骑着马到战场上去看看打仗，在安全的地方则让他们靠近前沿，象小野兽那样尝尝血腥味。"③他主张挑选出在艰苦的学习、锻炼、战争恐怖中表现出色的孩子，使他们受到很好的训练和教育，将这些人培养成为城邦的栋梁。"在祭礼及其它类似场合上，我们表扬那些功勋卓著智勇双全的优秀人物，给他们唱赞美诗，给他们我们刚才讲过的那些礼遇，给以上座，羊羔美酒，这样对于这些男女勇士，既增强了他们的体质，还给了他们荣誉。"④"如果任何士兵开小差逃跑，或者都掉武器，或者由于胆怯犯了其他类似的错误"，⑤这种士兵就应该被下放去做工匠或者农夫。在柏拉图关于公民等级的设计中，军人属于中间等级，即低于统治者，高于农夫和工匠，军人应该具有勇敢、审慎与服从的秉性。他认为"凡是知道在可怖的和危险的情况中怎样使自己行动得最好的人是勇敢的人"⑥。他在《普罗泰戈拉》中写到："把他们送到身体练习教师那儿去，好让他们的身体受到训练，听从他们高尚心灵的使唤，不要因体弱而在战争或其他情况下扮演懦夫的角色。"⑦亚里士多德将勇敢视为一种极为重要的德性，把勇敢列在十种道德的德性中的首位。他认为勇敢在于能够无畏地对待应有的死亡和以死亡直接来威胁的一切，表现并形成于战争与战斗之中。勇敢的人宁愿选择痛苦、疼痛甚至死亡，而不会选择不光彩的、可耻的行为。德谟克利特说："一个尽管只有一宗有限的财产然而很勇敢的人，是幸福的；一个尽管很

————————

①　［法国］M. 德律昂，《竞争的价值及其对欧洲文化的贡献》，载于《体育文史》1989 年第 6 期，第 64 ~ 68 页。

②　［古希腊］柏拉图著《理想国》，郭斌和、张竹明译，北京：商务印书馆，1986 年 8 月第 1 版，第 170 页。

③　［古希腊］柏拉图著《理想国》，郭斌和、张竹明译，北京：商务印书馆，1986 年 8 月第 1 版，第 305 页。

④　［古希腊］柏拉图著《理想国》，郭斌和、张竹明译，北京：商务印书馆，1986 年 8 月第 1 版，第 207 页。

⑤　［古希腊］柏拉图著《理想国》，郭斌和、张竹明译，北京：商务印书馆，1986 年 8 月第 1 版，第 206 页。

⑥　周辅成编《西方伦理学名著选辑》上卷，北京：商务印书馆，1964 年 10 月第 1 版，第 68 页。

⑦　转引自拉斯洛·孔著《体育运动全史》，颜绍沪译，中国体育史学会办公室，第 43 页。

富有，但是很怯懦的人，则很不幸。"① 亚里士多德在《尼各马科伦理学》中谈到勇敢的美德时说："那些在战斗中死亡的人，是勇敢的人。因为他们所经历的危险是最伟大、最高尚的。这一点是众所周知的，不论是城邦还是国王都对他们加以奖赏。所以，勇敢就是无畏地面对高尚的死亡，或生命的危险，而最伟大的冒险莫过于战斗。"②

对于勇敢精神的推崇是源于城邦之间战争的需要。斯巴达人鄙视和痛恨在战场上临阵脱逃和缴械投降的人，将此视为奇耻大辱，为人所不齿。斯巴达城邦的女子在健身锻炼的同时，还要学习一种歌舞，专门用于颂扬勇敢善战的英雄，讽刺挖苦阵前畏缩的懦夫，以此培养斯巴达女子的勇敢精神。斯巴达战士的母亲担心的不是儿子在战争中英勇负伤，甚至不是捐躯疆场，而是怕儿子苟且偷生，临阵脱逃。有一位母亲将一个盾牌送给即将出征的儿子，叮嘱儿子说："拿住它，否则就躺在上面。"斯巴达有一首名叫《赴战》的歌曲，就是通过歌唱来培养人们英勇赴死的精神。歌词如下："前进，多么具有男子汉气概的斯巴达城青年，你们的祖祖辈辈都是自由公民，快用左手紧握盾牌推向前，以无畏的精神把长矛投掷出去。你们决不要吝惜自己的生命，因为这不是斯巴达祖传的风范。"③ 伯利克里在为阵亡将士举行的国葬典礼上发表的演说中，表彰那些为国捐躯的勇士们具有"慷慨而战，慷慨赴死"④ 的精神，"他们这些人中，没有人因为想继续享受他们的财富而变为懦夫。"⑤ "一个聪明的人感觉到，因为自己懦弱而引起的耻辱比为爱国主义精神所鼓舞而意外地死于战场，更为难过。"⑥ 他在谈到雅典教育与斯巴达教育的差异时说："在我们的教育制度上，也有很大差异。从孩提时代起，斯巴达人即受到艰苦的训练，使之更为勇敢；在我们的生活中没有一切这些限制，但是我们和他们一样，可以随时勇敢地对付同样的危险……我们是自愿地以轻松的情绪来应付危险，而不是以艰苦的训练；我们的勇敢是从我们的生活方式中自然产生的，而不是国家

① 周辅成编《西方伦理学名著选辑》上卷，北京：商务印书馆，1964年10月第1版，第91页。
② 苗力田主编《亚里士多德全集》第八卷，北京：中国人民大学出版社，1994年3月第1版，第58页。
③ 刘明翰、郑一奇主编，李长林、杨峻明、陈明莉著《人类精神文明发展史》第1卷，北京：中国青年出版社，2003年1月第1版，第270页。
④ 周辅成编《西方伦理学名著选辑》上卷，北京：商务印书馆，1964年10月第1版，第42页。
⑤ 周辅成编《西方伦理学名著选辑》上卷，北京：商务印书馆，1964年10月第1版，第43页。
⑥ 周辅成编《西方伦理学名著选辑》上卷，北京：商务印书馆，1964年10月第1版，第44页。

法律强迫的；我认为这些是我们的优点。"①

勇于竞争的进取精神是古代奥运会的基本精神之一，古代奥运会每个项目只有冠军才是胜利者，其余都是失败者，所以竞争异常激烈。古代奥运会在比赛之前，裁判员要对全体运动员进行例行训话："如果你们的训练无愧于奥林匹克竞技会，如果你们不因为懒惰和不光彩的行为而丢脸，那就勇敢地前进。如果你们不这样办，那就请便吧！"奥林匹克运动会参赛者的赛前训练相当艰苦，他们必须在比赛前连续训练 10 个月以上，最后一个月，各城邦的参赛者集中到伊利斯城邦，在裁判员的监督指导下进行艰苦训练。训练期间，运动员不能吃肉，只吃些无花果、菜汤、素谷之类的食物。训练结束后，裁判员再从身体素质、个人品质等方面对参赛者进行最后的筛选。最后的入选者，其名字都会被刻在木板上，放置在奥林匹亚最为显眼的地方供观众观摩。

顾拜旦崇尚不屈不挠、顽强奋斗的精神，他深知，复兴奥林匹克运动的事业不可能一帆风顺，需要历尽千辛万苦，需要克服各种困难，需要坚忍不拔的努力。他把讲述自己从 1887 年到 1908 年经历的自传体散文集命名为《二十一载体育奋战》，他自己的拼搏历程正是对奥林匹克运动关于奋斗精神的卓越阐释。1908 年顾拜旦在伦敦发表题为《奥林匹克理念"受托人"》的演说，他说："人生的价值，不在于凯旋，而在于奋争；人生的精髓，不在于征服，而在于勇敢拼搏。"② 他相信奋斗会给人生、给奥林匹克运动带来希望和成功。1919 年顾拜旦在一个庆祝活动上说："世事还十分艰难，初露的曙光还只是明天黎明时的暴风雨之前所显露的一丝曙光。但是，临近中午时必将艳阳高照，黄橙橙的麦穗必将沉重得让收获者抱都抱不动。"③

对于运动员来说，顽强拼搏精神是必不可少的。创造个人纪录需要顽强拼搏，保持这一纪录同样需要顽强拼搏，只有奋斗才会创造奇迹。拼搏会给身体和精神带来疲劳，但它对于运动者并不是意味着痛苦和负担，相反，拼搏是一种积极主动的生活态度，人在拼搏与奋斗的过程中会感受到无穷的欢乐。1892 年 11 月 25 日，顾拜旦在索邦大学的演讲中说："青年们在赛跑，他们令人称

① ［古希腊］修昔底德著《伯罗奔尼撒战史》，谢德风译，北京：商务印书馆，1978 年，第 131 页。

② 国际皮埃尔·德·顾拜旦委员会编《奥林匹克主义——顾拜旦文选》，刘汉全、邹丽等译，北京：人民体育出版社，2008 年 8 月第 1 版，第 77 页。

③ 国际皮埃尔·德·顾拜旦委员会编《奥林匹克主义——顾拜旦文选》，刘汉全、邹丽等译，北京：人民体育出版社，2008 年 8 月第 1 版，第 170 页。

赞之处，是他们只是在奋斗中寻求奋斗，他们自觉地约束自己，遵守纪律，因为是心甘情愿，所以纪律倍加有效。思虑战争，是崇高而伟大的；考虑健康，是值得称赞的；而使人们对奋斗产生一种忘我的崇拜，使人们热衷于因其是艰难险阻而去排除艰难险阻，则是更为人道的。"① "要想让我们年轻的运动员放弃用力和竞争，就得首先抽干他们血管中流淌的全部鲜血，只要一滴尚存，他们就不会放弃。"②

奋斗是需要勇气的，孔子说"勇者不惧"，顾拜旦在《体育颂》中说："啊，体育，你就是勇气！肌肉用力的全部含义是敢于搏击。若不为此，敏捷、强健有何用？肌肉发达有何益？我们所说的勇气，不是冒险家押上全部赌注似的蛮干，而是经过慎重的深思熟虑。"他在《庆祝奥林匹克运动复兴25周年》一文中说："勇气是战争中的美德，它能够在时世中造就英雄。"③ 恐惧伴随一个人成长的各个阶段，需要自信与勇气来克服恐惧，奥林匹克运动正是在对各种艰难险阻的无所畏惧中走过来的。1920年，顾拜旦在《奥林匹克主义的胜利》一文中盛赞比利时人，因为比利时以巨大的勇气申办奥运，在规定期限内克服种种困难，成功举办了一届完美的奥运会。他称赞说："他们【即比利时人】在1914年的战争中所悲壮地、浩气长存地显示出的品质，在和平年代里也尽现无遗；最后是青春的朝气，永不衰败、永远蓬勃、永远焕发的青春朝气，这种火一样热烈的、充满欢乐的青春朝气，曾表现在古代奥林匹亚运动员的身上，在此后3000年的今天，正在推动安特卫普奥运会的运动员为人类的平衡而奋斗。"④

顾拜旦对于体现奋斗精神的勇士表示高度的崇敬。1909年5月27日，在为齐柏林伯爵颁发奥林匹克荣誉证书时，顾拜旦这样评价："齐柏林伯爵的一生，谱写了一曲曲崇尚刚毅的壮丽篇章。他的刚毅精神，在那令人难忘的日子，成就了最为光彩夺目的瞬间：大自然让这位曾经征服过它的勇士平白无故地受挫，无情烈焰吞噬了他的杰作，仿佛要给予满怀希望的他致命一击。火势

---

① 国际皮埃尔·德·顾拜旦委员会编《奥林匹克主义——顾拜旦文选》，刘汉全、邹丽等译，北京：人民体育出版社，2008年8月第1版，第31~32页。

② 国际皮埃尔·德·顾拜旦委员会编《奥林匹克主义——顾拜旦文选》，刘汉全、邹丽等译，北京：人民体育出版社，2008年8月第1版，第29页。

③ 国际皮埃尔·德·顾拜旦委员会编《奥林匹克主义——顾拜旦文选》，刘汉全、邹丽等译，北京：人民体育出版社，2008年8月第1版，第150页。

④ 国际皮埃尔·德·顾拜旦委员会编《奥林匹克主义——顾拜旦文选》，刘汉全、邹丽等译，北京：人民体育出版社，2008年8月第1版，第183页。

未熄，人们便从伯爵刚毅的脸庞上读出他誓同无济于事的痛苦抗争到底的决心。"① 在接下来为巴尔克上校颁奖时，顾拜旦这样赞颂道："您酷爱斗争，并且不满足于只在国境附近鏖战，您要把斗争推向更广更远的空间。面对胜利或厄运，您总是宠辱不惊，冷静达观。您的使命是，奔赴每一个国度，唤醒那里麻木懒散的人群，激发他们的斗志。为了体育的荣耀与独立自主，您生命不息，战斗不止。"②

二、奋斗的快乐

人应该在生命的奋斗过程中创造和享受快乐，这是孔子和奥林匹克运动对待人生与快乐的共同之处。

1. "乐以忘忧"

李泽厚对《论语》的一个基本看法是："与西方'罪感文化'、日本'耻感文化'（从 Ruth Benedict 及某些日本学者说）相比较，以儒学为主干的中国文化的特征或精神是'乐感文化'。"③ 孔子主张"生无所息"，人的一生应该在奋斗中度过，这并不意味着人生是一场没有止境的劳役或苦难，相反，人世间充满了快乐，人的奋斗本身就是一种快乐。

在《论语》中，孔子的快乐来自很多方面，第一，来自山水的快乐，子曰："知者乐水，仁者乐山。"④ 第二，来自学习的快乐，子曰："学而时习之，不亦悦乎？"⑤ "知之者不如好之者，好之者不如乐之者。"⑥ 第三，来自朋友的快乐，子曰："有朋自远方来，不亦乐乎？"⑦ 他还说"乐多贤友"⑧，即以有很多贤良的朋友为乐。第四，来自音乐的快乐，子在齐闻韶，三月不知肉味。曰："不图为乐之至于斯也。"⑨ 第五，来自闲居的之乐，"子之燕居，

---

① 国际皮埃尔·德·顾拜旦委员会编《奥林匹克主义——顾拜旦文选》，刘汉全、邹丽等译，北京：人民体育出版社，2008 年 8 月第 1 版，第 80 页。

② 国际皮埃尔·德·顾拜旦委员会编《奥林匹克主义——顾拜旦文选》，刘汉全、邹丽等译，北京：人民体育出版社，2008 年 8 月第 1 版，第 80 页。

③ 李泽厚《论语今读》，合肥：安徽文艺出版社，1998 年 10 月第 1 版，第 27~28 页。

④ 《论语·雍也》

⑤ 《论语·学而》

⑥ 《论语·雍也》

⑦ 《论语·学而》

⑧ 《论语·季氏》

⑨ 《论语·述而》

申申如也，夭夭如也。"① 第六，来自奋斗的快乐，孔子的自我评价是，"发愤忘食，乐以忘忧，不知老之将至。"② 孔子称赞颜回说："一箪食，一瓢饮，在陋巷，人不堪其忧，回也不改其乐。"③

孔子还谈到了三种有益的快乐和三种有害的快乐："益者三乐，损者三乐。乐节礼乐，乐道人之善，乐多贤友，益矣。乐骄乐，乐佚游，乐宴乐，损矣。"④ 也就是说，快乐并不都是有益的，人应该从符合礼乐的生活中、从多讲别人好话中、从众多的贤友中，得到有益的快乐；不要从骄纵放肆中、从游荡闲逛中、从饮食宴请中，得到有害的快乐。联系孔子对《关雎》"乐而不淫，哀而不伤"的评论，可以看到，孔子主张的快乐是在理性、德性引导下快乐。李泽厚评论说："中国没有'酒神精神'，没有那放纵的狂欢；相反，强调的是，包括快乐，也要节制。节制当然需要依靠理知来进行。希腊哲学也讲理知指导、控制情感。儒学的特征在于：理知不只是指引、向导、控制情感，更重要的是，要求将理知引入、渗透、溶化在情感之中，使情感本身例如快乐得到一种真正的人而非动物本能性的宣泄。"⑤

2. "以奋斗为乐"

孔子"乐以忘忧"的主张表现在奥林匹克运动中，就是"以奋斗为乐"，坚持以乐观的心态看待生活，这是奥林匹克主义的内涵之一。1925 年 5 月 29 日，在布拉格奥林匹克代表大会上，顾拜旦说："我是以一种体育精神接触这一新的事业的，这种体育精神是我们共同耕耘出的，是奋斗的愉悦，是对冒险的爱好和对无私奉献精神的崇尚。"⑥

顾拜旦希望奥林匹克运动能够给人类带来欢乐。1918 年 12 月 11 日，顾拜旦在《洛桑日报》发表《"奥林匹克化"的秘诀》一文，他说："若有人问我'奥林匹克化'的秘诀，我会对他说：首要条件，是快乐。"⑦ 他认为，正是体育的快乐哺育了人们的进取精神。他引用 1889 年召开的体育教育代表大

---

① 《论语·述而》

② 《论语·述而》

③ 《论语·雍也》

④ 《论语·季氏》

⑤ 李泽厚《论语今读》，合肥：安徽文艺出版社，1998 年 10 月第 1 版，第 94 页。

⑥ 国际皮埃尔·德·顾拜旦委员会编《奥林匹克主义——顾拜旦文选》，刘汉全、邹丽等译，北京：人民体育出版社，2008 年 8 月第 1 版，第 199 页。

⑦ 国际皮埃尔·德·顾拜旦委员会编《奥林匹克主义——顾拜旦文选》，刘汉全、邹丽等译，北京：人民体育出版社，2008 年 8 月第 1 版，第 135 页。

会上于勒·西蒙的话："登临绝顶之时，必须看到快乐的人性……让我们快乐起来吧！"①

奥林匹克运动所追求的快乐，不是来世的快乐，而是现世的快乐。顾拜旦认为古希腊人追求的幸福就是现世生活的幸福，而"在古希腊以外的所有地方，信仰都是建立在对更好生活的向往上，建立在死后因果报应上，建立在对冒犯神灵而受到惩罚的恐惧上"。② 顾拜旦认为古希腊以外的所有地方都追求来世的幸福，这当然是绝对化了，以孔子为代表的儒家同样主张现世的幸福，孔子"未知生，焉知死"的反问、"子不语怪力乱神"的理性态度等都说明儒家对于现世生活的肯定，更不用说其中还有那么多的快乐——山水之乐、朋友之乐、学习之乐、音乐之乐、闲居之乐、奋斗之乐等。

人们在体育运动中能够获得感官的乐趣，顾拜旦说："所谓乐趣，此处指的不是舒适，而是深层的感官愉悦。体育运动能给予的，正是感官愉悦。这就是为何当一个年轻人要在使其走向堕落的享乐，以及使其趋向完善的愉悦之间进行选择时，他会倾向于后者而摒弃前者。肌肉陶醉所带来的感官上的愉悦，不仅仅是通过疲惫感，更是通过满足感。它不局限于去平衡感官的感受，而更多的是使它们获得满足。"③

顾拜旦还感慨各种先进的现代体育器械带给运动者的欢乐，1918年2月24日他在洛桑自由希腊人协会会议上说："鼓舞人心的工业进步，为体育事业带来了不计其数的先进器材，往昔古希腊风华正茂的年轻人，假若拥有花剑这顺手的武器、有结实柔软的拳击手套、有诱人的自行车，尤其是拥有那妙不可言的带有舷外支架的快艇，划桨手稍加划动便可前进，他们该是多么的欢欣鼓舞啊！昔日的运动员，假如拥有我们现代的各式各样的体操器械，又会是怎样的欣喜若狂啊！真的，体育活动从未像今天这样乐趣无穷、精彩诱人，体育施展影响的可能性之多，也是前所未有的。"④

大自然是体育运动的快乐源泉，与孔子在暮春时节向往在河水中游泳、在

---

① 国际皮埃尔·德·顾拜旦委员会编《奥林匹克主义——顾拜旦文选》，刘汉全、邹丽等译，北京：人民体育出版社，2008年8月第1版，第135页。

② 国际皮埃尔·德·顾拜旦委员会编《奥林匹克主义——顾拜旦文选》，刘汉全、邹丽等译，北京：人民体育出版社，2008年8月第1版，第214页。

③ 国际皮埃尔·德·顾拜旦委员会编《奥林匹克主义——顾拜旦文选》，刘汉全、邹丽等译，北京：人民体育出版社，2008年8月第1版，第144页。

④ 国际皮埃尔·德·顾拜旦委员会编《奥林匹克主义——顾拜旦文选》，刘汉全、邹丽等译，北京：人民体育出版社，2008年8月第1版，第126页。

河岸上放歌、在祭坛旁跳舞的快乐类似，顾拜旦从瑞士洛桑市民在湖水里划船的运动中也感受到了大自然赐予人们的快乐。1919 年 4 月 29 日，他在《洛桑日报》发表的题为《洛桑市民缘何应该多多进行划船训练》的文章中说："阳光灿烂，平湖秀水，波光粼粼，请好好利用这一切吧！请记住，从生理上看，划船与拳击是最完美的体育项目，洛桑人若不知利用莱蒙湖得天独厚的自然条件，着实罪过。"① 他接着写到："划桨手的乐趣所在，是觉得自己是一架有思维能力的机器，每划一桨，都能体验到自己体内喷涌出的一股力量，弥漫开来，渐渐消逝。小船置身于大自然的天水之间，仿佛伴随着音乐节奏，有节律地、训练有素地向前行驶。"②

身体感官在运动中的快乐，运动器械带来的欢乐，大自然给人们的快乐，这些都是体育的快乐。然而，顾拜旦更为崇尚的体育快乐，是在奋斗中排除困难、克服障碍、进而获得成功的那种快乐，是经历风雨过后看到天边美丽彩虹所带给自己的快乐。顾拜旦在比较现代体育与古代体育时发现，"现代的观念是，创造有利的物质条件，尽量帮助运动员做出努力，不断刷新纪录，不断给人以惊喜。这与古代观念大相径庭。古代观念是，设置种种需要排除的障碍，以突出运动员的努力的价值。流沙跑道和煤灰渣跑道正是两种不同体育观念的两个极端写照。"③ 他在《庆祝奥林匹克运动复兴 25 周年》一文中说："运动员非常享受努力拼搏的快乐。他喜欢施加于肌肉和神经上的那种压力感，因为压力往往给人一种胜利在望的感觉，即便有时到最后他未能获胜。这种享受，深入运动员的内心，某种程度上甚至可以说只涉及到自身。请想象一下，当这种愉悦向外喷涌，并与对大自然的热爱之情和对艺术的奔放激情融为一体；当它为灿烂阳光所萦绕，为音乐所振奋，或被嵌入圆柱式大厅时，会是怎样的情景。"④

1912 年斯德哥尔摩奥运会被顾拜旦比喻为一朵"最美丽的玫瑰"，但是，摘取这朵"玫瑰"却并非易事，因为"玫瑰"上是"带刺"的。顾拜旦回忆

————————————

① 国际皮埃尔·德·顾拜旦委员会编《奥林匹克主义——顾拜旦文选》，刘汉全、邹丽等译，北京：人民体育出版社，2008 年 8 月第 1 版，第 147 页。

② 国际皮埃尔·德·顾拜旦委员会编《奥林匹克主义——顾拜旦文选》，刘汉全、邹丽等译，北京：人民体育出版社，2008 年 8 月第 1 版，第 147 页。

③ ［法国］皮埃尔·德·顾拜旦著《奥林匹克回忆录》，刘汉全译，北京：北京体育大学出版社，2007 年 11 月第 1 版，第 210 页。

④ 国际皮埃尔·德·顾拜旦委员会编《奥林匹克主义——顾拜旦文选》，刘汉全、邹丽等译，北京：人民体育出版社，2008 年 8 月第 1 版，第 151 页。

说，该届奥运会筹办期间，棘手的事情接连不断，"错综复杂的外交难题，个人的小小阴谋诡计，必须宽容的敏感，易受损害的虚荣，暗中设下的陷阱……你得时时保持警觉，事事想在前面，防患于未然。"① 艰辛换来的成功给人们带来了淋漓的欢畅，顾拜旦情不自禁地赞叹到："玫瑰又是何等的美，让人无法形容！那是令人心醉神迷的花季！那是瑞典的夏日从未如此尽情地展现过的灿烂光华。构成这五个星期的，是大自然不停息的欢腾，是透过海风铺满大地的阳光，是亮如白昼的夜晚，是彩旗、花卉、不熄的灯火带来的欢畅。在这美丽的城市里，年轻人尽情地释放着欢乐。夜夜不眠，夜夜难眠。"②

奥运选手的奋斗过程与快乐感受为奥林匹克主义的这个主张做了最佳的注脚。澳大利亚奥运选手 Ron Clarke 说："你要是想享受体育竞技的快乐，你要做的事就是考验你自己。如果你赢了，当然很好。如果输了，它会给你继续努力的动力。你一定要训练得更为刻苦点，你必须一次又一次地从头再来。这就是体育竞技的欢乐。"一方面，成功的快乐是令人欣慰的。"梅花香自苦寒来"，人生的快乐来自奋斗换来的成功，来自用汗水和泪水换来的鲜花与掌声。奥运健儿胸前的奖章是辛勤汗水的凝结，他们的辉煌成绩是对他们顽强拼搏精神的报答。日本奥运选手 Hirofumi Daihatsu 说："一个人的真正快乐在于目前回首往事时他感到自己曾经奋斗过，并取得了成绩。"英国奥运选手 Ann Packer 这样描述自己获得奖牌时的激动心情："在国旗升起、国歌奏响这激动人心的时刻，我的灵魂好像要飞出体外，在一旁观看。一个原本平凡的人忽然之间就做了一件不平凡的事情，我简直不能相信这竟然是真的。"另一方面，快乐是可以超越成败的，奋斗的过程本身就是我们的快乐。人们通常只是在享受奋斗的结果，仅仅"享受结果"是不够的，因为结果太短暂了，所以还要学会"享受过程"。对参加奥运会比赛的选手来说，冠军只有一个，但这并不是说其他参与者都是失败者，只要参与了，无论最终的成绩怎样，就都有收获，就都有价值，如身体的锻炼，毅志的磨砺，友谊的交流，见识的增长等。"参与比取胜更重要"，这句奥林匹克名言并不是对于失败者的安慰，而正说明了参与过程的意义。美国奥运选手 Mark Spitz 的话朴实而且深刻，他说："成为冠军或者勇争第一给我带来欢乐，赛场上拼搏本身就是欢乐的一部分。"

---

① ［法国］皮埃尔·德·顾拜旦著《奥林匹克回忆录》，刘汉全译，北京：北京体育大学出版社，2007 年 11 月第 1 版，第 124～125 页。

② ［法国］皮埃尔·德·顾拜旦著《奥林匹克回忆录》，刘汉全译，北京：北京体育大学出版社，2007 年 11 月第 1 版，第 125 页。

三、竞争观念的差异

与奋斗精神、进取精神密切相联系的是竞争观念，中西方体育以及整个中西方文化在竞争观念上表现出一定的差异。

竞争是矛盾斗争性的表现形式之一，是存在于自然界和社会中的普遍现象。"物竞天择，适者生存"是生物进化的规律，赫伯特·斯宾塞说："过动物的野蛮生活是在生活中获得成功的首要条件，而成为一个健康动物的民族，这便意味着民族的安宁有了保障。不但战争的胜负常取决于士兵的力量和坚毅，而且，经济竞争也多半是由生产者的身体强壮程度所决定。"[①] 人是"宇宙的精华，万物的灵长"，这正是"物竞天择"的结果，说明人类继承了动物的竞争本性，而且是自然界中竞争能力最强的物种。人类社会本身也是在激烈的竞争中向前发展的，其中存在着社会成员之间、包括氏族、部落、民族、国家、宗教、阶级、企业等等在内的集团与集团之间的竞争。人类社会的发展是不断由野蛮走向文明的过程，这个过程决不意味着人类社会中竞争性的弱化。今天人类社会中仍然存在着充满血腥与仇恨战争、种族冲突等，冲突双方势不两立，不共戴天，往往要拼出个你死我活，这是人类最具破坏性、毁灭性的竞争形式，也是人类在进一步走向文明的路途上必须尽最大可能加以制止的竞争形式。更多的竞争属于非毁灭性的，如个人之间的比学赶超，企业之间的公平竞争，地区之间的和平竞赛，等等。

孔子和顾拜旦都倡导勇于进取的精神，但是，孔子的进取精神主要不是与竞争联系在一起的，其中充满了道德的意味和中庸的观念；顾拜旦以及奥林匹克运动的进取精神则天然地强调竞争的价值，期望在拼搏与竞争中取得胜利。这种差异其实就是中西方体育在竞争倾向上的差异，从根本上、整体上讲，也是中国文化与西方文化在竞争倾向上的不同。

1. "君子无所争"

孔子反对相互争夺、逞强好胜，认为"仁者"的勇气不是用来竞争的。子曰："君子无所争。必也射乎！揖让而升，下而饮，其争也君子。"[②] 在这里，"君子无所争"，不是说君子绝对没有"争"，君子也有"争"的时候，

---

① 转引自拉斯洛·孔著《体育运动全史》，颜绍泸译，中国体育史学会办公室，第250页。
② 《论语·八佾》

那就是比一比射箭的功夫了。但是，这种"争"是典型的"君子之争"，即"揖让而升，下而饮"。"君子矜而不争，群而不党。"①《论语》记载，原宪问孔子，"克伐怨欲，不行焉，可以为仁矣？"子曰："可以为难矣。仁，则吾不知也。"② 意思是说，一个人没有了好胜、自夸、怨恨、贪欲等缺点，已经是难能可贵了，但是，还没有达到"仁"的高度。孔子曰："君子有三戒：少之时，血气未定，戒之在色；及其壮也，血气方刚，戒之在斗；及其老也，血气既衰，戒之在得。"③ 孔子强调中壮年人要"戒之在斗"，即要警惕争强好斗。

因为"君子无所争"，所以，与竞争具有密切关联的勇气和力量，在孔子的思想体系中的位置是在"仁"、"义"、"礼"等之后的。

孔子曾经称赞"卞庄子之勇"是"成人"的标准之一，认为"仁者无忧，知者不惑，勇者不惧"。④ 但是，他所推崇的勇气、勇敢不是"匹夫之勇"，而是与"仁"、"义"、"礼"等不可分割的，更准确地说，是应该建立在"仁"、"义"、"礼"之上的。他说："见义不为，无勇也。"⑤ "君子义以为上，君子有勇而无义为乱，小人有勇而无义为盗。"⑥ 这就是说，"义"高于"勇"，君子如果有勇而无义，会犯上作乱；小人如果有勇而无义，就会去偷去抢。孔子说："仁者必有勇，勇者不必有仁。"⑦ "志士仁人，无求生以害仁，有杀身以成仁。"⑧ 这就是说，"仁者"之勇是一种"大义大勇"，是见义勇为、见危授命、杀身成仁、舍生取义的大无畏气概。

与"尚仁而不尚勇"相似，孔子"尚德而不尚力"。子曰："骥不称其力，称其德也。"⑨ 即千里马为人所称道的是品质，而不是力气。

《论语·宪问》记载：

南宫适问于孔子曰："羿善射，奡荡舟，俱不得其死然，禹稷耕稼，而有天下。"夫子不答。南宫适出，子曰："君子哉若人，尚德哉若人。"

孔子很赞同南宫适的观点，像羿、奡那样逞力量者最终都不得好死，而像

---

① 《论语·卫灵公》
② 《论语·宪问》
③ 《论语·季氏》
④ 《论语·宪问》
⑤ 《论语·为政》
⑥ 《论语·阳货》
⑦ 《论语·宪问》
⑧ 《论语·卫灵公》
⑨ 《论语·宪问》

禹、稷那样有德性的人终能够得到天下。"尚德而不尚力",表现在射箭上,就是"射不主皮"①,即射箭比赛的输赢,不以箭的穿透程度为评判标准,因为人的力气是有差异的。

孔子不崇尚竞争,这是与他对中庸之道的推崇联系在一起的。孔子把中庸称为最高的道德,子曰:"中庸之为德也,其至矣乎!民鲜久矣。"② 子曰:"不得中行而与之,必也狂狷乎!狂者进取,狷者有所不为也。"③ 意思是说,如果不能与合乎中庸的人在一起,那就与有积极进取精神的"狂者"、有所不为的"狷者"在一起吧。

以中庸的原则来评价一个人是不是能够被称为君子,就是看他是否做到了"文质彬彬"。子曰:"质胜文则野,文胜质则史,文质彬彬,然后君子。"④ 即质地胜过文采就会显得粗野,文采胜过质地会让人觉得死板,如果能够做到质地与文采有机地结合,那就可以称得上一个君子了。孔子本人就是一个具有中庸气质的人,即"子温而厉,威而不猛,恭而安"⑤。孔子评价他的学生子张和子夏,说"过犹不及","师也过,商也不及。"⑥ 即子张过头了,而子夏没达到。朱熹在《论语集注》中说:"子张才高意广,而好为苟难,故常过中。子夏笃信谨守而规模狭隘,故常不及。尹氏曰:夫过与不及,均也。差异毫厘,谬以千里。故圣人之教,抑其过而引其不及,归于中道而已。"

孔子认为从政必须把握中庸的原则。《论语·尧曰》中,尧曰:"咨,尔舜,天之历数在尔躬,允执其中。"即尧要求舜好好地把握中庸之道,以完成上天赋予的使命。

《论语·尧曰》中,孔子在回答子张提出的如何从政的问题时,主张从政的标准是"尊五美"和"屏四恶":

子张问于孔子曰:"何如,斯可以从政矣?"子曰:"尊五美,屏四恶,斯可以从政矣。"子张曰:"何谓五美?"曰:"君子惠而不费,劳而不怨,欲而不贪,泰而不骄,威而不猛。"子张曰:"何谓惠而不费?"子曰:"因民之所利而利之,斯不亦惠而不费乎?择可劳而劳之,又谁怨?欲仁得仁,又焉贪?

---

① 《论语·八佾》
② 《论语·雍也》
③ 《论语·子路》
④ 《论语·雍也》
⑤ 《论语·述而》
⑥ 《论语·先进》

君子无众寡、无小大、无敢慢，斯不亦泰而不骄乎？君子正其衣冠，尊其瞻视，俨然人望而畏之，斯不亦威而不猛乎？"子张曰："何谓四恶？"子曰："不教而杀谓之虐，不戒视成谓之暴，慢令致期谓之贼，犹之与人也，出纳之吝，谓之有司。"

孔子在此所说的"尊五美"，即"君子惠而不费，劳而不怨，欲而不贪，泰而不骄，威而不猛"，就是中庸原则的体现。他以"乐而不淫，哀而不伤"① 评论《诗经》的《关雎》，主张恰当地控制人的情感，既不要放纵狂欢，也不要悲伤过度，也是中庸的要求。

2. 中西方体育中的竞争差异

中国体育伦理注重养生，通过体育活动达到身心的平和状态；西方体育伦理强调竞技，在体育运动中不断实现身心的超越。中国传统体育重在健身，重在通过外在的形体锻炼而达到内在的精神修养，是内外俱练，形神兼顾，身心合一；西方体育重在竞技，在体育竞技比赛中取胜对手，获取桂冠，赢得荣誉。西方体育竞技项目主要以田径、体操为主，比赛表现出激烈的对抗性；中国传统体育以武术、棋类等健身活动为主，重"雅戏"而非"陈力之戏"，排斥激烈的对抗竞争，锻炼方法以模仿动物动作的功操为主。

中国体育伦理体现出的人文精神是天人合一、崇尚和谐、恪守中道。中国传统体育的典型项目是太极拳、射箭、舞剑、棋类等，人们练习这些项目的目的就是健身、养生、益智。中国传统养生理论所遵从的最根本的法度就是"天人相应"，认为自然界是生命的源泉，自然界的运行、变化直接或间接地影响着人的身体，人的生命活动要与自然变化的节律相适应，取法于自然，顺乎自然之道。中国传统养生理论所遵循的另一根本原则就是阴阳调和，要把握好"度"。人体要维持正常的生理机能，就必须使人体内外、表里、上下各部分保持好一定的阴阳协调关系，如果阴阳失调就会发生疾病。传统养生理论认识到身体运动对健身的意义，"流水不腐，户枢不蠹，动也。形气亦然，行不动则精不流，精不流则气郁……"② 但是，传统养生理论强调运动必须适量，不可过大或过小，过小了对身体器官起不到锻炼作用，过大了不仅对身体无益，反而有害，即"过犹不及"。要达到健身养生的目的，不仅运动要适量，还要做到饮食有节、营养平衡、起居有常等。

---

① 《论语·八佾》
② 《吕氏春秋·尽数篇》

西汉实行董仲舒提出的"罢黜百家，独尊儒术"之后，重文轻武之风逐渐形成。中国传统体育文化缺乏竞技性，或说竞技性很弱，主要表现在竞技体育项目较少，没有全国性、综合性、长期存在并形成制度的体育比赛，有些本来竞技性较强的项目，后来也变成了非竞技性项目；几十种常见的项目中，相当一部分没有或少有竞技性，主要是锻炼养生，或表演给人看的，如全部的养生体育、田猎、武舞、剑舞、秋千、风筝、全部的武术武艺、踢毽子等。射箭、骑马、跑跳、游泳、划船等竞技性项目很少比赛，主要是自我练习。汉武帝、隋炀帝时曾有过两度全国性的角抵大会演，并进行评比，但这些比赛缺乏具体严格的规则，存在时间不长，规模水平远不能与古代奥林匹克运动会相比。东汉时期以"经"试选，"去武行文，废力尚德"，成为风尚。北宋初期宋太祖赵匡胤就实行"兴文教，抑武事"的国策，以稳定其统治。北宋时期，重文轻武的风气盛行，武风不振，积弱难返，在辽、金、夏等外族入侵时节节败退，不得不立下一个个耻辱的城下之盟。"天子重英豪，文章教尔曹。万般皆下品，唯有读书高。"汪洙的《劝学诗》正是出自当时重文轻武的氛围之中。这一国策在体育上的结果就是，军事性体育项目、竞技对抗体育项目衰退，娱乐性的体育项目盛行。北宋王朝正是在倡言"书中自有黄金屋，书中自有千钟粟，书中自有颜如玉"的文人皇帝宋徽宗那里覆亡的。《三朝北盟汇编》中说，偏安杭州的"南朝人只会文章，不会武艺"，这句金人对南宋的评价正是长期重文轻武的结局。清朝初期的思想家颜元在《存学篇》中感叹说："遗风到今日，衣冠文士羞与武夫齿，秀才挟弓失出，乡人皆惊，甚至子弟骑射武装，父兄便以不才目之，长此不返，四海溃弱，何有已时乎？"

奥林匹克运动所倡导的"更快、更高、更强"，正是包括西方体育在内的西方文化所崇尚的竞争精神的一种体现。体育竞技是人的竞争本性的一种表达形式，这是一种酣畅淋漓的表达，是一种有益而无害的表达。李力研说："体育运动特别是竞技运动，区别于其他文化现象的根本特征就是其明确的竞争活动中所表现出的符号学价值。体育运动所以能激发人们的崇拜行为，盖因为它以最直接、最不加掩饰的竞争方式呼唤着人的本质力量。"① 的确，体育就是人的竞争本性的一种宣泄途径，人们狂热地投入到体育竞技中去，或者直接参加竞技对抗，或者为自己支持的一方摇旗呐喊，实际上是在以体育竞技的形式

---

① 李力研著《野蛮的文明——体育的哲学宣言》，北京：中国社会出版社，1998年4月第1版，第10页。

表达人的与生俱来的征服欲望。人们在竞技比赛中为某一方助威加油，期望自己支持的一方能够赢得胜利，这一方通常是自己的家乡或国家的队伍。这支队伍实际上就是自己力量的化身，这支队伍的胜利就是自己的胜利，就是自己所来自的地方或者国家的胜利。

奥运会上的比赛项目都属于竞技运动项目，竞技运动的突出特征就是竞争性，竞技双方都必须全力以赴去战胜对手，争出胜负高低，优胜者将在比赛角逐中脱颖而出。竞技运动的竞争性是人类竞争性活动的一种和平化的表达方式，没有刀枪的血腥，没有成王败寇的无情，没有你死我活的残酷。虽然比赛中有激烈的争斗与较量，虽然比赛结果总有输赢，但竞争双方在某种意义上都是赢家。因为比赛是双方相互学习的机会，双方在比赛中都得到了锻炼，并且增进了彼此的了解和友谊。

西方体育体现出的人文精神是个人中心、崇尚竞争。拿美国来讲，篮球巨星迈克尔·乔丹简直成了美国体育精神乃至美国民族精神的象征，美国体育文化的价值观是个人主义的，充分肯定运动员个人的顽强奋斗及其价值，崇拜力量、技巧、拼博、竞争；拿美国 NBA 两支劲旅而言，单从其名称——芝加哥"公牛"和休斯敦"火箭"上，我们不难体会出美国的体育精神。西方体育伦理有别于中国体育文化的突出特征是，认为体育对个体的价值在于，在体育运动中强身，在体育竞技中争胜，追求"更快、更高、更强"，不断挑战与超越人体的既有生理限度，不断挑战和超越于其他竞技者之上，在竞争与挑战中实现个人的价值。

3. 中西方文化中的竞争差异

两种体育中的竞争差异，反映了两种文化中的竞争差异。西方体育以整个西方文化为背景，中国体育以整个中国文化为背景。西方文化以古希腊文化为源头，经历文艺复兴、产业革命，逐步形成了以宗教为核心、以追求个人自由、崇尚个人奋斗为特色的海洋型文化；中国文化则是以个体农业为基础，以宗法家庭为背景，以儒家思想为核心的大陆型文化，不崇尚竞争与冒尖，缺少对自由与平等的尊重，人们追求的是安稳平静的田园生活。

中国传统有淡化竞争的倾向。以古代农业经济为基础，在严格的社会等级秩序中，中国的文化传统不崇尚竞争，讲求"温良恭俭让"。"子不语怪力乱神"，"尚德而不尚力"；老子讲"夫唯不争，故天下莫能与之争"；墨子讲"非攻"；董仲舒讲"文德为贵，威武为下"；刘秀说"吾理天下，亦欲以柔道行之"等。先秦时期的尚武之风逐渐淡化，以至张之洞在《劝学篇·知类第四》中所言,"历朝一统,外无强邻,积文成虚,积虚成弱。"陈独秀在《东西民族根本思想之差异》一文中指出:"儒者不尚力争,何况于战?老氏之教,不尚贤,使民不争,以任兵为不祥之器,故中土自西汉以来,黩武穷兵,国之大戒。佛徒去杀,益堕健斗之风。"① 曾经担任过国家体委主任的伍绍祖认为,中国传统文化的一个弱点就是斗争性不强,奋斗精神不足,太讲究温良恭俭让。

林语堂先生在谈到"fair play"时说:"'费厄泼赖'精神在中国最不易得,我们也只得努力鼓励,中国'泼赖'精神就很少,更谈不到'费厄'……"② 的确,专制社会严格的等级秩序造就了中国人的奴性心态,谦恭退缩,委曲求全,知足常乐,不思进取,无所作为。鲁迅先生当年曾经感慨于体育竞赛场上国人竞技精神的缺失:"失了跑完预定圈数的勇气,中途挤入看客的群集中,或者佯为跌到,使红十字队用担架将他抬走。假若偶有落后,却尽跑、尽跑的人,大家都嗤笑他。"③ 这种文化性格的形成其实是中国的自然环境、农业文明以及在此基础上衍生的文化思想等综合因素决定的,从根本上说,是社会存在决定社会意识,而非社会意识决定社会存在。所以,反思中国人的文化性格,不应该从思想家的思想出发,而应该从思想赖以产生的环境与土壤那里去追根溯源。诞生中华文明的地域气候温暖,四季分明,平原广阔,适宜谷物种植,农业文明为其主要特色,人们遵循着自然的节律,在这里"日出而作,日落而息"。人种是环境的产物,人的思想与性情也是环境的产物,温和的气候与宽广的平原造就的就是"天人合一"的思想与平静、温和、自足的性情,追求"心欲宁,志欲逸,气欲平,体欲安,貌欲恭,言欲讷"。由于大地的仁慈、物产的丰富,人们不需要像游牧民族那样迁徙不定,也不需要靠发动经常性的对外战争来掠夺财富,他们对外的基本态势是退守防御而不是侵略进攻,长城的建造与不断的修复就是最为明显的例证。郑和七度下西洋,他率领的是一支庞大的船队,也是一支和平与友谊的船队;而其后的哥仑布、麦哲伦等都是与殖民征服与掠夺紧密联系在一起的。

西方文化则表现出明显的竞争倾向。西方人有崇尚竞争的传统,倾向于强调对于自然和异族的征服。古代奥运会激烈甚至残酷的竞争场面就是西方竞争

① 丁守和主编《中国近代启蒙思潮》(中卷),北京:社会科学文献出版社,1999 年 11 月第 1 版,第 32 页。

② 《语丝》,第 57 期。

③ 《鲁迅选集》第 1 卷,成都:四川人民出版社,1983 年版,第 156 页。

精神的起源和写照。资本主义起源于欧洲，资本主义市场经济的最为基本的规律就是竞争规律，竞争、冒险、挑战、拼搏、超越等已经构成西方民族精神的重要内容。陈独秀在《东西民族根本思想之差异》一文中认为西方民族"以战争为本位"，他指出："若西洋诸民族，好战健斗，根诸天性，成为风俗。自古宗教之战，政治之战，商业之战，欧罗巴之全部文明史，无一字非鲜血所书。"①

四、对成败的超越

在奋斗与竞争的过程中，必然伴随着成功和失败。孔子在从政的道路上有过一些成功，但更多的是挫折和失败，他在文化与教育方面则取得了巨大的成功。顾拜旦在促成奥林匹克运动的恢复与发展过程中经历了许许多多的艰辛与磨难，奥运会比赛中充满了激烈的角逐，造就了选手的成功与失败。失败与成功的转换、交织是人生中永恒的状态，如何对待奋斗中的成败，如何实现对成败的超越，人们需要从孔子儒学、顾拜旦以及整个奥林匹克运动的智慧中汲取宝贵的精神财富。

1. 孔子的超越

失败和成功都是需要被超越的，因为人生的意义在于不断奋斗的努力过程之中，而不在于过程中暂时的成功或者暂时的失败。

孔子实现了对于失败的超越，他的超越是双重意义上的超越，一重是精神意义上的超越，另一重是行动意义上的超越。就精神意义的超越而言，孔子抱定改造社会的理想，无论遇到怎样的挫折失败都痴心不改，把失败看成是人生的常态，以"发愤忘食"的精神去做永不停止的奋斗，甚至"知其不可为而为之"。"谋事在人，成事在天"，只要自己切切实实努力，即使失败了，也不会感到特别遗憾。就行动意义上的超越来说，孔子在屡受挫折之后，虽然始终没有放弃改造社会的理想，但是，他把从政的激情转移到文化与教育之中，把希望寄托给众多的弟子，寄托于长远的未来，希望以成功的教育来培养更多的政治人才与文化人才，以此来促进对社会的改善。对于从政失败的超越，造就了他文化教育事业的成功。

---

① 丁守和主编《中国近代启蒙思潮》（中卷），北京：社会科学文献出版社，1999 年 11 月第 1版，第 32 页。

超越失败不是放任失败，不畏失败不是对失败满不在意，而是要积极地反思自己，查找失败的原因，尽可能地少犯过错。子曰："过则勿惮改。"① "过而不改，是谓过矣。"② "以约失之者鲜矣。"③ 即因为约束自己而有过失，那是少有的事情。曾子曰："吾日三省乎吾身。"④ 过错是导致失败的原因，人要不断地反省过失，坚决地改正错误。子贡曰："君子之过也，如日月之食焉。过也，人皆见之；更也，人皆仰之。"⑤ 《论语·子罕》中说，孔子断绝了"意"、"必"、"固"、"我"，即乱猜、独断、固执、自以为是等四种毛病。《论语》记载，遽伯玉派人去看孔子，孔子问："夫子何为?"使者回答："夫子欲寡其过而未能也。"⑥ 使者出去后，子曰："使乎! 使乎!"孔子对这位使者大加称赞，实际上也是在称赞使者的主人遽伯玉所具有的不断反省、永不自满的精神。

对于成功的超越而言，成功不是永恒的，现在的成功不代表永远的成功，不要忘乎所以，不要妄自尊大。"生无所息"，人永远要处于奋斗的状态之中，成功之后还要争取更大的成功，人生的意义不仅在于奋斗的结果，更在于奋斗的过程。人的修养与成就是要终其一生去作不断的努力的，不断达到新的人生境界，就像孔子那样，"吾十五而有志于学，三十而立，四十不惑，五十而知天命，六十而耳顺，七十而从心所欲，不逾矩。"⑦

2. 奥运选手的超越

奥林匹克运动倡导的"参与比取胜更重要"，就是希望参加奥运会比赛的选手能够保持平和的心态。既然奥运会是一场"游戏"（the Olympic Games），竞技比赛是一场"仪式化的战争"，人们就没有必要把奥运会比赛的成败看得是那么沉重和残酷。

对于一个奥运选手而言，他是经常性地与胜利和失败打交道的，他的运动生涯就是由一系列的失败与成功构成的。理想的心态是，不以成败论英雄，尽自己的努力去争取成功，同时对于失败能够保持一颗平常心，有"是非成败转头空"的彻悟与洒脱。挪威选手 Birger Ruud 说："输赢对于我而言是无所谓

① 《论语·学而》
② 《论语·卫灵公》
③ 《论语·里仁》
④ 《论语·学而》
⑤ 《论语·子张》
⑥ 《论语·宪问》
⑦ 《论语·为政》

的，最重要的是我在竞技时，在与其他竞争者的接触中，我获得了欢乐。"牙买加选手 Lennox Miller 比赛得了第四名，与奥运奖牌只有一步之遥，他没有功败垂成般的千古遗恨，而是很幽默、很豁达地安慰自己："全世界有 40 亿人，我得了个第四名，这并不是一件那么糟糕的事情。"

对于比赛的成功，需要淡然处之。成就冠军的因素很多，除了选手个人的天赋和努力，众人的教导和帮助，还有偶然的机会和运气等。英国选手 Matthew Pinsent 认为比赛取胜不过是比别人强那么一点点，千万别逞什么英雄。而且，一时的成功，绝对不代表永远的胜利。同时，对于失败要坦然面对。失败其实是人生的常态，一时的成功是以长久的失败为代价的。一个人如果经历了失败，便觉得人生没有意义，这是完全没有必要的。正确的态度是感谢失败，向失败学习，把失败作为走向成功的一个个阶梯。德国奥运选手 Wolfgang Hoppe 说："失败给你一个重新开始的机会。"① 所以，即使屡战屡败，也一定要鼓起勇气，做到屡败屡战，这样的奋斗，虽败犹荣。

越是自信的人，就越接近成功。因为自信是一种积极的心态，是前进的动力，是成功的渴望。美国奥运选手 Matt Ghaffari 说："我从来没有梦到过失败。积极的心态迟早会让你梦想成真。"美国奥运选手 Florence Griffith – Joyner 说："走进奥运赛场时，你一定要自信。根据我的经验，那些最为自信的人，就是最后获胜的人。"同时，成功会给你更多的自信，激励你去追求更大的成功。美国奥运选手 Inger Miller 说："你在梯子上爬得越高，你就越有信心爬到更高的高度。"有了梦想，才有圆梦的努力和希望。美国奥运选手 Mary Lou Retton 回忆自己的冠军经历时说："成为一个奥运冠军，需要天赋、遵守规则的意识、很强的工作道德观念以及对于体育的热爱。但是这仅仅是一半，如果没有另外的 50%，我是成不了奥运冠军的。这一半是我的教练 Bela Karoly 给我的，他让我相信了一件难以置信的事情，那就是我能够成为一名奥运会冠军。"当然，自信不是自狂，自信是以实力和奋斗为基础的。美国奥运选手 Sydney Maree 说："要成为胜利者，你必须对自己有信心；而要对自己有信心，你就必须在竞技运动上付出艰苦的努力。"

1993 年中国申办 2000 年奥运会失利后，我们没有畏惧失败，没有怨天尤人，没有自暴自弃，没有选择退出，而是认真总结，深刻反思，又坚定地站了

① Bud Greenspan, *The Olympians' Guide to Winning the Game of life*. Los Angeles, General Publishing Group, 1997, p. 89.

起来，朝着新的目标顽强地奋斗下去。今天我们终于"修成正果"，取得了2008 年奥运会的主办权，这正是中国文化"刚健有为"、"自强不息"精神的生动写照。

第五章

"乐山乐水"与"绿色奥运"

在天地自然面前，孔子始终保持一颗敬畏之心，他乐山乐水，关爱生态，力倡节俭。自20世纪60年代以来，奥林匹克运动对于环境问题的关注越来越强烈，环境保护已经成为奥林匹克精神重要支柱之一。《论语》体现出的丰富和深切的天地情怀和关爱自然的精神，对于拓展和深化奥林匹克运动关于环境保护的理念与实践，有着巨大的启示意义。

一、孔子的环境伦理观念

孔子的环境伦理观念主要体现在四个方面，一是对天地自然的敬畏，二是对自然山水的热爱，三是对自然生命的爱护，四是对节约美德的倡导。

1. 敬畏天地

人生在天地之间，在人面前，上天是无穷的高远，大地是无尽的宽阔，昼与夜的变换、阴与晴的交织、干旱与洪水的肆虐、闪电与惊雷的伴随、猛兽与疫病的侵袭、生命与死亡的循环，等等，这一切都是那么的神秘和恐惧，人对自然天地不能不产生无限的敬畏。正是因为自然之"天"的无限高远、无比丰富、无穷变幻，才有了人们对于"天"的崇敬感与神秘感，使得"天"成了一切存在、一切变化、一切人间祸福的最终根源，成了人们在无法解释自身周围世界的迷茫之中的最后解释。

孔子所说的"天"主要有两重含义，一种是天地自然的代称，另一种是主宰万物的人格神。关于作为天地自然代称的"天"，《论语》记载，子曰："予欲无言。"子贡曰："子如不言，则小子何述焉？"子曰："天何言哉？四时行焉，百物生焉，天何言哉？"[①] 即四时的更替、百物的生长都是天地自然之

---

① 《论语·阳货》

中的有规律的现象。孔子称赞尧帝说："大哉，尧之为君也！巍巍乎！唯天为大，唯尧则之。"① 孔子在此是以高远宽阔的天空，来比喻尧帝至高无上的功业与品德。

关于作为万物主宰的"天"，孔子相信"天"是有生命、有意志力量的，他所说的"天命"就是上天的意志。孔子讲"天生德于予"②，即人的一切，包括生命、命运、财富、学问、德性，都是"天"所赋予的。《论语》记载，孔子在匡这个地方遇到危险，他说："文王既没，文不在兹乎？天之将丧斯文也，后死者不得与于斯文也；天之未丧斯文也，匡人其如予何？"③ 这就是说，孔子相信自己是周文化的继承者、保存者，这是上天的意志，上天要想毁灭这种文化，就不会让他掌握这种文化了；上天要是不想毁灭这种文化，匡人又能够把他怎么样呢？

在孔子那里，上天具有扬善惩恶的意志和力量。《论语》记载，孔子去会见卫灵公的夫人南子，因为南子是个道德败坏的淫乱之人，子路因而很不高兴，孔子发誓说："予所否者，天厌之！天厌之！"④ 意思是说，他见南子不会做什么错事，自己是清白的；要是做错了什么事，上天定会惩罚的。南子虽为荡妇，却是卫国的实力派人物，有左右卫灵公的能耐，她派人请孔子和她见面，孔子同意去见，也是为了在卫国得到重用，以使其主张得以实行。

卫国大夫王孙贾问孔子："与其媚于奥，宁媚于灶，何谓也？"⑤ 奥神是家里堂屋西南角供奉的家主神，灶神是灶台上供奉的地位较低的神，王孙贾在此是以比喻的形式来暗示孔子，在卫国不能只奉承国君，还得巴结国君下面直接管事的人，类似于"县官不如现管"。孔子的回答是，"不然。获罪于天，无所祷也。"⑥ 孔子的意思是说，心正身正，不做坏事，上天不会怪罪，任何人也不能把他怎么样；反之，如果做了坏事，上天是一定会惩罚他的，向谁祈祷都是没有用的。

正因为此，人就不能去欺骗上天，也不能责怪上天。《论语》记载，有一次，孔子病得很重，子路让孔子的门人准备搞一个治丧的班子。后来，孔子的

---

① 《论语·太伯》
② 《论语·述而》
③ 《论语·子罕》
④ 《论语·雍也》
⑤ 《论语·八佾》
⑥ 《论语·八佾》

病慢慢好了，知道了这个事情后说："久矣哉，由之行诈也。无臣而为有臣，吾谁欺，欺天乎？且予与其死于臣之手也，无宁死于二三子之手乎？且予纵不得大葬，予死于道路乎？"① 按照当时的礼制，只有国君在临近去世前，人们才能组织治丧处，孔子认为自己是不应该享有治丧处这个待遇的，子路这样做，这是在欺骗老师，也是在欺骗上天，不应该这样做。

《论语》记载，子曰："莫我知也夫！"子贡曰："何为其莫知子也？"子曰："不怨天，不尤人，下学而上达，知我者，其天乎！"② 所谓"下学而上达"，皇侃在《论语义疏》里解释说："下学，学人事；上达，达天命。我既学人事，人事有否有泰，故不尤人；上达天命，天命有穷有通，故我不怨天也。"孔子的意思是说，人世间的事情总是时好时坏，在逆境之中的时候，不要去怨天尤人，要以达观的心态来看待。

孔子把"知天命"和"畏天命"当作君子的美德，是否"知天命"、"畏天命"是划分"君子"与"小人"的一个界限。"天命"可以理解为上天的意志，也可以理解为天地之间万物运行演变的法则，或者说，这些法则本身就是上天意志的体现，是上天意志之中被人们所认识的那些部分。首先要"知天命"，孔子说："不知命，无以为君子也；不知礼，无以立也；不知言，无以知人也。"③ 孔子说自己是"十有五而志于学，三十而立，四十而不惑，五十而知天命，六十而耳顺，七十而从心所欲，不逾矩。"④ 孔子曾说自己五十而学易，明白了世界变化的道理之后，就不会犯大的错误了。孔子说："道之将行也与，命也；道之将废也与，命也。"⑤ 即道义能不能实行得通，这都是上天的意志决定的，是不依某个人的意志为转移的，人们要知道这个道理。"知天命"之后就要"畏天命"，他说："君子有三畏：畏天命，畏大人，畏圣人之言。小人不知天命而不畏也，狎大人，侮圣人之言。"⑥ 如果做不到"知天命"和"畏天命"，恣意妄为，就无法达到天人合一，无法保持人与天地自然之间的平衡与和谐，人世间的生产活动、人伦关系等都会受到破坏，生态危机、政治危机、道德危机都会产生。

---

① 《论语·子罕》
② 《论语·宪问》
③ 《论语·尧曰》
④ 《论语·为政》
⑤ 《论语·宪问》
⑥ 《论语·季氏》

2. 乐山乐水

中国文明以内陆大江大河为依托，以农业文明为基础，在这样的自然环境之中，人们对天地自然产生的情感就是依赖、爱恋以至崇敬。女娲抟土造人的神话告诉人们，土所代表的大地、自然就是人类之母，人生于土，死后又复归于土，一如草木从土中生长，而后落叶归根。在孔子看来，土地之上的天是值得敬畏的，土地之中的人是值得尊敬的，土地之中灵动的山水是可爱的，乐山乐水就表达了孔子徜徉山水、怡然自乐的君子情怀。

孔子说："知者乐水，仁者乐山；知者动，仁者静；知者乐，仁者寿。"①"知者乐水"，是因为聪明的人就如充满灵性的水；"仁者乐山"，是因为仁爱的人就如高大沉稳的山。孔子在此呼唤人们与大自然融为一体，感悟自然万物的丰富、美丽与神奇，从中得到人生的巨大、持久而深沉的快乐。李泽厚对"知者乐水，仁者乐山"做了这样的解释："用山水类比和描写仁、智，非常聪明和贴切。作为最高生活境界的'仁'，其可靠、稳定、巩固、长久有如山；作为学习、谋划、思考的智慧，其灵敏、快速、流动、变迁有如水。"②他还说："'乐山乐水'，回归自然，免除各种社会异化，拾回失落感。"③

孔子"乐山乐水"的自然情怀与天地境界，还体现在孔子"吾与点也"的慨叹之中。《论语·先进》记载：

子路、曾皙、冉有、公西华侍坐。

子曰："以吾一日长乎尔，毋吾以也。居则曰：不吾知也。如或知尔，则何以哉？"

子路率尔对曰："千乘之国，摄乎大国之间，加之以师旅，因之以饥馑，由也为之，比及三年，可使有勇，且知方也。"

夫子哂之。

"求！尔何如？"

对曰："方六七十，如五六十，求也为之，比及三年，可使足民。如其礼乐，以俟君子。"

"赤！尔何如？"

对曰："非曰能之，愿学焉。宗庙之事，如会同，端章甫，愿为小相焉。"

① 《论语·雍也》
② 李泽厚著《论语今读》，合肥：安徽文艺出版社，1998年10月第1版，第161页。
③ 李泽厚著《论语今读》，合肥：安徽文艺出版社，1998年10月第1版，第162页。

"点！尔何如？"

鼓瑟希，铿尔，舍瑟而作，对曰："异乎三子者之撰。"

子曰："何伤乎？亦各言其志也。"

曰："暮春者，春服既成，冠者五六人，童子六七人，浴乎沂，风乎舞雩，咏而归。"

夫子喟然叹曰："吾与点也！"

三子者出，曾晳后。曾晳曰："夫三子者之言何如？"

子曰："亦各言其志也已矣。"

曰："夫子何哂由也？"

曰："为国以礼。其言不让，是故哂之。"

"唯求则非邦也与？"

"安见方六七十如五六十而非邦也者？"

"唯赤则非邦也与？"

"宗庙会同，非诸侯而何？赤也为之小，孰能为之大？"

在众弟子"各言其志"的表述中，孔子不认可不够谦逊、不讲礼让、勇敢得近乎鲁莽的子路，不认可只待君子来推行礼乐的冉有，也不认可胸无大志、只愿做个小司仪的公孙赤，而是赞同是曾点所描绘的一个风俗淳美、其乐融融的场景——在暮春时节的一片"乐土"上，人们身着春装，在河里游泳洗澡，在河边手舞足蹈，在祭坛下沐浴着清风，快乐的歌声回响在他们回家的路上。这里有自然本身的和谐，有"暮春"与"春服"之间的天人和谐，还有"冠者"与"童子"之间的人间和谐。

孔子的山水情怀还让人们想起他"登东山而小鲁，登泰山而小天下"的宏大志向，想起他在奔腾不息的大河岸边发出的"逝者如斯夫，不舍昼夜"的人生感叹，想起他奉劝人们通过多读《诗经》而"多识草木鸟兽之名"的殷切期望。关于"知者乐水，仁者乐山"，钱穆看到了其中美与善的结合，他评价说："道德本乎人性，人性出于自然，自然之美反映于人心，表而出之，则为艺术。故有道德者多知爱艺术，以此二者皆同本于自然也。"① 其实，"知者乐水，仁者乐山"何尝不是是真、善、美的结合？孔子讲"学而不厌"以增加人们的智慧，讲礼乐人伦以达到和谐的秩序，讲自然山水以陶冶君子的性情，求真之"知"、求善之"仁"与求美之"山水"，在孔子那里是天然地融

---

① 钱穆著《论语新解》，北京：读书·生活·新知三联书店，2005 年 3 月第 2 版，第 159 页。

合在一起的。

3. 生态关护

孔子的"仁"不仅是对他人的关爱，也是对自然万物的关爱。"子钓而不纲，弋而不宿。"① 即孔子反对滥捕滥杀，他用鱼竿钓鱼，而不用鱼网捕鱼；他用带生丝的箭射鸟，但不射栖息在鸟巢中的鸟。在孔子生活的时代，百姓"靠山吃山，靠水吃水"，捕鱼、狩猎等活动是人们正常劳动的一部分，是维持基本生活所必需的。孔子之所以"钓而不纲，弋而不宿"，一是因为滥捕滥射的后果是破坏了生态环境本身的可持续性，二是因为这样做会因满足自己或少数人暂时的一己之私而损害大多数人的长远利益。

要捕要杀，而不滥捕滥杀，这种态度符合孔子一贯倡导的中庸原则，即做任何事情都要把握好一个适度的标准，做到不偏不倚、恰到好处、适可而止。不捕不杀，会影响人们当下的生存；滥捕滥杀，会影响人们未来的生存。所以，就需要在不捕不杀与滥捕滥杀之间寻求一个平衡点，这就是"钓而不纲，弋而不宿"。

孔子说："天何言哉？四时行焉，百物生焉，天何言哉！"② 即自然万物生于天地之间，有其自身的运行的法则，人的活动应当尊重和顺从这种法则，做到《中庸》中所说的"万物并育而不相害，道并行而不相悖"，否则就会破坏自然的平衡，甚至危及人自身的生存。也就是说，在孔子那里，天与人是统一的，关爱自然万物与关爱人是一致的，关心自然万物也就是在关爱人。这是因为人是自然万物的一部分，不可能脱离周围环境而独立存在，人的生存发展必须保持与生态环境的协调，如果人的活动造成生态失衡，使得可持续发展的链条被打断，人的利益也将得不到保证。

孔子的生态保护观念来自对前人先贤的继承。《逸周书·大聚解》记载，"禹之禁，春三月，山林不登斧，以成草木之长；夏三月，川泽不入网罟，以成鱼鳖之长。"《逸周书·文解传》记载，周文王在临终前嘱咐武王："山林非时，不升斤斧，以成草木之长；川泽非时，不升网罟，以成鱼鳖之长……是以鱼鳖归其渊，鸟兽归其林，孤寡辛苦，咸赖其生。"《史记·殷本纪第三》记载，一次，商汤在野外见有人张网捕鸟，捕鸟人在东西南北四个方向都布了网，并祈祷说："愿天下四方的飞鸟都投进我的网里。"商汤对他说："你可不能把天下

---

① 《论语·述而》
② 《论语·阳货》

四方的鸟儿都一网打尽啊！"他让人撤掉三面的网，也祷告说："鸟儿啊，鸟儿，你愿向左飞就往左飞吧，你愿向右飞就往右飞吧，不听我的话的，你就只好自投罗网了。"天下诸侯听闻此事，赞叹商汤的仁德，纷纷归顺。

孔子的生态保护观念对后世也产生积极影响。其后的孟子认为："不违农时，谷不可胜食也"；"斧斤以时入山林，林木不可胜用也"；"鸡豚狗彘之畜，无失其时，七十者可以食肉矣；百亩之田勿夺其时，数口之家可以无饥矣。"①《礼记·王制》记载："五谷不时，果实未熟，不粥于市；木不中伐，不粥于市；禽兽鱼鳖不中杀，不粥于市。"② 民间谚语"留得青山在，不怕没柴烧"，"靠山吃山要养山，靠水吃水要保水"等，都说明了保护生态的必要性。古代的秦岭、巫山、武当山、桐柏山、大别山等曾经被列为"禁山"，严加保护，严禁砍伐。

4. 力倡节俭

孔子积极倡导节俭，把"节用"、"宁俭勿奢"、"惠而不费"作为君子的美德，要求统治者有仁爱之心，爱惜民力，戒除奢华，对于提升人们的道德，减少民众的疾苦，保持生态的平衡等，有着重要的意义

孔子曾说："吾少也贱，故多为鄙事。"③ 出身贫贱的他深知民众生活的艰辛，他说"俭，吾从众"④，即大家都很俭省，自己也应该如此。他主张"节用而爱人"，即"道千乘之国，敬事而信，节用而爱人，使民以时。"⑤ 他说："礼，与其奢也，宁俭，与其易也，宁戚。"⑥ 即对于礼，孔子认为礼的根本是情感上的真诚，而不在于形式上的奢华，主张礼的形式要做到简朴、节俭。他说："奢则不孙，俭则固。与其不孙也，宁固。"⑦ 即奢侈的人容易傲慢，节俭的人倾向于固执，如果要选择其中的一个，还是节俭为好。孔子要求"君子食无求饱，居无求安"⑧，即君子吃饭不求过饱，一为养生，二为节约粮食；居住也不求过于舒适，可以节约土地、建材和人力等。

在《论语·尧曰》中，孔子提出了"君子惠而不费"的主张：

---

① 《孟子·梁惠王上》
② 《礼记》
③ 《论语·子罕》
④ 《论语·子罕》
⑤ 《论语·学而》
⑥ 《论语·八佾》
⑦ 《论语·述而》
⑧ 《论语·学而》

子张问于孔子曰："何如，斯可以从政矣？"子曰："尊五美，屏四恶，斯可以从政矣。"子张曰："何谓五美？"曰："君子惠而不费，劳而不怨，欲而不贪，泰而不骄，威而不猛。"子张曰："何谓惠而不费？"子曰："因民之所利而利之，斯不亦惠而不费乎？择可劳而劳之，又谁怨？欲仁得仁，又焉贪？君子无众寡、无小大、无敢慢，斯不亦泰而不骄乎？君子正其衣冠，尊其瞻视，俨然人望而畏之，斯不亦威而不猛乎？"子张曰："何谓四恶？"子曰："不教而杀谓之虐，不戒视成谓之暴，慢令致期谓之贼，犹之与人也，出纳之吝，谓之有司。"

孔子主张的"惠而不费"，就是对百姓多施加恩惠，注意节约，不去浪费民财，"因民之所利而利之"，这是君子从政应该具备的一项道德条件。

孔子是节俭美德的倡导者，也是节俭美德的实践者。《论语》记载，孔子曾经想搬到九夷去住，有人劝他说："那个地方非常简陋，怎么好住呢？"孔子回答说："君子居之，何陋之有？"① 即有君子住在那里，就不会是简陋的。孔子说："饭疏食饮水，曲肱而枕之，乐亦在其中矣。"② 他对在困苦生活之中一直保持乐观向上的弟子颜回大加赞赏："贤哉回也！一箪食，一瓢饮，在陋巷，人不堪其忧，回也不改其乐。"③

颜回早逝，孔子悲痛欲绝，但是，即使是对待颜回的丧礼，他还是非常理智地反对弟子们厚葬的做法，这也体现了孔子的节俭主张。颜回的父亲颜路也是孔子的学生，他想让孔子把乘坐的车子做成"椁"，即外棺，棺外套着的一层棺材。孔子说，我的儿子鲤死的时候，也是有棺而无椁；而且，假如我现在要是把车子做成椁，出门步行，这也不合乎我做大夫的身份。

二、奥林匹克运动的环境关爱

半个世纪以来，国际奥委会对环境保护保护给予越来越多的关注，将环境保护作为指导奥林匹克运动的一个基本理念。北京奥运会提出绿色奥运的举办理念，关注人类的生存环境问题，努力促进经济、人口、资源和环境的可持续发展，正是对于奥林匹克运动环保理念的忠实实践。

① 《论语·子罕》
② 《论语·述而》
③ 《论语·雍也》

1. 体育活动对环境的负面影响

体育活动需要在一个洁净的环境中进行，这样才能有利于身体的健康。而人们所进行的体育活动以及与体育相关的活动会对环境产生一定的负面影响。这些负面影响主要有以下方面：一是大型体育场馆的修建、使用与维护需要占用土地，消耗其他自然资源，需要供应大量的能源，容易造成空气污染、噪音污染、光污染，清洁剂、杀虫剂等一些化学产品的使用对土壤和水体也会造成污染，增加城市的温室效应；二是大型体育赛事会带来垃圾的大量增加；三是在草坪上晨练、损伤树木、"喊山"惊扰小鸟和其他人；四是登山、飘流、攀岩、攀冰、空中滑板、高山滑翔、滑水、激流皮划艇、摩托艇、冲浪、水上摩托、蹦极跳、滑板等拓展性体育项目近年来迅速兴起，这些运动项目的特点是贴近自然、挑战自我、发掘潜能，但这些项目多在生态脆弱地区进行，容易对环境造成伤害。

2003 年是人类登上珠穆朗玛峰 50 周年，同年 8 月在日本东京举行了一个别出心裁的展览——珠峰垃圾展，展出的垃圾重达 8 吨，其中有废氧气瓶、旧帐篷、破冰箱、罐头盒、煤气罐、塑料布、绳索等，这个展览意在唤醒体育运动对于环境的关爱。

在 20 世纪 60 年代以后的各届奥运会的筹办中，各个国家都朝着建设的大型化和现代化大步迈进，可是很少考虑过这些建设对城市和自然环境的影响。于是，这些主办城市在后来逐渐显露出由于当初考虑不周全而造成的恶果，如城市整体文化景观被破坏，古迹遭到损坏，自然环境恶化，资源得不到利用等，这直接影响了奥运会自身的发展。1992 年在希腊举行的第七次欧洲体育内阁首脑会议通过了《新欧洲·体育宪章》，其中第 10 条规定："为了确保人类身体的、精神的、社会的健康状态，无论何时，在都市、野外、湖泊举行体育活动都要顺应地球的自然环境，要按照维护环境、顺应自然的管理原则进行。"

2. 奥林匹克运动对环境问题的关注

国际奥委会对于 20 世纪下半叶以来越来越突出的环境问题给予深切的关注，《奥林匹克宪章》指出："督促举行奥林匹克运动会时有关机构对环境问题予以认真关注，鼓励奥林匹克运动对环境问题的认真关注并采取措施，教育一切与奥林匹克有关的人认识到可持续发展的重要性。"① 萨马兰奇指出："诚

① 国际奥林匹克委员会《奥林匹克宪章》[M]，北京：奥林匹克出版社，2001 年 2 月第 4 版，第 11 页。

实地讲，继体育和文化教育之后，我们应当把尊重环境作为奥林匹克主义的第三个内涵。"① 他说："国际奥委会试图付诸于实践的生态政策是以奥林匹克运动对人类社会和福利的责任为基础的，符合《奥林匹克宪章》规定的原则。它始终强调要采取一种积极的、促进的态度，要超越奥林匹克运动自身。"②

1972年美国的丹佛市迫于当地生态组织的压力，放弃举办第12届冬季奥运会；1974年加拿大的温哥华撤回关于举办第13届冬季奥运会的申请。1976年蒙特利尔奥运会上，每位参加者都将自己得到的一棵枫树苗带回国内种植。1980年普莱西德湖冬季奥运会，组委会尽量多用临时建筑，以此减少对环境的影响。1984年洛杉矶奥运会，国际奥委会关注洛杉矶烟尘对人们健康的危害；1988年卡尔加里冬季奥运会，采取计划缓和当地印地安人社区对于环境问题的忧虑；同年，汉城奥运会完成了一项规模巨大的环境治理计划，整治汉城大气污染和汉江水体污染。1992年阿尔贝维尔冬季奥运会，由于环保组织反对在赛址改变自然地貌，国际奥委会制定了保护环境和地貌的政策。同年，巴塞罗那奥运会开创"无烟奥运会"，奥运会期间，比赛场馆和一切公共场所禁止抽烟。1994年第17届利勒哈默尔冬季奥运会是奥运会注重环境保护的典范，冬奥会组委会专门建立了一个"环境友好奥运会工程"组织，负责监督涉及环境的冬奥会开发项目。该组织还负责环保的监督和顾问工作，如建议组委会改变在一个沼泽地带修建滑冰场的计划，以保护沼泽地中鸟类的生存环境；建议组委会将雪橇赛场修建在远离城镇的地区，并尽量与周围的地形协调。1996年亚特兰大奥运会，奥运会有了全面的废物处理系统。1998年长野冬季奥运会，强调奥运会与自然环境的高度和谐，在场馆、节能、绿化、教育等方面采取了一系列环保措施。

2000年的悉尼奥运会就是以"绿色奥运"为特色的。比赛场馆以及奥运村全部采用太阳能发电；行驶在奥运村的保安人员的车辆以太阳能为动力；客房内不安装空调，全部使用无氟冰箱；污水经过处理后循环利用；最大限度地使用公共交通；比赛场馆禁烟等。那座气势磅礴的霍姆布什湾奥林匹克公园所在的地方以前是一座大型的垃圾场，悉尼用先进的手段清理这块160公顷的污染地，用一米厚的黏土层封闭垃圾，防止有毒物质的渗出。最后"化腐朽为

---

① ［西班牙］胡安·安东尼奥·萨马兰奇著《奥林匹克回忆》，孟宪臣译，北京：世界知识出版社，2003年7月第1版，第82页。

② ［西班牙］胡安·安东尼奥·萨马兰奇著《奥林匹克回忆》，孟宪臣译，北京：世界知识出版社，2003年7月第1版，第83页。

神奇",将垃圾场变成了悉尼的一个著名风景名胜,成为举行国际体育比赛的理想场地。除此之外,为了保护一种濒危的青蛙,组委会修改了原定的将沼泽地填埋以修建会场的计划,投资 40 万澳元专门为青蛙修建了特别的围栏和地下通道,以免它们被公路上的汽车轧死。

国际奥委会 1972 年倡议在奥运会举办地德国的慕尼黑建造一个植物园,每个国家的奥委会在园内种植一颗乔木或者灌木,以象征运动与生命的紧密结合。1993 年,国际奥委会在建立国际奥委会奥林匹克博物馆新馆的时候,当时的原则就是不破坏周围的景观,依傍地形向下发展。当时为了保护一棵百岁古橡树,设计者们绞尽脑汁,多次修改设计和施工方案,安装地下管道时小心翼翼地保护古树的根系,并不断为古树施肥。现在,这棵与现代奥运会同龄的老橡树枝繁叶茂,郁郁葱葱,古树旁边是顾拜旦先生的雕像,雕像一旁的一个金属牌上写着——"这棵百年古树之所以保护得如此之好,是由于修改了原建筑设计方案,它表达奥林匹克主义对自然的尊重。"① 1994 年经国际奥委会主席萨马兰奇批准,国际奥委会运动与环境委员会(IOC Sport and Environment Commission)宣布成立,其任务是就国际奥委会在环境保护方面应采取的政策提出咨询意见,参与对奥运申办城市的评估和主办城市的遴选工作。国际奥委会在 1995 年、1997 年和 2001 年分别在洛桑、科威特和里约热内卢举行"世界体育与环境大会"。1999 年国际奥委会通过《奥林匹克运动 21 世纪议程》,提出"由于运动员的知名度和在青少年中的影响力,应当鼓励他们为促进环境教育和培训作出贡献"②。国际奥委会对奥运会举办城市的环境要求非常严格,这些要求包括:建筑工程在环保方面必须尊重法律和国际规范,提交关于举办奥运会生态影响的研究计划,提出改善环境的计划,治理垃圾和废弃物方面的措施,节约能源计划,减少空气污染、噪音污染的计划,改善交通服务的计划,与有关生态组织的关系等等。

近 10 年以来,奥林匹克运动的环保教育不断加强,1994 年第 17 届利勒哈默尔冬季奥运会,用公交车体、门票、出版物等传播奥林匹克环保信息;1998 年长野冬季奥运会,2002 年盐湖城冬季奥运会,制定了环保教育计划。国际奥委会将每年 6 月 5 日确定为"地球日",各国奥委会和当地环境机构联

---

① [西班牙]胡安·安东尼奥·萨马兰奇著《奥林匹克回忆》,孟宪臣译,北京:世界知识出版社,2003 年 7 月第 1 版,第 84 页。

② IOC. Olympic Movement's Agenda 21

合举行环保宣传活动。国际奥委会与世界奥运选手协会合作，建立由奥运明星、专家和志愿者组成的网络，发挥奥运选手在环保方面的榜样作用。

　　3. 北京的绿色奥运行动

　　绿色奥运是北京奥运会的一项基本理念，这一理念要求在奥运会筹办的过程中，必须以可持续发展理论为指导，将环境保护作为奥运设施规划和建设的首要条件，制定严格的生态环境标准和系统的保障制度；广泛采用环保技术和手段，大规模、多方位地推进环境治理、城乡绿化美化和环保产业发展；努力增强全社会的环境意识，引导公众养成绿色消费的习惯，积极参加改善生态环境的活动。北京奥运会提出并实施这一理念，既是对奥林匹克运动越来越强烈的环保观念的忠实实践，更是解决中国当今日益严峻的环境难题的迫切要求。绿色奥运理念的实质是通过奥运会筹办过程中的环保举措的示范效应，引导整个中国社会的环保行动不断深入发展。

　　在 2000 年 6 月 19 日北京 2008 年奥林匹克运动会申办委员会向国际奥委会递交的《北京 2008 年奥林匹克运动会申请报告》中，提出将绿色奥运、科技奥运、人文奥运作为北京奥运会的理念。2001 年 1 月 17 日，北京奥申委代表团向国际奥委会递交了《北京 2008 年奥林匹克运动会申办报告》，《申办报告》重申绿色奥运、科技奥运、人文奥运是北京奥运会的理念。北京奥运会提出绿色奥运的理念，除了国际奥委会对环境问题的高度关注这一背景外，另一个方面考虑是，当代中国社会正处于从传统向现代加速转型的历史时期，环境问题日趋严重，这是有目共睹甚至是触目惊心的事实。污染物排放总量居高不下，超过环境容量，环境污染事故进入高发期。生态环境形势不容乐观，土地退化趋势未得到根本改变，植被质量低、生态功能弱的现象并未扭转，耕地数量型占补平衡与质量型下降并存，湿地破坏严重，生物多样性受到严重威胁。环境污染和生态破坏造成了巨大经济损失，危害群众健康，影响社会稳定和环境安全。北京自身也存在严重的环境问题，与其他奥运申办城市相比，这一问题构成北京申办奥运面临的巨大压力和挑战，如果不能痛下决心致力于环境污染的治理和生态环境的改善，就不能取信于国际奥委会，也就不会有北京奥运会的成功申办。

　　北京市和奥组委高度重视环境保护问题，积极贯彻绿色奥运理念，稳步实施《绿色奥运行动计划》，成功举办一届环境友好型的奥林匹克运动会，全市上下一致努力，使奥运会可能对环境造成的负面影响降到最小的程度。北京市加强城市环保基础设施建设和改善生态环境的工作，在防治空气污染、保护水资源、工业污染治理、固体废弃物污染防治、绿化和生态建设等方面取得了明显的进展。主要措施包括将首钢迁移出北京，开展"绿色 GDP"核算，推广使用清洁能源车辆等。北京奥组委按照国际标准建立了环境管理体系，该体系覆盖了北京奥组委绿色办公、赛事路线规划、场馆规划、合作伙伴选择、签约饭店选择、宣传报道及环境管理等方面的相关工作。北京奥组委还致力于开展环境保护宣传教育，利用奥运会的影响力和感召力，提高公众的环境保护意识，树立节约资源的观念，使可持续发展观深入人心。北京奥组委与北京市政府有关部门、民间环保组织、奥运会赞助企业、奥运场馆业主、签约饭店以及青少年群体等合作开展形式多样的节约资源、保护环境、绿色旅游、垃圾分类、保护野生动物、绿色消费、植树造林等活动，提高公众的环境保护意识。

尽管北京奥运会的环保工作已经取得较大成功，但是必须充分估计到面临的困难和问题，必须考虑由于自然地理、气候条件限制、人为污染源等因素对于环境的不利影响，要认识到北京市生态状况和环境质量在举办奥运会之后还须继续重视。现实的趋势是，影响环境质量的诸多因素，如城市建成区面积、人口数量、能源与资源消耗总量、机动车保有量、城市需水量、建设规模等将维持在较高水平甚至有所增长；必须尽快采取积极措施防治环境污染、加强生态保护与建设，唯有如此，城市环境质量和区域生态状况才能迅速改善，才能实现"绿色北京"的目标。更重要的是，关注绿色奥运不应该只是在北京奥运会筹备和举办的几年期间，必须放眼长远，胸怀全局，考虑如何通过贯彻绿色奥运理念的一系列行动，来促进中国整体的、长久的环境改善。

三、孔子环境伦理思想的启示意义

在当今人类面临环境危机的背景下，理解孔子的环境伦理思想，关注奥林匹克运动的环保实践，对于人们树立尊重自然、善待自然的意识，深入实施北京奥运会提出的绿色奥运的理念，推进中国社会的环境保护进程，在科学发展观的指导下处理好人与自然的关系，建设一个资源节约型、环境友好型的社会，都具有非常积极的启示意义。

1. 人类应当尊重与善待自然

孔子对于天地自然的敬畏、对于天人和谐的追求，都在告诉人们应该尊重自然，善待自然。自然界为人类提供了最基本的生活与生存的条件，为人类的经济活动提供了各种资源和能源，即所谓"靠山吃山，靠水吃水"；自然界还给人以精神与文化上的享受，人们在其中可以体验到"知者乐水，仁者乐山"的情怀。从超越人类中心主义的立场上看，自然界本身有其内在的价值，自然界值得敬畏和珍惜的重要价值之一是它对生命的创造，生命的创造是大自然的奇迹，即孔子所说的"四时行焉，百物生焉"。人类对自然负有责任与义务，应该保护和爱护自然，尊重地球上的生命，顺应自然的生活，控制和制止人类对环境的破坏。中国人文精神的一个突出特色就是强调"天人合一"，人类是自然界长期进化的产物，是自然之母孕育的精灵，要注重保持人与自然界的和谐关系，人的活动应尊重自然界的状态和规律，不断调整人与自然的平衡关系，不能超越自然界本身的承载能力、任意地破坏自然界的平衡。

"天人合一"是坚持"天道"与"人道"的合一，认为"道之大原出于天"。道德规范也是上天所赋予的，人们在修养过程中要"尽心，知性，知天"，以达到"仁者与天地万物为一体"的至善境界。《易传》上说："夫大人者，与天地合其德，与日月合其明，与四季合其序，与鬼神合其吉凶。"① 老子说："人法地，地法天，天法道，道法自然。"② 庄子认为天、地、人都是由气构成的，人是自然的产物，是自然的一部分，天与人是统一的。它在《齐物论》中主张"无以人灭天"，追求"天地与我并生，万物与我为一"的境界。《左传·昭公二十五年》上说："夫礼，天之经也，地之义也，民之行也。天地之经，而民实则之。"③ 这是郑国大夫子产的一段话，他认为"礼"是天经地义，是自然界的自然法则，是人的行为必须效法的根本。北宋哲学家张载认为，"乾称父，坤称母，予兹藐焉，乃混然中处。天地之塞，吾其体；天地之帅，吾其性。民，吾同胞；物，吾与也。"④ 即人与自然万物都是由充塞天地之间的气构成的，气的本性就是人的本性和万物的本性，因此，人民都是我的同胞兄弟，万物都是我的朋友。他要努力实现"为天地立心，为生民立命，为往圣继绝学，为万世开太平"的理想，以完成人道，实现人道，达到天道与人道的统一。根据"天人合一"的精神，人应在尊重自然规律的前提下利用自然和调整自然，使自然更好地服务于人类的需要，也使自然万物都能依照自身的本性正常地存在、生长。

---

① 南怀瑾、徐芹庭译著《白话易经》，长沙：岳麓书社，1988年2月第1版，第27页。
② 徐凡澄著《老子臆解》，北京：中华书局，1988年3月第1版，第35页。
③ 《左传·昭公二十五年》
④ 张岱年、方克立主编《中国文化概论》，北京：北京师范大学出版社，1994年5月第1版，第379页。

但是，随着农业文明被工业文明所取代，人类在走向文明的进程中不断地挣脱自然的怀抱，人们在机械自然观的引导下确立了征服与改造自然的观念，并且拥有了越来越高的征服与改造自然的能力，人与自然之间的关系越来越走向对抗的状态。现代科技和工业发展几乎失控的加速度在为人类创造出巨大财富的同时，也展示出了一副可怕的面孔——污浊的空气、不洁的水源、锐减的森林、肆虐的沙尘、物种的灭绝、毁灭人类的核竞赛、身体健康受到危害，等等。恩格斯早在西方近代工业蒸蒸日上的时代就发出了这样的警告："我们不要过分陶醉于我们对自然界的胜利。对于每一次这样的胜利，自然界都报复了我们。每一次胜利，在第一步都确实取得了我们预期的结果，但是在第二步和第三步却有了完全不同的、出乎意料的影响，常常把第一个结果取消了。"①德国哲学家海德格尔表达出了更深的忧虑，他认为现代科技更大的祸害在于它在人与自然的关系上"砍进了深深的一刀"，从而对人的存在、对自然的存在都造成了扭曲和伤害。比如大地由受人崇拜的万物之母沦为受人宰割的对象，人们在用农机、化肥、农药等技术工具和手段逼迫大地交出更多的粮食。

20世纪60年代至70年代，面对越来越严重的环境污染与生态破坏，环境伦理学应运而生。环境伦理学从哲学、伦理学的高度反省人类与自然界的关系，认识人类对自然环境以及自然界中生命的责任。作为环境伦理学先驱的阿尔伯特·施韦泽（1875～1965）提出"敬畏生命"的主张，将道德共同体从人类扩展到所有生命。他认为一个有道德的人应该把植物和动物的生命与人的生命看得同样神圣，不摘树上的绿叶，不折断花枝，走路时小心谨慎以免踩死昆虫，这就是"生命之善"，即"维持生命，改善生命，培养其能发展的最大的价值"②；否则就是"生命之恶"，即"毁灭生命，伤害生命，压抑生命之发展"③。奥尔多·利奥波德提出"大地伦理"的思想，认为地球上的土壤、高山、河流、森林、气候、植物、动物等构成一个不可分割的有机整体，人应该"像山一样思考"，即以一种客观的、整体主义的、非人类中心主义的方式去思考。他说："当某事物倾向于保护整体性、稳定性及生物群体之美时，它

---

① 《马克思恩格斯全集》第20卷，北京：人民出版社，1965年，第519页。

② ［美国］戴斯·贾丁斯著《环境伦理学：环境哲学导论》，林官明、杨爱民译，北京：北京大学出版社，2002年10月第1版，第153页。

③ ［美国］戴斯·贾丁斯著《环境伦理学：环境哲学导论》，林官明、杨爱民译，北京：北京大学出版社，2002年10月第1版，第153页。

就是善，是正确的，否则就是错误的。"① 蕾切尔·卡逊以考察和分析杀虫剂对环境的破坏性效果而著称，她认为杀虫剂不仅杀死了昆虫，也杀死了吃掉这些昆虫的动物，进而影响到整个"生命之网"，最终会制造出一个没有了鸟儿在吟唱的"寂静的春天"。她认为生命是一个超越人类理解范围的神奇现象，在自然面前应该保持敬畏意识、谦卑意识，要树立与其他生命共享地球的观念。

环境伦理学中的非人类中心主义学派主张，人类要走出生态危机，就要超越人类中心主义，超越笛卡尔以来主客二分的机械论世界观。人是主体，其他生命也是主体，其他生命有其不依赖于人的意志的独立价值；道德关系不仅存在于人和人之间，也存在于人与非人之间；不仅人有生存权，其他生命也有生存权；人类应该理解自然，而不是征服自然；人类不应该是一个自私自利的"类"，而是应该与自然界中的其他"类"共生共荣。为此，人类要将生态学凌驾于经济学之上，超越资本主义"大量生产—大量消费—大量抛弃"的生产方式，超越物质主义、消费主义、享乐主义的生活方式。

面对当今全球性资源短缺、环境污染和生态恶化等威胁人类生存和发展的严峻现实，世界环境发展委员会于 1987 年提出了一个题为《我们共同的未来》的专题报告，1989 年第 15 届联合国环境署理事会通过了《关于可持续发展的声明》，呼吁全世界所有的国家和地区都来关注可持续发展问题，不能仅仅为了满足当前一时的、局部的需要而削弱了子孙后代满足其需要的能力。1992 年在里约热内卢召开的联合国环境与发展大会通过了《21 世纪议程》，呼吁各国在保护环境和不可再生能源的前提下寻求经济发展的新模式。

从精神属性上说，奥林匹克运动带有人类工业化时代的特征，它所倡导的勇于竞争、拼搏进取的精神，在一定程度上成了人类挑战自然、征服自然的典型象征，"更快、更高、更强"的奥林匹克格言所表达的就是不断突破生理局限、突破既有状态、突破竞技对手的渴望，这种精神追求与中国传统的"天人合一"，与孔子所主张敬畏天命与中庸之道，有着巨大的差异。也正因为此，现在要把环境保护作为奥林匹克精神新的支柱的奥林匹克运动，就急切需要从中国文化"天人合一"的哲学中寻找智慧，需要从孔子的生态伦理观念中汲取自身走向完善的思想资源，从而使奥林匹克运动的环境保护事业走向

---

① ［美国］戴斯·贾丁斯著《环境伦理学：环境哲学导论》，林官明、杨爱民译，北京：北京大学出版社，2002 年 10 月第 1 版，第 212 页。

深入。

2. 处理好不同主体间的环境利益关系

孔子倡导的"仁",表现在人与人的关系中,就是希望建立"和而不同"、充满爱意的和谐秩序;同时,表现在自然与人的关系中,就是希望人们把爱的对象扩大到自然万物之上。孔子"钓而不纲,弋而不宿"的主张和做法就是这一精神的生动体现。转换成为现在的话语,就是在可持续发展的实践中处理好不同主体之间的环境利益关系,其中包括当代人与下一代人之间的环境利益关系。以"钓而不纲"为例,如果大家都来用鱼竿钓鱼,而不用鱼网捕鱼,其结果是现在大家都有鱼吃,今后大家也都有鱼吃;如果有的人用鱼网捕鱼,有的人用鱼竿钓鱼,捕鱼者不仅侵害了钓鱼者的经济利益,也破坏了所有人的环境利益,久而久之,当资源枯竭的时候,大家就都没有鱼吃了,下一代人也没有鱼吃了。

人类与自然打交道的过程中必然涉及到各方面的环境利益关系,环境伦理要求人们要关心自己的环境利益,也要关心他人的环境利益,直至关心整个人类的长远的环境利益。这就是环境问题的复杂性,即任何个人的环境行为的后果都不限于个人,而是会对周围乃至整个人类造成影响,个人利益与群体利益、区域性利益与全球性利益等,总是密切地联系在一起的。因此,在环境问题上必须坚持以下四项原则。一是正义原则,即任何破坏自然、危害生态的行为都是非正义的,应该受到社会舆论的谴责;任何有利于环境保护与生态平衡的行为都是正义的,应该得到社会舆论的赞许。二是公正原则,即在治理环境和处理环境纠纷时维持公道,由环境的破坏者承担环境责任。三是权利平等原则,即任何人、任何组织、任何地区、任何国家,在自然环境与自然资源使用上都是平等的。四是合作原则,即环境的保护和治理需要人与人、地区与地区、国与国之间进行充分的、有效的合作。

环境问题直接牵涉到当代人的环境利益,也关系到后代人的环境利益,今天的人们应该对后代承担道德义务与责任。在环境问题上,当前利益与长远利益发生冲突时,应兼顾当代人与后代人的利益,不能为了当代人的环境利益而牺牲后代人的环境利益。处理好环境利益上的代际关系,必须树立责任意识,即当代人有责任为子孙后代留下一个合适生存和发展的环境,必须把一个完好的地球传给后人,不能有类似于"我死后哪管它洪水滔天"的不负责任的态度;必须慎重行事,在行动之前要充分估计活动可能造成的环境影响,把可能给后代人造成的环境损害降到最低限度。

3. 培育绿色生活方式

贯彻绿色奥运理念，最根本的就是在全社会培育环境保护意识，倡导绿色生活方式，通过每一个人在日常活动中的点点滴滴的努力，构筑起一道"绿色"长城。

第一，保护环境，尊重生命。

孔子把"知天命"、"畏天命"作为君子的美德，对当今社会的启示是，必须对天地自然心存敬畏。尽管人类现在是世界上最强大的物种，能够用科技手段有效地控制外部世界，但是，决不要以为人类是自然的主宰，可以对自然界为所欲为。人类必须培育生态良知，服从生态规律，尊重生命共同体中的诸多物种。如果人类只关心自身的价值和利益，而不考虑其他生命存在的价值和利益，人类也将丧失生存和发展的权利。

保护环境，就要在生产生活的细节上多加注意，拒绝使用污染环境的产品，优先购买绿色产品，如不使用一次性用品，不使用非降解塑料餐盒；使用无氟冰箱、无铅汽油、清洁能源等；不在野外烧荒，不在江河湖泊钓鱼，不随意取土，不焚烧秸秆，不捡拾野禽蛋，不向江河湖海倾倒垃圾等；少开私家车，多乘坐公共交通出行，使用无污染的交通工具；不在公共场所吸烟、嚼口香糖、随地吐痰等。

尊重生命，就是要做到保护物种的多样性和生态系统的多样性；不破坏野生动物的生存环境，不以虚假的借口猎杀野生动物，不无故造成有感觉动物的不必要的痛苦；不虐待、残害动物，不购买野生动物制品，不制作和购买动植物标本，不把野生动物作为宠物饲养，不干扰野生动物的自由生活，不恫吓、投喂公共饲养区的动物，不乱采摘、食用野菜，等等。

第二，乐山乐水，亲近自然。

孔子乐山乐水的天地情怀对当今的启示意义就是，热爱自然，亲近自然，活动身体，开阔胸怀，陶冶性情，在山水之中体验自然的神圣与魅力。

奥林匹克运动有着深切的人本关怀，期望人们实现身心均衡发展的目标，把体育运动作为达到这一目标的基本方式。然而，人类今天的生产方式与生活方式使得人们的身体距离运动越来越远，竞争的压力、紧张的节奏、环境的污染、运动的不足等，都是促使人们体质退化的因素，已经成为社会的突出问题。这样的趋势是必须要扭转的，亲近自然，回归大地，与青山绿水亲密接触，是实现转变的一个重要途径。

登山就是一种非常理想的运动休闲方式，孔子喜爱登山，因为登山的过程充满了无穷的快乐，人的身体得到锻炼，心情得到放松，境界也会得到提升。人们经过攀登到达了顶峰，会有"山高人为峰"的征服感，会有"一览众山小"的豪情，看着脚下的山头在云间时隐时现，还会有一种飘飘欲仙的感觉，这是登顶的快乐。登山的快乐并不限于登顶的时刻，攀登的过程中充满着无限的乐趣，呼吸山林的气息，品尝山泉的清冽，欣赏山花的烂漫，聆听山鸟的鸣叫，感悟横看成岭、斜看成峰的妙趣，这都是过程中的快乐。

奥林匹克运动的未来发展应当更加贴近自然，而不应当过度地依赖技术与设施；应当以人类的身心和谐为根本目标，而不是追求少数顶尖选手的"更快、更高、更强"。H·艾赫伯格在他 1984 年发表的《奥林匹克：新殖民主义及其选择》一文中认为体育应回归自然性，应该在自然环境中从事体育运动。

第三，抵制消费主义，倡导简单生活。

孔子倡导节俭，主张"节用"，戒除奢华，减少浪费。顾拜旦也一直反对奥运会的奢华倾向，他说："奥运会的开销因为受到社会中奢侈风的影响而滋生了一些不良习惯，产生了一些错误的指导思想，认为无节制地奢华必会带来舒适的比赛条件和共同繁荣的景象。奢华的特点有待考量：庸俗使它一无可取，它只是倾向于粉碎中间阶层的力量，从而拉大社会阶层的差距。"① 当今市场社会之中，消费主义盛行，贪婪的欲望日益膨胀，人生的价值被限定为对财富的占有和对商品的消费，一个人的价值与他消费的品牌、档次、金额、数量等联系在了一起，仿佛是消费越多，价值越大；消费的档次越高，人就越高贵。任意消费、过度消费、奢侈消费、炫耀性消费成为时尚，勤俭节约、简单生活似乎成了"不会生活"、"缺乏情调"的代名词。

必须看到，无论经济如何繁荣，自然资源都不是无限的，有限的资源无法支撑得起不断膨胀的人口数量以及日益贪婪的消费欲望。为此，人们在生活方式上就要抛弃消费主义，选择合理的消费方式，倡导简单生活。合理消费，一是要做到文明消费，保持物质消费与精神消费的协调，把消费作为人生的手段，而不能将消费当作人生的目的，抵制奢侈消费、炫耀性消费。二是要做到消费的无害化，在消费过程中不对环境造成危害，或者努力把危害减小到最低程度。三是要做到消费的适量化，消费要量力而行，量入为出，以满足基本需要为标准，不可任意消费、过度消费。倡导简单生活，就是过物质上简朴、精

---

① 国际皮埃尔·德·顾拜旦委员会编《奥林匹克主义——顾拜旦文选》，刘汉全、邹丽等译，北京：人民体育出版社，2008 年 8 月第 1 版，第 198 页。

神上丰富的生活，简朴生活不是简陋生活，也不是一味强调艰苦生活，而是在满足基本物质生活需要的状态下，追求精神生活的高品位、高格调。比如家庭装修，完全没有必要把自己的房屋搞得像宫殿一样富丽堂皇，一个人的房屋越是金碧辉煌，他的精神品位相应会越低。

"以艰苦奋斗为荣，以骄奢淫逸为耻"，这是胡锦涛同志提出的社会主义荣辱观的一项重要内容，要求全社会树立节约光荣、浪费可耻的观念，这也是环境伦理的要求。我们在工作生活中应该厉行节约，反对浪费，尽量循环利用各种资源，如双面使用纸张，一水多用，节约用电，节约粮食等。北京奥运会在筹办过程中，"节俭办奥运"就是一项基本的筹办原则，就是要考虑中国作为发展中国家的基本国情，深刻认识到中国举办奥运会不是为了向世界做任何的炫耀，需要花好每一分钱，节约每一份力量。

第六章

儒家的义利之辨与奥运的商业化

如何看待义与利的关系，这是以孔子为代表的儒家所探讨的一个极为重要的话题。孔子肯定利益对人的意义，同时更加强调道义的价值，主张以道义原则来引导、规范、限制人的逐利行为，做到义与利的协调与平衡。作为有着崇高道义追求、又身处资本主义市场经济旋涡之中的奥林匹克运动，在其一个多世纪的发展历程中，经历了由开始"重义轻利"到当今"义利并重"的转变，在这一转变过程中甚至出现了"重利轻义"的倾向。孔子"见利思义"的思想对于一直在义利之间挣扎徘徊的奥林匹克运动定然有深刻的意义。

一、义利关系的历史考察

道义与利益的关系问题是伦理学的一个基本问题，这一问题与人们的实际生活密切相关，历史上的众多伦理学家、伦理学派都在试图回答这个问题。吴潜涛教授指出："义与利的关系问题，在一定意义上是人们世界观、价值观的核心，它从属于伦理学，但也是现实生活中人们无法回避的重大理论问题和实际问题，历来为人们所关注。"[1] 奥林匹克运动在其发展过程中遇到的诸多问题几乎都可以从道义与利益的关系角度作出解释，如奥运商业化选择与奥林匹克理想的冲突，奥运职业化与业余原则的冲突，运动员兴奋剂服用背后的利益诱惑，国际奥委会官员在奥运申办过程中的受贿丑闻等。正确认识奥林匹克运动中的道义与利益的关系，对于解决奥林匹克运动发展中遇到的种种问题，对于奥运在未来的健康发展，有着非常重要的现实意义。

道义就是人们应该遵循的道德准则，指人们的思想行为符合一定的标准，是一种社会的道德规范，是一种崇高的道德境界、道德情感以及义无反顾的高

---

[1] 吴潜涛著《伦理学与思想政治教育》，郑州：河南人民出版社，2003 年 8 月第 1 版，第 45 页。

尚行为。利即利益，是指对于自身、众人或社会有用性，既包括个人利益，也包括了国家和民族的利益。

人类社会在进入近代资本主义社会之前，在义利关系上占主导地位的思想是崇尚道义、贬低利益。以孔子为代表的儒家在义利关系上主张以义制利，君子应该把"义"这一道德原则放在首位，不仅以"义"为思考问题的出发点，并以"义"作为评判人们言论、行为是非的标准。汉代思想家董仲舒认为，"夫万民之从利也，如水之走下，不以教化堤防之，不能止也。"① 他认为处理义利关系应该"正其谊不谋其利，明其道不计其功"②。宋明理学家提倡"存天理、灭人欲"，程颢、程颐认为义与利、理与欲难以统一，只能"灭私欲则天理明矣"③。朱熹也曾提出"革尽人欲，复尽天理"的主张④。对于儒家的义利观，吴潜涛教授评论说："儒家的重义轻利、先义后利的义利观，体现出一种着眼于整体利益的价值导向，它适应了大一统的中央集权制度的封建国家的需要……它重视道德理想和精神生活的积极因素，对于形成和培养中华民族的优秀品德发挥了巨大作用，应当继承和发扬。但是，这种义利观过分强调道德的高尚性，贬低人们的正当欲望与物质利益，束缚了人们对于物质财富的追求和创造，在一定程度上阻碍了我国经济的进步与社会的发展。"⑤

在西方，欧洲中世纪基督教宣扬禁欲主义，把义与利绝对地对立起来，主张在现实世界里禁绝一切个人欲望和物质享受。随着资产阶级取得在经济和政治上的统治地位，与之相应的义利观便走向重利轻义。英国哲学家霍布斯主张"公开利己主义"，宣称"人对人就像狼一样"，认为任何人嗜欲或欲求的对象都可称为"善"；法国哲学家爱尔维修提出"合理利己主义"，肯定人的趋乐避苦的本能在历史上起着巨大作用，认为利己之心是合乎道德的。损人利己，尔虞我诈，弱肉强食，巧取豪夺，成为工业社会难以治愈的沉疴。诚如马克思和恩格斯在《共产党宣言》中指出的那样，"资产阶级在它已经取得了统治的地方把一切封建的、宗法的和田园诗般的关系都破坏了。它无情地斩断了把人们束缚于天然尊长的形形色色的封建羁绊，它使人和人之间除了赤裸裸的利害

① 《汉书·董仲舒传》
② 同上
③ 《遗书》卷二十四
④ 《语类》卷十三
⑤ 吴潜涛著《伦理学与思想政治教育》，郑州：河南人民出版社，2003 年 8 月第 1 版，第 46 ～ 47 页。

关系，除了冷酷无情的"现金交易"，就再也没有任何别的联系了。它把宗教虔诚、骑士热忱、小市民伤感这些情感的神圣发作，淹没在利己主义打算的冰水之中。它把人的尊严变成了交换价值，用一种没有良心的贸易自由代替了无数特许的和自力挣得的自由。总而言之，它用公开的、无耻的、直接的、露骨的剥削代替了由宗教幻想和政治幻想掩盖着的剥削。"①第二次世界大战以后，科学技术快速发展，极大地促进了经济的腾飞。尤其是"冷战"结束以后，经济全球化浪潮汹涌澎湃，政治多极化日益明显，思想文化的全球交流日益密切。西方社会的思想家们全面反思包括价值观在内的西方文化，谴责西方现代社会中人的异化现象，思考在义利关系上的正确选择。英国著名历史学家汤因比在与日本宗教哲学家池田大作的对话中指出，迄今为止，人的伦理行为的水准一直很低，丝毫没有提高，但是技术成就的水准却急剧上升，其发展速度比有记录可查的任何时候都快，结果是技术与伦理之间的鸿沟空前增大，这不仅是可耻的，甚至也是致命的。

马克思主义坚持义和利的辩证统一，是道德原则和利益原则的统一。首先，利益是道德的直接基础。道德作为一定社会关系的反映，其内容是由一定的生产关系即经济关系所决定，并随着经济关系的变化而变化的。因此，人类道德在利益的基础上产生，而且随着利益亦即经济关系的变化而变化。其次，道德对利益有巨大的反作用。崇高的道德理想和高尚的道德情操不仅可以向人们提供道德追求的最高目标和做人的道德标准，而且可以积极影响人们的道德行为，调节人们在分配中的各种利益关系，正确处理国家、集体和个人之间的利益。因此，道德对利益的分配和调节又有非常重要的作用，它是社会主义精神文明的高度体现，是人们正确处理目前利益和长远利益，个人利益和集体、国家利益所应遵循的最高准则。在处理个人利益和他人利益的关系上，要做到"见利思义"，而不要"见利忘义"。在处理局部利益和全局利益关系上，要"深明大义"，而不应该"急功近利"。马克思主义一贯主张把给最大多数人民以最大利益作为道德的基本原则，应该把社会利益、群众利益、集体利益和个人利益结合起来。我们主张要处理好先进性与广泛性的关系，在道德建设上要从实际出发，鼓励先进，照顾多数，把先进性的要求同广泛性的要求结合起来。

我国现在正处于社会主义初级阶段，实行的是以公有制为主体、多种所有

---

① 《马克思恩格斯选集》第 1 卷，北京：人民出版社，1995 年 6 月第 2 版，274～275 页。

制经济共同发展的基本经济制度，党的十四届六中全会通过的《中共中央关于加强社会主义精神文明建设若干重要问题的决议》明确提出了社会主义的义利观，即"引导人们正确处理竞争与协作、自主与监督、公平与效率、先富和后富、经济效率与社会效益等关系，反对见利忘义、唯利是图，形成把国家和人民利益放在首位而又充分尊重公民个人合法利益的社会主义义利观，形成健康有序的经济和社会生活。"社会主义义利观实现了义与利的真正统一，这里讲的利益指的是广大人民群众的根本利益、长远利益和国家民族的整体利益，以及在此前提下合法正当的个人利益，而不是一己私利，蕴含了为人民服务的精神与集体主义的道德原则；另一方面，这里讲的道义是指实现人民群众的共同利益。邓小平同志主张把义和利结合起来，他指出："革命精神是非常宝贵，没有革命精神就没有革命的行动。但是，革命是在物质利益的基础上产生的。如果只讲牺牲精神，不讲物质利益，那就是唯心论。"① 他同时强调提倡物质利益决不是提倡个人抛开国家、集体和别人，专门为自己的利益奋斗，决不提倡个人向钱看，而要把社会的、民族的和国家的利益放在首位。

二、孔子"见利思义"的义利观

孔子的义利观念是符合他的中庸之道的，即他不是绝对地排斥人们对于利益的追求，而是把追逐利益看作人的正常的、正当的欲望，同时，反对人的逐利欲望的无限膨胀，主张以道义原则对人的逐利欲望进行必要的限制，这就是孔子"见得思义"的义利观。

1. 逐利是正常的欲望

"利"，即利益，从文字学上讲，它是"禾"与"刀"结合而形成的一个会意字，即以刀割禾，就是收获、获利的意思。在《论语》中，"利"主要指的是物质方面的利益，当然也不排除其他方面的利益。同时，孔子在讲到"利"的时候，有时讲的是民众利益，如孔子讲"因民之所利而利之"②；但是，在大多数的场合，孔子的"利"指的是个人利益，尤其是在与"义"相对而言的时候，就更是如此。因此，为了论述的方便，本文将孔子的"利"定位于"个人利益"，而且主要是"个人物质利益"。

---

① 《邓小平文选》第 2 卷，北京：人民出版社，1994 年版，第 146 页。

② 《论语·尧曰》

孔子不是简单地否认个人的利益，而是肯定个人追逐利益的正当性。子曰："富与贵，是人之所欲也，不以其道得之，不处也。贫与贱，是人之所恶也，不以其道得之，不去也。"① 这就是说，摆脱贫贱、追求富贵是人们的正常欲望。子曰："邦有道，贫且贱焉，耻也。邦无道，富且贵焉，耻也。"② 孔子在此明确地告诉人们，生活在天下有道的时代，自己依然是个贫贱的人，就应当引以为耻；如果生活在天下无道的时代，自己却大富大贵，也不是什么值得光荣的事情。孔子甚至说："富而可求也，虽执鞭之士，吾亦为之，如不可求，从吾所好。"③ 《论语》中说孔子"时然后言，人不厌其言；乐然后笑，人不厌其笑；义然后取，人不厌其取。"④ 即符合道义原则的获取是理所应当的，不会招致人们讨厌。孔子的弟子子贡善于经商，把握行情非常准确，《史记·货殖列传》中说他"鬻财于曹鲁之间。七十子之徒，赐最为饶益"。

　　在国家的治理上，追求经济上的富裕是一个很重要的方面。当子贡有一次问孔子如何治理国家时，孔子说"足食、足兵、民信之矣"⑤。当冉有问孔子如何治理像卫国这样人口众多的国家时，孔子的回答是"富之"和"教之"。由此可见孔子对于财富积累的重视。与此同时，在社会财富的分配方面，孔子一方面承认贵族集团的剥削现实，另一方面反对横征暴敛，呼吁降低剥削的程度，主张以"什一而籍"⑥ 的标准来征收赋税。对此《论语》和《左传》都有记载。

　　《论语·先进》记载：

　　季氏富于周公，而求也为之聚敛而附益之。子曰："非吾徒也。小子鸣鼓而攻之，可也。"

　　《左传·哀公十一年》记载：

　　季孙欲以田赋，使冉有访诸仲尼。仲尼曰："丘不识也。"三发，卒曰："子为国老，待子而行，若之何子之不言也？"仲尼不对。而私于冉有曰："君子之行也，度于礼，施取其厚，事举其中，敛从其薄。如是则以丘亦足矣。若不度于礼，而贪冒无厌，则虽以田赋，将又不足。且子季孙若欲行而法，则周公之典在。若欲苟而行，又何访焉？"弗听。

---

① 《论语·里仁》
② 《论语·泰伯》
③ 《论语·述而》
④ 《论语·宪问》
⑤ 《论语·颜渊》
⑥ 《春秋公羊传·宣公十五年》

孔子还主张，见义而为不仅在道德上是高贵的，而且需要得到物质上的鼓励与回报。《吕氏春秋·微察》记载，"鲁国之法，鲁人为人臣妾于诸侯，有能赎之者，取其金于府。子贡赎鲁人于诸侯，来而让，不取其金。孔子曰：'赐失之矣。自今以往，鲁人不赎人矣。'"与子贡的做法不同，"子路拯溺者，其人拜之以牛，子路受之，孔子曰：'鲁人必拯溺者矣。'"孔子对于子贡和子路不同行为的评价说明，不要拒绝自己应当得到的物质回报，"见义而为"是可以得到回报的，如果仅仅是精神激励，而没有物质上的奖赏，将会使得"见义而为"的行为越来越少。

2. 重义是君子的品格

"义"，就是道义。《中庸》中说："义者，宜也。"朱熹解释说："义者，分别事理，各有所宜也。"道义是人们应该遵循的道德准则，指人们的思想行为符合一定的标准，是一种社会的道德规范，是一种崇高的道德境界、道德情感以及义无反顾的高尚行为。

孔子把是否看重、遵循道义作为区别君子与小人的一个重要标志。子曰："君子喻于义，小人喻于利。"① 即君子考虑更多的是道义，而小人考虑更多的是利益。子曰："君子怀德，小人怀土。君子怀刑，小人怀惠。"② 即君子关怀道德，关怀刑罚是否适当；小人关心的是个人的利益，是实实在在的物质生活。"群居终日，言不及义，好行小惠，难矣哉！"③ 这是在说，小人无所事事，不讲道义，好行小惠，事情是很难办好的。

孔子要求"君子义以为上"④，即君子把道义视为至高无上的原则，利益的考虑不是最重要的，应在道义之下。"君子之于天下也，无适也，无莫也，义之与比。"⑤ 即君子不是以个人的喜好来看待天下的各种事情，而是以是否正当、是否符合道义为标准的。"士人怀居，不足以为士矣。"⑥ 孔子在这里要求知识分子要胸怀天下，以天下为己任，只关心个人利益的人是根本不配做知识分子的。

重义是儒家的共同品格，孟子说："义，人之正路也。"⑦ "王亦曰仁义而

① 《论语·里仁》

② 《论语·里仁》

③ 《论语·卫灵公》

④ 《论语·阳货》

⑤ 《论语·里仁》

⑥ 《论语·宪问》

⑦ 《孟子·离娄上》

已矣，何必曰利？"① 主张"穷不失义，达不离道"②。他以鱼和熊掌作为比喻，"鱼，我所欲也；熊掌，亦我所欲也。二者不可得兼，舍鱼而取熊掌也。生，我所欲也；义，亦我所欲也。二者不可得兼，舍生而取义也。"③ 董仲舒认为人们如果背弃道义而一味地追逐利益就会走到邪路上去，他主张"重仁廉而轻财利"④，倡导"正其谊不谋其利，明其道不计其功"⑤。

3. 以道义制约利益

孔子认为，人的行为不能仅仅遵照利益原则。子曰："放于利而行，多怨。"⑥ 然而，逐利的欲望和冲动常常会像脱缰的野马，即使是招致怨恨、带来危险，也难以很好地控制。这就需要由外在的法律规矩和内在的道德准则来制约。对孔子而言，他更注重的不是外在法律的强制，而是内在道德的教化，就是按照道义原则来对人的欲望加以引导和控制，这就是见利思义、以义制利。

孔子义利观的基本思想是"见利思义"、"见得思义"。子曰："见利思义，见危授命，久要不忘平生之言，亦可以为成人矣。"⑦ 即孔子把"见利思义"作为"成人"即完美的人的一个重要标准。"士见危致命，见得思义，祭思敬，丧思哀，其可以矣。"⑧ 这里的"见得思义"与"见利思义"的意思是一致的，都是强调以道义原则来对待个人的利益，寻求"爱财"和"有道"的平衡，符合道义的利益是应当得到的，不符合道义的利益就是不应当得到的。

孔子说："富与贵，是人之所欲也，不以其道得之，不处也。贫与贱，是人之所恶也，不以其道得之，不去也。君子去仁，恶乎成名？君子无终食之间违仁，造次必于是，颠沛必于是。"⑨ 孔子在这里强调的是，人不能不择手段地去追求富贵，必须以"仁"、"道"为准则，时时处处反省自己是否违背了仁德与道义，即使是在颠沛流离的不幸境遇中，也要考虑维护作为一个君子的好名声。也正因为此，他说："不义而富且贵，于我如浮云。"⑩

① 《孟子·梁惠王上》
② 《孟子·尽心上》
③ 《孟子·告子上》
④ 《春秋繁露·为人者天》
⑤ 《汉书·董仲舒传》
⑥ 《论语·里仁》
⑦ 《论语·宪问》
⑧ 《论语·子张》
⑨ 《论语·里仁》
⑩ 《论语·述而》

以孔子为代表的中国传统义利观，"在历史上对于塑造中华民族坚贞不屈、自强不息、厚德载物的民族精神，保证中华民族的繁荣和发展，作出了巨大的贡献"①。儒家义利观所昭示出来的整体精神体现为一种崇尚道义、深沉博大的民族精神，"它重视道德理想和精神生活的积极因素，对于形成和培养中华民族的优秀品德发挥了巨大的作用，应当继承和发扬。"②

三、奥林匹克运动的道义观

奥林匹克运动产生于资本主义时代，它是作为资本主义社会中的积极的改良力量而出现的，顾拜旦创立这一世界性的体育运动的初衷，是希望以崇高的道德原则为指导，让全世界的青年在奥运会上友好携手，并展开公平的竞赛；是希望这一运动能够给世界带来和平，成为促进世界各个国家和民族团结友谊的纽带。顾拜旦起草了《奥林匹克宪章》，阐述奥林匹克运动的哲学基础、教育功能和美学追求。他希望所有热爱人类的人都必须朝这样的方向努力，就是要让奥林匹克运动"更有和平色彩，更有文化内涵，而且，更为重要的是，使之成为一种教育和道德的工具"③。

顾拜旦处在资本主义大发展、大混乱的时代，资本的贪婪助长了拜金主义的盛行，对于崇高的道义，有人敬而远之，有人嗤之以鼻。1894 年 11 月 16 日顾拜旦在雅典发表题为《现代社会的体育运动与奥林匹克运动会》的演讲，提出奥运会要追求伦理上的完美，追求身与心的合一，而不能被金钱的铜臭所腐蚀。他忧心忡忡地说："堕落的种子——金钱，开始在这种健康的生活方式中生根发芽。如果我们对其放任自流，金钱将毁灭我们的一切希望。"④ 顾拜旦在考察古代奥运会时看到，运动员对于金钱与奢华的追逐是导致这一盛会走向沦落的一个重要原因。古代奥运会上的优胜者凯旋之后，他们的城邦会给予无上的荣耀、至尊的地位和大量的金钱，他们开始挥霍无度，过上奢华的生活，体现在他们身上的体育精神则越来越模糊，到最后，"体育运动竟可悲地

---

① 吴潜涛著《伦理学与思想政治教育》，郑州：河南人面出版社，2003 年 8 月第 1 版，第 47 页。
② 吴潜涛著《伦理学与思想政治教育》，郑州：河南人面出版社，2003 年 8 月第 1 版，第 47 页。
③ Pierre de Coubertin, *"Le Serment des Athletes,"* *Revue Olympiques*, July 1906, p. 108.
④ 国际皮埃尔·德·顾拜旦委员会编《奥林匹克主义——顾拜旦文选》，刘汉全、邹丽等译，北京：人民体育出版社，2008 年 8 月第 1 版，第 57 页。

沦为古罗马马戏团充满兽性的麻木迷醉"①。作为一位历史学家，顾拜旦当然要以史为鉴，因此，1894年国际奥委会成立之时，顾拜旦就认识到"功利思想和职业化风气正在对体育运动造成威胁"②，1896年雅典奥运会举办后，他说："唯利是图的思维对体育圈构成的威胁愈来愈大。虽然运动员们尚未公开为金钱利益而赛跑搏击，但令人扼腕的妥协倾向，却早已无孔不入。获胜的愿望时常掺有各种杂念。长此以往，体育运动必将走向堕落并再次沉沦。若要避免，我们必须统一它、净化它。"③ 顾拜旦担心商业活动的参与，如博览会、工业品展、时尚展览等，会影响奥运会的成功举办，主张奥运会应"采用某种朴质的格调以显示其庄严神圣"④。1920年8月，顾拜旦在安特卫普市政厅发表演讲，认为唯利是图的思想已经对体育构成了威胁，"现代的体育运动，从它们一出现，腐败便千方百计地企图渗透其中。腐败不仅仅是指以五花八门的巧妙形式直接或间接地腐蚀和煽动运动员和优秀选手，使他们追求利益，追求金钱，而且是指骑士精神的破裂和即将到来的消亡。当运动员不再把个人奋斗所产生的欢乐、身体的力量与平衡所产生的愉悦放在一切之上的时候，当运动员受不住诱惑，爱慕虚荣、金钱至上的时候，从这时候起，他的理想便被玷污，他的教育价值，如果可以使用这个词的话，便被无可挽回地降低了。"⑤顾拜旦临终前有一段发自肺腑、语重心长的话——"这是用太阳的火种点燃的火炬，它来自奥林匹亚，它将照亮并温暖我们的时代，请在你们的心灵深处小心翼翼地守护着这团火。"⑥

顾拜旦确立的奥林匹克运动的道义原则已经化为《奥林匹克宪章》的基本原则，这些原则具体包括如下内容。第一，奥林匹克主义是增强体质、意志和精神并使之全面均衡发展的一种生活哲学。奥林匹克主义谋求体育运动与文

① 国际皮埃尔·德·顾拜旦委员会编《奥林匹克主义——顾拜旦文选》，刘汉全、邹丽等译，北京：人民体育出版社，2008年8月第1版，第57页。

② 国际皮埃尔·德·顾拜旦委员会编《奥林匹克主义——顾拜旦文选》，刘汉全、邹丽等译，北京：人民体育出版社，2008年8月第1版，第37页。

③ 国际皮埃尔·德·顾拜旦委员会编《奥林匹克主义——顾拜旦文选》，刘汉全、邹丽等译，北京：人民体育出版社，2008年8月第1版，第45~46页。

④ 国际皮埃尔·德·顾拜旦委员会编《奥林匹克主义——顾拜旦文选》，刘汉全、邹丽等译，北京：人民体育出版社，2008年8月第1版，第61页。

⑤ 国际皮埃尔·德·顾拜旦委员会编《奥林匹克主义——顾拜旦文选》，刘汉全、邹丽等译，北京：人民体育出版社，2008年8月第1版，第156页。

⑥ 韩志芳著《点燃圣火——现代奥运之父顾拜坦》，成都：四川文艺出版社，2002年1月第1版，第129页。

化和教育相融合，创造一种以奋斗为乐、发挥良好榜样的教育作用并尊重基本公德原则为基础的生活方式。第二，奥林匹克的宗旨是使体育运动为人的和谐发展服务，以促进建立一个维护人的尊严的和平社会。为达到这一目的，奥林匹克运动独自或与其他组织合作，在其职能范围内从事促进和平的活动。第三，奥林匹克运动的宗旨是，通过开展没有任何形式的歧视并按照奥林匹克精神——以互相理解、友谊、团结和公平对待精神的体育活动来教育青年，从而为建立一个和平而更美好的世界作出贡献。第四，奥林匹克运动的象征是五个连环，奥林匹克运动的活动是全球性的、持续的。其最高层次的活动是使世界上的运动员在奥林匹克运动会这一盛大的体育节日上相聚一堂。第五，从事体育运动是人的权利，每一个人都应有按照自己的需要从事体育活动的可能性。

四、奥运商业化背景下的义利关系问题

奥林匹克运动从诞生之日起就表现出对于道义的强烈而又执著的追求，同时它在一个多世纪的发展过程中一刻也没有摆脱各种各样的利益关系的纠缠。作为一项世界性的体育运动，它必然涉及到各个方面的利益关系，各种利益诉求都希望在奥林匹克运动中得到实现，有的是合理利益，有的是不合理利益，即使是合理的利益之间也不可避免地会发生某种冲突，协调和解决奥林匹克运动中的利益冲突是极其复杂、极其富有挑战性的。在奥运商业化的背景之下，就更是如此。

1. 奥林匹克运动的商业化道路

奥林匹克运动在20世纪80年代之前，对商业化采取的基本态度是将其拒之门外。顾拜旦为现代奥运定立的一个原则就是"纯洁"，认为奥林匹克运动必须是一个精神的圣殿，不能是金钱和商人角逐的市场，不能把奥运会搞成"金钱游戏"。为极力淡化奥林匹克运动的商业色彩，保证国际奥委会的纯洁性，顾拜旦甚至规定，所有的国际奥委会委员，连同其他官员，都必须是志愿者，他们在国际奥委会的职务与活动是业余的，不得在国际奥委会领取分文薪水。国际奥委会前任主席布伦戴奇曾经一再表示："如果一个运动员把他的名字或肖像用于促销某种商品的话，我们就认为他成为了商品的代言人，他将被排除在奥林匹克运动之外。"① 1968年格勒诺布尔冬季奥运会的组织者注册了

---

① ［西班牙］胡安·安东尼奥·萨马兰奇著《奥林匹克回忆》，孟宪臣译，北京：世界知识出版社，2003年7月第1版，第13页。

两个使用奥林匹克五环标志的香烟,《滑雪》杂志称"奥林匹克理想在格勒布诺尔死去了"。时任国际奥委会主席的布伦戴奇致信国际奥委会委员,对不加控制、四处泛滥的商业化倾向感到气愤。

到 20 世纪 70 年代,奥林匹克运动已经陷入困境之中,想一味拒斥商业化显然是一厢情愿。作为一位现实主义者,萨马兰奇看到了不可抵挡的商业化力量,开始向资本主义商业力量妥协,欢迎商业的介入,使奥林匹克运动从非商业化的"真空"回到商业化的现实中来。

商业化的转机出现在 1976 年第 21 届蒙特利尔奥运会之后。蒙特利尔最初估计举办奥运会只需用 1.2 亿美元,不需花市民一分钱;然而,当本届奥运会结束时,花费竟高达 12.7 亿美元,造成了 10 多亿美元的巨额赤字,使该市的纳税人背上了极其沉重的债务负担。这样,1978 年国际奥委会于雅典开会遴选 1984 年第 23 届奥运会会址时,只有美国的洛杉矶与伊朗的德黑兰正式递交了申请,而德黑兰早在雅典会议之前就撤回了申请,洛杉矶就是在这样的情况下获得了第 23 届奥运会的举办权。而此时的美国公众舆论调查表明,反对举办奥运会的人数比例竟高达 83%,洛杉矶申办成功给自己换来的不是 2001 年 7 月 13 日北京的"狂欢之夜",而是市民的抗议怒潮。加利福尼亚洲议会通过决议,无论加州政府或是洛杉矶市政府,不得为举办第 23 届奥运会动用纳税人的钱;美国国会也通过决议,美国联邦政府不得为奥运会支付哪怕是一美分资助。这是对奥林匹克运动的最大打击,使奥运会陷入了前所未有的生存危机。

活着还是死去,这当然不是一个问题,奥林匹克运动只能选择前者。拯救奥林匹克运动成为当务之急,拯救的办法只有一条,就是一改奥运拒绝商业化的老路,实现奥运会的商业化操作。其实,在一个充分商业化、市场化的时代,空气中到处弥漫着商业化的气息,人们呼吸的甚至就是"商业空气",作为世界上规模最大、影响最大的体育赛事,想一味拒斥商业化,"躲进小楼成一统",寻找清纯洁净的"世外桃源",显然是一厢情愿。奥运若拒绝商业化,拒绝呼吸有些不干净的"商业空气",就等于自杀。商业化是奥林匹克运动的必然选择,是其发展的必经之路,是社会经济、职业体育、电视传媒等发展到一定阶段的必然产物。

在 1984 年美国洛杉矶奥运会上,商业奇才尤伯罗斯实现了奥运与商业的真正结缘,奥运商业化的时代由此开始。尤伯罗斯深深懂得"鹬蚌相争、渔翁得利"的道理,他将洛杉矶奥运会的赞助商限定为 30 个商家,每个行业只选择一家入围，每位赞助商的竞标起价为 400 万美元，将奥运会的赞助权公开拍卖。商业对手之间于是展开了拼命厮杀——日本富士公司开价 700 万美元，吓跑了美国柯达公司；可口可乐公司与百事可乐公司大打出手，使尤伯罗斯卖得 1260 万美元；美国广播公司以 2.25 亿美元战胜对手，获得了独家转播权。尤伯罗斯还通过发行奥运纪念币、赞助券、甚至出售火炬接力跑的"出场权"等方式获得进项。

在"山重水复疑无路"的境地中，奥林匹克运动终于柳暗花明，不仅成功地解决了举办经费问题，而且破天荒地赢利两亿多美元，并为此后的经费筹集探索出了一个可资借鉴的"尤伯罗斯模式"。奥林匹克运动终于走出了生存危机，日益走向兴盛繁荣。1988 年汉城奥运会净赚额翻了一翻，达 4.7 亿美元。1992 年巴塞罗那奥运会虽然只有 0.4 亿美元的结余，但它给巴塞罗那市带来了 260 万美元的经济效益；萨马兰奇先生在巴塞罗那奥运会上欣然表示："奥运会欢迎商业的介入！" 1996 年亚特兰大奥运会只盈余 0.1 亿美元，但为亚特兰大市和乔治亚州创造了 50 亿美元的经济效益，没花政府一分钱建起的价值 5 亿美元的体育设施交付市民享用。2000 年悉尼奥运会，使澳大利亚GDP 从 1993 年到 1999 年间年增长率平均高达 4.7%，超过西方发达国家的平均水平，全国的平均失业率达到历史上最低水平，带动了澳大利亚经济的全面增长。

奥林匹克运动最近 20 多年的发展在很大程度上得益于"奥林匹克营销计划"以及奥运会比赛电视转播权的出售。赞助商为奥运会提供充足的经费和可靠的技术与服务支持，而赞助商可以通过赞助奥运会而获得企业以及产品形象的提升。电视机构转播奥运会比赛要缴纳高额的转播费用，而转播奥运会比赛不仅可以提升该电视机构的形象，更能够获得巨大的电视广告费用。1984年洛杉矶奥运会成功的商业运作使国际奥委会认识到，扩大奥运商业化的范围是正确的。同时，在国际上，跨国公司对赞助国际体育事业的兴趣有增无减。因此国际奥委会在 1985 年 2 月通过了"奥林匹克营销计划"。该计划 1985 年到 1988 年募集资金约一亿美元；第 2 期的计划 1989 年到 1992 年，收入超过两亿美元；1997 年到 2000 年的收益为 5.5 亿美元。可口可乐、阿迪达斯、柯达、理光、松下、菲利普、麦当劳、三星、三菱、施乐等世界知名的企业都参加进来。奥林匹克营销收入的 7% 属于国际奥委会，其余部分由奥运会组织委员会、国家奥委会以及国际单项体育联合会均分。

根据格吕诺（Gruneau）的考察分析，资本主义工业化和城市化为体育比赛创造了市场，体育竞赛从 19 世纪后半叶开始就被拉入资本主义全球市场，奥运会与商业的结合早在奥林匹克运动发展之初就已经开始，如第二、第三和第四届奥运会就是分别与 1900 年巴黎国际博览会、1904 年圣路易斯世界博览会和 1908 年英法博览会结合在一起的。1932 年洛杉矶奥运会是以企业赞助为基础的。后来，商人"爱情"攻势不断加强，还有越来越强势的媒体出来"做媒"游说。20 世纪 60 年代的奥运会"与一个在金融、旅游、零售和媒体方面十分强大的集团越来越紧密地结在一起；潜在的利润与奥运会不断增加的规模和收视范围密切相关。"① 1976 年蒙特利尔奥运会、1980 年莫斯科奥运会在经济上宣告破产，奥林匹克运动气息奄奄，1984 年洛杉矶奥运会后商业化成为主流。"1984 年洛杉矶奥运会最好可以被理解为：它是将体育运动与不断扩张的国际资本主义市场之间的结合展示得更为完全的一种表达方式。"② 在格吕诺的眼里，奥运会被商人劫持了，他说："大公司的参与本身就表明：公司资本在我们生活中无处不在，甚至到了控制奥运会的程度。纵观这个世纪，体育运动的商业化愈演愈烈，当达到最高点时，就会有一条分界线呈现在我们面前，奥运会从一项娱乐事业转变为一项生活消费产业。"③

奥林匹克运动是在资本主义时代诞生的，它必须遵从资本主义的社会逻辑——商品关系。商品是资本主义社会的细胞，资本主义社会就是商品的堆积，商品关系是资本主义社会中最基本的社会关系。弗雷德里克·詹姆逊说，晚期资本主义是继马克思论述的自由资本主义、列宁论述的垄断资本主义之后的资本主义阶段，它的首要特征就是商品化，是表现得越来越普遍和彻底的商品化，晚期资本主义的文化逻辑就是商品化无孔不入。他说："这种商品化现在完全有能力将大片文化区域殖民化，而这些文化区域一直阻挡着普遍的商品化，一直确实与这种商品化的逻辑基本上处于相对峙和相矛盾的状态。今天，文化基本上已变成了商业，这一事实所造成的后果是，过去通常被视为经济和商业的东西也变成了文化。"④ 由此分析，包括奥林匹克运动在内的体育原来

---

① ［澳大利亚］K. 吐依，A. J. 维尔著《真实的奥运会》，朱振欢，王荷英译，北京：清华大学出版社，2004 年 11 月第 1 版，第 132 页。

② ［澳大利亚］K. 吐依，A. J. 维尔著《真实的奥运会》，朱振欢，王荷英译，北京：清华大学出版社，2004 年 11 月第 1 版，第 131 页。

③ ［澳大利亚］K. 吐依，A. J. 维尔著《真实的奥运会》，朱振欢，王荷英译，北京：清华大学出版社，2004 年 11 月第 1 版，第 132～133 页。

④ 詹姆逊："关于现实存在的马克思主义的五个主题"，载《每月评论》1996 年第 11 期，第 9 页。

是属于文化领域的，奥林匹克运动的商业化正体现了晚期资本主义的文化逻辑，体现了无孔不入的商业化。

当今的奥林匹克五环标志已经是世界上知名度最高的品牌，其认知程度高于壳牌、麦当劳、奔驰、基督教十字架、联合国、世界野生动物保护基金会等。奥林匹克为什么会有如此高的知名度？奥运会独特的商业价值在哪里？正在于奥林匹克运动是世界性的体育盛会，其一整套独特的、非商业化的视觉符号和传统仪式构成这一品牌的核心元素，包括奥林匹克运动对于友谊与和平的追求、"更快，更高，更强"的奥林匹克格言所寄托的希望和梦想等。曾经担任奥运会市场总监的麦克尔·佩恩先生认为，"体育总被认为是战争的一种隐喻，但实际上，它是和平的催化剂。奥林匹克品牌就体现了在体育世界里对和平的向往。没有任何一个其他品牌，具备这种力量。"① "奥林匹克品牌之所以能够和其他品牌区别开来，主要在于它能够涵盖两个不同的范畴。它不像红十字会那样完全是人道主义的，也不像迪斯尼或其他娱乐、体育品牌那样完全商业化。奥林匹克品牌和体育的联系，让它比其他一些非商业组织多出了活力和现代感，而它的精神深度和历史传统，又让它比所有的商业品牌都多出了道德寓意和思想深度。"②

2. 奥运商业化过程中的义利冲突

在反思现代奥运会的商业化问题时，古代奥运会的物化倾向的严重后果为我们提供了前车之鉴。古代奥运会上的优胜者享有极高的荣誉，有丰厚的物质奖励，同时又有很多特权。梭伦当政下的雅典于公元前594年通过一项法律，对在奥运会上获得胜利的雅典运动员每人奖励500杜拉克的银币，以鼓励公民为雅典赢得更多的桂冠。许多城邦免除获胜者的赋税，甚至发给他们终生的津贴；斯巴达的优胜者终身由城邦供养，可以优先加入国王卫队；雅典的一切娱乐场所为优胜者免费开放，等等。这些激励措施既会给竞技者带来无穷的动力，但又将奥运会逐步引向职业化的歧途。伯罗奔尼撒战争结束后，各个城邦元气大伤，希腊民族在精神上也走向堕落，人们不再像过去那样关注城邦的荣誉和身体的健美，竞技运动也异化成了谋取个人名誉与财富的工具。

在这样的背景下，竞技职业化的倾向越来越严重。最早出现的一批职业运

① ［英国］麦克尔·佩恩著《奥林匹克大逆转》，郭先春译，上海：学林出版社，2005年7月第1版，第154页。

② ［英国］麦克尔·佩恩著《奥林匹克大逆转》，郭先春译，上海：学林出版社，2005年7月第1版，第157页。

动员是战车比赛的参加者，奴隶主贵族有丰厚的财力去购买精良的马匹、昂贵的马车，他们也有钱去雇佣驾车手代表他们参加比赛，就是没有冒着被摔伤以至摔死的危险而去夺冠的勇气。各个城邦为了获得尽可能多的优胜成绩，不惜重金来收买其他城邦的运动员，被雇佣者如果获得冠军，他的身价就是 500 杜拉克银币，这些钱在当时大约能购买 500 只羊。拳角联合运动由于不实行按不同体重级别的分类比赛，运动员体重的大小对于竞技的胜败就有重要意义。教练员便设法让运动员多吃猛睡，以增加运动员的体重，培养"能吃的大力士"，并强制他们进行无休止的训练。竞技职业化和运动员商品化玷污了圣洁的竞技美德，各城邦的奥运冠军不满足于昔日的欢迎仪式和宴请招待，而要求丰厚的金钱和待遇。在巨额财富的诱惑下，世俗战胜了对神的崇敬，功利代替了崇高的理想，"和平和友谊"的体育伦理精神和体育道德风尚淹没在贪婪的欲望之中。柏拉图激烈反对竞技体育职业化，指出职业竞技有碍于身体健康和正确人生观的培养，竞技者沉湎于人为的规则中一步也不能超越，为增加体重而猛吃猛睡，为夺锦标赛长期忙于训练，结果变得毫无教养、无头脑；另一方面，市民却放弃运动而热衷于看竞技，日渐奢华的生活损害了健康，失掉了对生活和大自然的适应力，身体日渐瘦弱。

在现代奥运会商业化的过程中，理想的期待是商业机构与奥运会的双赢结局，即奥运会获得商业机构的商业赞助，商业机构借助赞助奥运会来提升自己的品牌价值。但是，双方各得其所、皆大欢喜的背后则隐藏着巨大的危机，即商业利益与道义精神的冲突，这一冲突在当代的突出表现就是过度的商业化运作对奥林匹克道义精神的摧残。1984 年奥运会是奥运会实现完全商业化的转折点，组织者尤伯罗斯的一项惊人之举，就是冠冕堂皇地提出一个"青年遗产千米"（YLK）规划，按这个规划，圣火在美国境内的传递权以千米为单位出售，无论个人还是公司，出 3000 美元就可获得一个千米长度的圣火传递权。此举一出，恶评如潮，洛杉矶奥组委受到了来自全世界的猛烈抨击。肯尼亚籍的国际奥委会委员雷吉纳德·亚历山大爵士直言："你，尤伯罗斯先生，代表的是资本主义的丑陋嘴脸……以及资本主义想夺取奥林匹克运动、把它商业化的企图。"[①] 1996 年亚特兰大奥运会将商业化推向了极致。奥运会组委会为筹集资金而不择手段，奥运商品中甚至有官方指定的马桶套、女性卫生用品等，

---

① ［英国］麦克尔·佩恩著《奥林匹克大逆转》，郭先春译，上海：学林出版社，2005 年 7 月第 1 版，第 15 页。

被称为"贪婪的奥运会",极大地影响了公众对于奥运会特许商品的信任,损害了奥林匹克运动的形象。《亚特兰大宪章报》评论说:"在奥运会的跳蚤市场上,贪婪遮蔽了奥林匹克信念。亚特兰大许诺献给人们有史以来最伟大的奥运会,但没有提到过这也是最为庸俗的奥运会。"① 向本届奥运会提供了巨额资助的赞助商们俨然成了奥运会的"无冕之王",出席奥运会的赞助商代表共12916名,比运动员总数还多2000余名。无论在开、闭幕式上,还是在各个体育比赛场馆内,最好的席位都是赞助商的,连记者席位也让赞助商携夫人占领了。美国全美广播公司出资4.56亿美元买下该届奥运会电视独家转播权,本届奥运会的马拉松线路出于该公司的转播需要,改成了坡度极陡、有无数上下坡的路线,被称之为"历史上最恶劣的马拉松线路",使运动员的身体消耗达到了极。这一切仅仅是为了更多地收取巨额广告费,即每30秒钟广告收费50万美元。为满足美国商人广告需求,考虑到美国东西时差,一些重要的决赛都安排在深夜12点。在运动员的利益和金钱效应上,商家毫不犹豫地选择了后者。当商业的砝码在奥林匹克运动的天平上超重时,就会严重干扰体育运动的正常状态,并与奥林匹克理想发生剧烈冲突,给奥林匹克运动带来巨大的威胁。这是商业利益对于奥林匹克运动的利益以及运动员利益的侵犯。在亚特兰大奥运会闭幕式上,萨马兰奇没有依照惯例说"本届奥运会是最好的一届奥运会"。他认为奥运会和其他商业性比赛是不同的,需要强调的是奥林匹克竞赛精神。他说:"我不喜欢'商业化'这个词,《奥林匹克宪章》为我们规定了奥运会的宗旨与原则,那里面从来没有什么'商业化'的说法。不错,从洛杉矶开始,我们在筹措运动会经费方面有了很多办法,但我们必须清楚,我们是在办奥运会,而不是商品交易会。如果举办者只想到赚钱,而忽略了奥运会的目标与宗旨,我们就办不好奥运会。我们需要在赚钱与办运动会之间找到一个平衡。"②

3. 奥运商业化背景下的若干具体义利冲突

随着奥运商业化的发展,新的问题逐渐呈现出来,如国际奥委会官员在奥运申办过程中的受贿丑闻、赛场广告的控制问题等;原来存在的一些问题显得更加尖锐,如参赛选手服用兴奋剂的现象、裁判不公的问题等。诸多问题都可

---

① [英国]麦克尔·佩恩著《奥林匹克大逆转》,郭先春译,上海:学林出版社,2005年7月第1版,第269页。

② 郝勤著《萨马兰奇与奥运改革》,成都:四川文艺出版社,2002年2月第1版,第171页。

以从道义与利益的关系角度作出解释，孔子提出的见利思义、以义制利的思想是处理诸多具体利益问题的基本原则。

第一，奥运会申办中的贿赂行为。

1995 年于匈牙利布达佩斯举行的国际奥委会第 105 次全会上，美国的盐湖城获得了 2002 年第 19 届冬季奥运会的举办资格。后来的调查发现，这个决定背后是国际奥委会部分委员的受贿丑闻，这成了现代奥林匹克运动最引以为耻的事件之一。更大的问题在于，美国盐湖城并不是申办丑闻的始作俑者，何振梁认为盐湖城可能只是"冰山一角"，国际奥委会资深执委、盐湖城冬奥会协调委员会主席霍德勒先生认为，日本长野、美国亚特兰大、澳大利亚悉尼等城市的申办同样不干净。

国际奥委会对盐湖城受贿丑闻的处理结果是，4 名国际奥委会委员主动辞职，6 名国际奥委会委员被开除，9 名国际奥委会委员受到警告，共牵连到 19 名国际奥委会委员，处理面涉及了近 20% 的委员，而且处理之严厉，在现代奥林匹克运动的历史上是前所未有的。一面是奥运百年的辉煌，另一面是抹不去的耻辱，这不能不引起人们的深刻反思。2002 年 2 月 3 日，国际奥委会主席罗格于申办丑闻发生地之一的盐湖城指出："就是在这里——盐湖城，我们知道了危机，但是这不光是盐湖城的问题，人性的弱点和机构的不合理是罪恶产生的根源。"

从义利关系的角度分析，行贿者与受贿者的共同特点是见利忘义，都是为了各自的利益而损害了奥林匹克运动的公正、纯洁与神圣。20 世纪 80 年代以来奥运会商业化的转折，正是国际奥委会委员的受贿丑闻不断发生的现实背景。申办者看到举办奥运会已经不像 20 世纪 70 年代那样是个"赔本的买卖"，奥运会为举办城市带来巨大经济利益以及其他利益，因而对举办奥运趋之若鹜、争相追逐，为了申办成功而使尽浑身解数，甚至不择手段，向国际奥委会委员行贿就是常用的非正当手段之一。从受贿者的角度看，接受贿赂的国际奥委会委员大多数来自经济落后的国家，他们见钱眼开，来者不拒，将奥林匹克运动的原则、国际奥委会委员的纯洁性都抛到了九霄云外，不是像顾拜旦所想象的那样，即国际奥委会委员有着"天使一般的纯洁"，有为理想而献身的情怀，都有着崇高神圣的使命感。

第二，奥运选手的义利选择问题。

运动员是奥运会的主角，奥林匹克运动坚持以运动员为中心，注重发挥优秀选手的榜样作用，希望这些选手能够成为全人类的榜样，引导人们去追求身心和谐的目标，去建设一个和平美好的世界。许多优秀选手有着卓越的竞技水平与高尚的体育道德，在他们身上体现出崇高的奥林匹克精神，他们是所有运动员以至全人类的楷模。邓亚萍是世界著名的女子乒乓球运动员，1996 年亚特兰大奥运会女子单打决赛中，邓亚萍与对手陈静的角逐进入白热化的阶段，每一分的争夺都极为关键。陈静打过来一个非常不明显的擦边球，连裁判也难以判断是否擦边，邓亚萍立刻手指球台，示意裁判对手应当得分。她的实事求是的公正精神、超越胜负的豁达气度堪称典范，深深地感染着每一个人。但是，也有一些选手受利己主义和拜金主义影响，他们信奉锦标主义，他们参加奥运会比赛就是为了赢得奖牌，获取巨奖，出人头地。为此，他们在比赛中不择手段，通过服用兴奋剂、虚报年龄、甚至隐瞒性别、干扰对手的正常发挥等手段，严重违背了诚信原则以及奥林匹克运动所倡导的公平竞争的精神，这既是违规者个人的耻辱，也是他所代表的国家或地区的耻辱，当然还是整个奥林匹克运动的耻辱。

在参赛选手所有的不正当行为中，最极端行为就是兴奋剂的滥用。"兴奋剂"一词在英文中是 Dop，原指能刺激人体神经系统、使人产生兴奋从而提高机能状态的药物，后来泛指能作用于人体机能、有助于运动员提高成绩的药物。经国际奥委会和世界反兴奋剂机构（WADA）1999 年审定批准，"使用兴奋剂"的定义是，"使用了对运动员的健康具有潜在危害和（或）能提高运动成绩的物质或方法；或者在运动员体内查出了或有证据表明使用了《奥林匹克运动反兴奋剂条例》禁用清单中的禁用物质；或者有证据表明使用了该条例禁用清单中的禁用方法。"[1] 体育比赛中运动员服用兴奋剂的现象由来已久，如果说 1896 年第 1 届现代奥运会的诞生被誉为是"天使降临"，那么，紧随其后的就有兴奋剂"魔鬼"的身影，以后一直与奥运形影不离。20 世纪 60 年代以来，竞技运动中兴奋剂的滥用势头愈演愈烈。1967 年国际奥委会医学委员会确定的兴奋剂有四大类，1974 年增加至五大类，1986 年增加至六大类，1988 年汉城奥运会时所规定的违禁药物种类已是最初确定的违禁药物种类的十倍以上。虽然国际奥委会对兴奋剂检查越来越严格，处罚力度越来越大，许多选手依然我行我素，服药不止。兴奋剂服用问题是奥林匹克运动中的毒瘤，无情地吞噬着奥林匹克运动的生命。正如萨马兰奇指出的那样："尽管国际奥委会、国际单项体育联合会以及各国国家奥委会都做出了巨大努力，但服用兴

---

① 任海主编《奥林匹克运动读本》，北京：人民体育出版社，2005 年 8 月第 1 版，第 348 页。

奋剂的现象仍未得以根治。"① "我们在反兴奋剂的斗争中取得了胜利，但是最终的胜利尚未到来。"②

兴奋剂问题不是必然地与商业化联系在一起的，还涉及到政治因素、个人虚荣、国家名誉等，而商业化之后，经济利益考虑就成为首要动机。《奥林匹克宪章》规定："运动员报名或参加奥林匹克运动会不应取决于任何金钱上的考虑。"③ 但是，随着奥运商业化与选手的职业化，出现了一些选手的拜金主义问题，他们为巨额奖金而参赛，冠军就意味着金钱，获冠军就是为了换来巨大的物质利益。他们为了夺冠，即使兴奋剂有损健康且价格昂贵也在所不惜，仅仅是把这当作为获取冠军的巨奖而付出的必要的成本而已。美国体育心理医生戈理曼数年前曾经对 16 岁至 35 岁间的 198 名世界级运动员进行调查，调查的问题是——愿不愿意服用一种假想的兴奋剂，这种兴奋剂能够使一个运动员在 5 年内有超凡表现，但是 3 年后服用者可能会死于这种兴奋剂？结果，竟然有 52% 的调查对象回答愿意。美国哥伦比亚大学国家反药物成瘾与滥用中心主任福斯特指出："新的经过改良的禁药、大量的赞助合同、金钱利益的驱使、缺少对药物的有效政策，都造成运动员为胜利不择手段，甚至使用禁药的风气。"④

国际奥委会坚决反对兴奋剂的滥用，决不会接受兴奋剂合法化的观点，因为兴奋剂服用与奥林匹克运动的道义原则是不相容的。萨马兰奇认为，"体育比赛中的盗贼和社会上罪恶的盗贼一样，永远在努力寻找新的欺骗方法，他们通常是在那些专家的辅助下使用兴奋剂的，这些专家很少会想到他们曾宣下的誓言以及他们应当尊重的伦理准则。"⑤ 第一，奥林匹克运动坚持以人为本原则，其中心思想是人的身心的和谐发展；而兴奋剂滥用所遵循的原则是"以物为本"，金钱至上，是对人的生命健康的严重摧残，从根本上背离了奥运以人为本的根本主张。服用兴奋剂可以造成心血管系统紊乱，导致癌症以及猝死。女性服用激素类药物后，脸部会长出毛发，声音变得低沉，出现月经紊乱、消失以至终身不孕；男性服兴奋剂之后，会变得性格暴躁，易产生性侵犯

---

① ［西班牙］胡安·安东尼奥·萨马兰奇著《奥林匹克回忆》，孟宪臣译，北京：世界知识出版社，2003 年 7 月第 1 版，第 61 页。

② ［西班牙］胡安·安东尼奥·萨马兰奇著《奥林匹克回忆》，孟宪臣译，北京：世界知识出版社，2003 年 7 月第 1 版，第 60 页。

③ 国际奥林匹克委员会《奥林匹克宪章》，北京：奥林匹克出版社，2001 年 2 月第 4 版，第 10 页。

④ 王晋军著《北京奥运 2008》，北京：作家出版社，2001 年 6 月第 1 版，第 413 页。

⑤ J. A. Samaranch, quoted in *The Seoul Olympian*, 13 September 1988, p. 6.

行为。危害轻者可以改变其性格特征，重者会危及生命。德意志民主共和国的一位曾经服用过兴奋剂的女运动员里内特·沃格尔（Renate Vogel）回忆说："那是1973年初，我记得非常清楚，从那时候开始我的肩膀越来越宽，我的衣服尺码从40上升到了44，还有就是，我绝经了。"① 主张将服用兴奋剂行为合法化和公开化的人认为，运动员可以在医生监控下服用药物，而现在的医学还不能对许多药品的长期作用做出准确估计，即使是谨慎服用也会导致身体受到伤害。从第二次世界大战到第27届奥运会，西方国家至少有70名、东方国家至少有50名著名运动员死于滥用违禁药品。从健康利益上说，兴奋剂服用者都是"赌徒"，他们是拿身体以至生命来做赌博，"赌本"就是身体和生命。从金钱等物质利益上说，因为奥运会奖牌设置的数目是极为有限的，大多数兴奋剂服用者在冒险之后是没有金钱等物质利益的收获的；极少数选手因为服用了兴奋剂而获得奖牌，而一旦被检测出来，则名声扫地，无地自容；只有极少数人暂时地收获了金钱等物质利益，但因为身体的摧残与道义的缺失，他们是得不偿失的。第二，奥林匹克精神的一个重要方面就是强调公平竞争。有许多选手是在任何情况下都不会服用兴奋剂的，任何组织或者个人都不能去鼓励甚至强迫他们服用兴奋剂。这样，如果比赛是在服用了兴奋剂的选手与未服用兴奋剂的选手之间进行的，天平必然发生倾斜，奥林匹克公平竞争的精神必然受到伤害。因此，兴奋剂的滥用是对体育竞技的公正性的践踏，背叛了运动员赛前的誓言，违背了《奥林匹克宪章》，败坏了奥林匹克运动的声誉，是对神圣的竞技体育文化的亵渎，长此下去，必然会使人们对于优胜者不再崇敬，也对奥林匹克运动失去热情。同时，这也是诱使更多的运动员服用兴奋剂的原因。一份有关加拿大毒品违禁者的《杜宾报告》认为，"服用违禁物品的加拿大运动员的借口之一就是，他们不得不与也服用了兴奋剂的其他国家的运动员进行竞争。"② 第三，奥运的宗旨是通过体育来教育青年，努力建立一个和平美好的世界；而兴奋剂滥用带给世界和人们的是虚伪、虚假、欺诈、丑陋，是道德的堕落，是对身心的双重摧残，它使金牌的角逐沦为金牌的欺诈与盗窃，使奥运崇高的教育价值和"更快、更高、更强"的激励口号成为笑柄和遮羞布。因此，我们完全有理由说，如果兴奋剂长久地阴魂不散，让这个恶魔继续摧残

---

① ［澳大利亚］K. 吐侬，A. J. 维尔著《真实的奥运会》，朱振欢，王荷英译，北京：清华大学出版社，2004年11月第1版，第187页。

② Charles L. Dubin, *Commision of Inquiry Into the Use of Drugs and Banned Practices Inteded to Increase Athletic Performance*. Ottawa：Canadian Government Publishing Centre，1990，pp. 547～548.

人的身心健康和败坏奥运的纯洁，不仅会对奥运产生致命的影响，同时会对社会公德造成恶劣影响，助长一些人的投机心理和整个社会的虚假风气。第四，奥林匹克运动为医治兴奋剂这一毒瘤而不得不付出巨大的精力，不得不花费巨额资金，对兴奋剂进行研究、讨论、防范、检测等。查禁兴奋剂的难度是显而易见的，因为相对于使用兴奋剂而言，遏制行为和手段总是滞后的，目前还没有一种检测方法先于检测对象被研究出来。而兴奋剂的检测技术的进步反而会促使兴奋剂制造技术的发展，结果往往是"道高一尺，魔高一丈"，违规者不断变换方式与检测者周旋，加之其他因素，使检测出的违禁比率极低，与实际滥用的比率有很大的差距；而且，随着检测手段的改进与检测内容的增加，检测费用越来越昂贵。这个代价是巨大的，但是，这个代价是必须付出的，因为它涉及到人类的身心健康与奥林匹克运动的尊严。第五，如果将研究、开发、服用兴奋剂的行为合法化，在引发一系列恶果、对运动员以及奥林匹克运动造成伤害的同时，还会加大药物研发技术先进的国家与落后国家之间在体育比赛结果方面的不平衡。药物研发技术先进的国家会凭借其优势而获得更多的奖牌，药物研发技术落后的国家只能望而兴叹。

第三，奥运会"场馆清洁"的义利考虑。

国际奥委会曾经考虑过在奥运会赛场做广告的事情，但最后还是作出了"场馆清洁"的决定，即奥运会执行"场馆清洁"政策，不允许在奥林匹克区域内及其上空进行任何形式的广告宣传，在体育场和其他比赛场所不准有商业设备和广告牌，这已经成为奥运会比赛与其他大型国际体育赛事的一个显著区别。

《奥林匹克宪章》规定："任何形式的广告和宣传，不论商业性或非商业性，都不可出现在人体、运动装饰和佩饰上，更一般地说，不可出现在运动员或参加奥林匹克运动会的其他人员穿的或用的任何衣物或器材上……"[①]《奥林匹克宪章》对有关器材和用品的商业标识的大小有严格的限制，奥运会组委会签订的任何与广告有关的合同必须符合国际奥委会执委会的指示才能生效。《奥林匹克宪章》还规定，奥运会组委会签订的具有任何广告成分，包括使用奥林匹克徽记、吉祥物的权利和许可权的一切合同，必须符合《奥林匹克宪章》，并且必须遵照国际奥委会执行委员会的指示才能生效。这些规定也

---

① 国际奥林匹克委员会《奥林匹克宪章》，北京：奥林匹克出版社，2001 年 2 月第 4 版，第 86 页。

适用于有关计时器、注分牌以及在电视节目插入的标识信号。

然而，"场馆清洁"政策曾经受到挑战。个别公司为了自身的利益，千方百计地把公司的标志带进奥运会的赛场，借奥运会的品牌来提升自己的身价。1992年巴塞罗那奥运会上，第二期的TOP合作伙伴Mars公司的贵宾穿着带有广告标志的服装坐在看台上，每当运动员经过时他们就对着电视镜头跳起来。由于Mars公司的过分行为，国际奥委会终止了与该公司关于1996年亚特兰大奥运会的合作谈判。1994年利勒哈默尔冬季奥运会上，将要进入滑雪赛场的60名挪威观众的衣服上被发现有一家保险公司的名字，这些观众被告知，要么脱掉衣服，要么找东西将广告盖住，否则不得进入比赛场地。

国际奥委会之所以非常严格地执行"场馆清洁"政策，一个重要考虑是，希望观众不被眼花缭乱、目不暇接的广告所干扰，将注意力都集中在体育比赛的欣赏之上，这是奥林匹克运动人本关怀的体现。还要看到，国际奥委会并没有因为执行"场馆清洁"政策而损失经济利益，因为"场馆清洁"就是奥运会与众不同的特色，赞助商看重的就是这一点；如果奥运会比赛场馆里也是铺天盖地的广告，其独特性就大为逊色，赞助商也将不再看好，赞助费也将大为减少。所以，执行"场馆清洁"政策其实是一个义利兼顾的选择，是一个名利双收的做法。而对于企图挑战"场馆清洁"政策的公司来说，从道义上说，它们在扰乱公众的视线，破坏奥运会的纯洁性，扮演了"搅局者"的角色，引起了了公众以及其他公司的不满，会受到国际奥委会的斥责以至惩罚，知名度虽然提高了，而美誉度则下降了，既违背了道义，又损失了利益。

五、孔子义利观对奥林匹克运动的启示

20世纪80年代之前，奥林匹克运动的基本立场是恪守道义原则，拒绝商业化，此后是大幅度、大范围的商业化，对奥林匹克运动的道义原则造成一定程度的伤害。孔子的义利观对于奥林匹克运动的启示意义在于，奥林匹克运动应当追求自身的商业利益，但是，商业利益不是最重要的，商业利益是手段而不是目的；更不能因为商业利益的追求而损害奥林匹克运动的道义原则，在任何时候都需要坚持和捍卫奥林匹克运动的道义原则；同时，遵循义利兼顾、见利思义的原则，处理好与奥林匹克运动相关的各种利益关系。

1. 奥林匹克运动应当追求自身的物质利益

孔子肯定个人追逐利益的正当性，希望人们都摆脱贫困、过上富裕生活。

奥林匹克运动不是仅仅靠恪守道义原则而生存的，必须在与经济活动相结合的过程中推动道义的实现。处在资本主义商业化时代的奥林匹克运动，随着参加人数的增多、举办规模的扩大，举办经费的来源仅仅靠举办城市的财政支持、慈善家的捐助以及一些零散的商业活动，越来越无法满足自己发展的要求，寻找商业化的路子就是一个不错的选择。

2. 坚持和捍卫奥林匹克运动的道义原则

国际奥委会不是一个营利性的商业组织，《奥林匹克宪章》规定得非常清楚，即"国际奥委会是一个国际性、非政府、非营利、无期限的组织"①，奥林匹克运动必须明白自己的根本追求不是单纯的商业利益，而是崇高的道义。奥林匹克运动必须坚持"义以为上"的立场，把道义视为至高无上的原则，不能把商业利益作为最高利益。奥林匹克运动在其商业化的背景下，要想使自身与一般的营利性商业组织区别开来，就要牢记"君子喻于义，小人喻于利"的教诲，更多地去考虑道义的实现，而不是商业利益的获取。

不适当的商业化操作与奥林匹克运动的道义追求是有冲突的。奥林匹克主义的中心思想是追求人的身心和谐发展，其宗旨是以团结、友谊、公平的精神引导人们为建立和平美好的社会而努力。而商业化以追求利益最大化为原则，以追求最大经济利益为目的。一个是形而上的，理想的；一个是形而下的，现实的。1996 年第 26 届奥运会是现代奥林匹克运动的百年庆典，会址之争在两座城市间展开，一个是古代奥林匹克运动会的发祥地、第一届现代奥运会的举办地希腊雅典，另一座城市就是现代大型跨国公司可口可乐总部所在地、美国亚特兰大。从道义上、历史文化意义上讲，举办地非雅典莫属，而最后的举办地却在亚特兰大，其中道理非常简单——商业价值重于人文价值，"形而上"让位于"形而下"，囊中羞涩的雅典娜女神在金光闪闪的可口可乐"孔方兄"面前黯然失色。

奥运会商业化过程中的许多做法是值得深刻反省的，它们已经对奥林匹克运动的道义原则造成极大的伤害。1988 年汉城奥运会上，许多比赛本应在当地时间下午或晚上举行，但此时正是美国东部时间的夜间，这显然会有损于作为汉城奥运会转播权最大买主的美国电视广播公司的利益。在其干预下，汉城奥运会的组织者置各国运动员反对于不顾，将比赛移到早晨 8：00 进行，严重

---

① 国际奥林匹克委员会《奥林匹克宪章》，北京：奥林匹克出版社，2001 年 2 月第 4 版，第 24 页。

影响了运动员比赛水平的正常发挥。在运动员的利益和金钱效益上，商家毫不犹豫地选择了后者。当商业的砝码在奥林匹克运动的天平上超重时，就会严重干扰体育运动的正常状态，并与奥林匹克理想发生剧烈冲突，给奥林匹克运动带来巨大的威胁。这是商业利益对于奥林匹克运动的利益以及运动员利益的侵犯。英国学者斯蒂文·巴尼特（Steven Barnett）指出："如果我们不加小心，奥林匹克运动可能会被具有强制性竞争力的美国电视业所'劫持'，其金钱将完全腐蚀原初的奥林匹克精神。"① 这就是说，当体育利益与商业利益发生冲突时，体育利益成为牺牲的对象。

3. 以中庸原则协调奥林匹克运动的义利关系

孔子说："中庸之为德也，其至矣乎！民鲜久矣。"② 中庸是孔子提出的一种为人处事的方法论，"中"即中正、中和，"庸"即常，"中庸"的意思是"过犹不及"③"执其两端，用其中于民"④，保持矛盾统一体的平衡与稳定。孔子还强调"时中"意识，即"君子之中庸也，君子而时中"⑤，也就是审时度势，与时俱变，用孟子称赞孔子的话说，就是"可以仕则仕，可以止则止，可以久则久，可以速则速"⑥。根据孔子的中庸原则，在奥运商业化的问题上，需要在道义与利益之间进行协调与平衡，即人的行为不能不考虑自身的利益，但又不能仅仅遵照利益原则，不择手段地去追求利益，需要义利兼顾，要见利思义，按照道义原则来对逐利的欲望加以引导和控制。

国际奥委会认识到了过度商业化问题的严重性，并采取多种措施抑制奥运不适当的商业化倾向。萨马兰奇的设想是，在保持奥林匹克理想的同时，不能将奥林匹克的价值观和道德准则出卖给贪婪的欲望，在这个基础上完成奥林匹克运动的商业化过程。麦克尔·佩恩于1988年开始担任国际奥委会有史以来的第一位市场总监，在十多年的奥林匹克生涯中，他监督执行了多届奥运会的营销工作，被公认为奥林匹克商业传奇的"金手指"。他说："保持奥林匹克理想的价值和道德标准，不把它出卖给贪婪的欲望，这是一种完美和持续平衡

---

① Steven Barnett, *Games and sets. The Changing Face of Sport on Television* London: BFI, 1990, p. 134.

② 《论语·雍也》

③ 《论语·先进》

④ 《礼记·中庸》

⑤ 《礼记·中庸》

⑥ 《孟子·公孙丑上》

的艺术。"① "保持奥林匹克的平衡，同时又提供奥林匹克运动持续发展所必需的资金来源，这是一个令人生畏的持续的挑战。"② "越来越多的奥林匹克运动观察家承认，理想和现实之间的紧张状态已经不再是一种冲突的表现，而更应该是一种动态的平衡。"③ "奥运会具有把一系列特殊价值具体化的魔力，而由此又让人们赋予奥运会以迷人的特性，这使它与那些急于利用其特性销售产品的商业机构，卷入了一曲美妙的舞蹈。"④

《奥林匹克宪章》规定："反对将体育运动和运动员滥用于任何政治或商业目的。"⑤ 一些私人电视机构曾经报出高价，想购买奥运会的电视转播权，然而，国际奥委会的原则是在传播面上达到最大化，而且要保证大众能够免费收看比赛节目，做到向所有的人开放。私人电视机构无法保证满足这些要求。1988 年韩国烟草机构为纪念汉城奥运会而推出系列香烟，国际奥委会表示抗议，迫使韩国将香烟从市场上收回。

约翰·拉卡斯（John A. Lucas）指出："问题不是奥林匹克运动是否应该产生巨额的现金流。它当然应该如此，而且现在这样做得非常成功、实在、而且不失尊严。越来越多的公众意见所显示的更深刻的忧虑是，奥林匹克运动不应仅仅是庞大的造钱机器。"⑥ 如何将奥运的发展与商业化很好地结合起来，如何在"市场"与"庙宇"中找到一种平衡，已成为奥运发展中的一个富有挑战性的课题。商业介入奥运是为了获利，奥运引入商业是为了发展，两情相悦，各取所需，似乎是一个"双赢结局"，但赢得更多的是商家，因为奥林匹克运动必须要考虑如何处理过分商业化带来的负面效应。因此，国际奥委会必须确立一种理念，即奥运应以人为本，商业化只能是手段，商业为奥运服务，而不能以金钱为本，本末倒置，过度的商业化必然会使奥运异化为商家的

---

① ［英国］麦克尔·佩恩著《奥林匹克大逆转》，郭先春译，上海：学林出版社，2005 年 7 月第 1 版，第 23 页。

② ［英国］麦克尔·佩恩著《奥林匹克大逆转》，郭先春译，上海：学林出版社，2005 年 7 月第 1 版，第 23 页。

③ ［英国］麦克尔·佩恩著《奥林匹克大逆转》，郭先春译，上海：学林出版社，2005 年 7 月第 1 版，第 23 页。

④ ［英国］麦克尔·佩恩著《奥林匹克大逆转》，郭先春译，上海：学林出版社，2005 年 7 月第 1 版，第 23 页。

⑤ 国际奥林匹克委员会《奥林匹克宪章》，北京：奥林匹克出版社，2001 年 2 月第 4 版，第 11 页。

⑥ John A. Lucas, *Future of the Olympic Games.* Human Kinetics Books, Champaign, Illinois, 1992, p. 74.

"广告机器"和"赚钱机器"。

是利益服从道义，还是道义让位于利益，这一选择决定着奥林匹克运动未来的走向与命运。2000年11月，时任欧洲奥林匹克委员会主席的雅克·罗格在写给当时的国际奥委会主席萨马兰奇先生的信中提出，要捍卫"真正意义的体育"，他说："在这种体育中，人的价值超越一切，没有兴奋剂，没有腐败，没有暴力；在这种体育中，胜利不能被金钱所衡量，道德规范至高无上，在这种体育中，比赛不被经济利益所左右。"① 2001年7月，出任国际奥委会主席之后，罗格对奥林匹克运动的未来发展提出了"更人性、更干净、更团结"的主张。捍卫"真正意义的体育"，就是坚持奥林匹克运动的道义原则；"更人性、更干净、更团结"的追求，就是"义以为上"、"以义制利"的立场。

---

① ［西班牙］胡安·安东尼奥·萨马兰奇著《奥林匹克回忆》，孟宪臣译，北京：世界知识出版社，2003年7月第1版，序言第9页。

第七章

儒家的天下情怀与奥林匹克的世界主义

现代奥林匹克运动超越了古代奥运会的封闭性、地域性、民族性，从一开始就具有强烈的开放性、世界性、多元性。孔子儒学所具有的天下情怀，与现代奥林匹克运动世界性的追求是相通的。在当今全球化迅猛发展的时代，孔子儒学与现代奥林匹克运动都是世界主义的重要精神资源。

一、孔子儒学的天下情怀

孔子及其弟子创立的儒家学说本质上是世界主义的，天下一家，和而不同，共存共荣。钱穆认为："当时所谓'王天下'，实即现代人理想中的创建世界政府。"[1] "他们常有一个'天下观念'，超乎于国家观念之上。他们常愿超越国家的疆界，来行道于天下，来求天下太平。"[2] 冯友兰说："人们或许说中国人缺乏民族主义，但是我认为这正是要害，中国人缺乏民族主义是因为他们惯于从天下即世界的范围看问题。"[3]

中国古代典籍中，"家"、"国"、"天下"是紧密相连的，积家而成国，积国而成天下。《大学》中讲"齐家"、"治国"、"平天下"；《孟子·娄离上》中讲："天下之本在国，国之本在家，家之本在身。"孔颖达在解释"家"、"国"、"天下"时说，"天下谓天子，国谓诸侯，家谓卿大夫"。从地理意义上讲，"天下"即"普天之下"，既可以指中国范围内的所有土地，也可以指整个世界，即"天之所覆，地之所载"，具有超越国界的意义。据《史记·孟子荀卿列传》记载，战国齐人邹衍"以为儒者中国者，于天下乃八十一分居

---

① 钱穆著《中国文化史导论》，北京：商务印书馆，1994年修订版，第37页。
② 钱穆著《中国文化史导论》，北京：商务印书馆，1994年修订版，第38页。
③ 冯友兰著《中国哲学简史》，北京：北京大学出版社，1996年，第163页。

其一分耳。中国名曰赤县神州。赤县神州内自有九州，禹之序九州是也，不得为州数。中国外如赤县神州者九，乃所谓九州也。于是有裨海环之，人民禽兽莫能相通者，如一区中者，乃为一州。如此者九，乃有大瀛海环其外，天地之际焉。"

《论语·颜渊篇》中，孔子说："一日克己复礼，天下归仁焉。"他期望人们都能够克制个人过度的欲望，回归到周公制定的礼制秩序中，这样天下就达到了仁爱的理想境界。"天下"是由文化发达的中心地带即"诸夏"和周围文化落后的地带即"四夷"构成的一个共同体，"诸夏"有义务带动"四夷"实现文化上的进化。区分"诸夏"的"四夷"的标志不仅是地理意义上的，更是文化意义上的，即是否遵循周礼。周礼在周朝被推广到整个华夏族的势力范围，秦与楚因为不用周礼而被"诸夏"视为"夷狄"。齐桓公称霸时，以"楚贡包茅不入，王祭不共"为借口对楚国加以讨伐。

孔子没有歧视夷狄的观念，"夷狄之有君，不如诸夏之亡也。"① 孔子在此称赞夷狄人的眼中尚有国君的存在，而礼坏乐崩的诸夏却丧失了这一意识。当有人劝孔子不要到九夷那个蛮荒之地去的时候，孔子说："君子居之，何陋之有？"② 他相信夷狄可以进化到华夏的状态，华夏也可以退化到夷狄的水平。

以德服人，德治天下。《论语·泰伯篇》中，孔子说："巍巍乎！舜禹之有天下也，而不与焉。"在孔子看来，圣人之所以伟大，在于他们有极高的道德感，他们虽然得到了天下却不据为私有，信奉天下为公，追求世界大同。实现天下一统，不是靠霸权主义，穷兵黩武，而是靠仁德，即"远人不服，则修文德以来之"③。孔子称赞齐桓公"九合诸侯，不以兵车"④ 的仁义之举；《论语·宪问篇》中，孔子说："管仲相桓公，霸诸侯，一匡天下，民至今受其赐。微管仲，吾其被发左衽矣。"《尚书·尧典》："尧明俊德，以亲九族；九族既睦，平素百姓；百姓昭昭，协和万邦。"儒家追求的是协和万邦、天下大同的理想境界，体现出中国文化宽广博大的包容性。《礼记·中庸》认为"柔远人则四方归之，怀诸侯则天下畏之。""送往迎来，嘉善而矜不能，所以柔远人也；继绝世，举废国，治乱持危，朝聘以时，厚往而薄来，所来怀诸侯也。"

---

① 《论语·八佾》
② 《论语·子罕》
③ 《论语·季氏》
④ 《论语·宪问》

孔子"登东山而小鲁，登泰山而小天下"，他生在鲁国，长在鲁国，在那里接受教育，出任官职，但并没有将自己的视野和行动局限在鲁国的范围之内。在孔子的内心，鲁国在"天下"之中，他属于鲁国，更属于"天下"，身在鲁国而心忧"天下"。因此，当自己的救世理想无法在鲁国实现的时候，便毅然决然地开始了长达十多年周游列国的壮举，希望能够在其他地方推行道义，进而"化成天下"。虽然处处碰壁，但他愈挫弥坚，奋斗不止，"不知老之将至"，"知其不可为而为之"。

　　《礼记》借孔子之口讲出"天下为公"的思想，绝非牵强附会，"天下为公"不仅是以孔子为代表的儒家学派的一贯思想，也是中国诸多学派的共同主张。第一，上天无私。"公"的观念从宇宙论的意义上说，就是大道无私、天地无私、日月无私，如《吕氏春秋》中所说，"天无私覆也，地无私载也，日月无私烛也，四时无私行也，行其德而万物得遂长焉。"① 《道德经·十六章》说："知常容，容乃公，公乃王，王乃天，天乃道，道乃久，没身不殆。"老子在此是在为"公"的观念寻找本体论依据，这个依据就是"道"，即宇宙的本源、万物的法则。《管子·任法》中讲，立法为公，法令行则私道废，君主要"任公而不任私"，"以法制行之，如天地之无私也"。第二，圣人无私。"公"是上天的本质，符合天道、大道，圣人效法于天地之道，也具有"无私"的品质，像尧那样能够"博施于民而能济众"，或如黄宗羲在《明夷待访录·原君》中所说的，"不以一己之利为利，而使天下受其利，不以一己之害为害，而使天下释其害"。《尚书·泰誓》中说："天佑下民，作之君，作之师，惟其克相上帝，宠绥四方。"这就是说，上天之所以要设立君主之位，不是将天下奉予君主，而是让君主主持公道，维持正义，保护万民，安定天下。《吕氏春秋》中说："天下，非一人之天下也，天下之天下也。"② 《慎子·威德》中说："立天子以为天下，非立天下以为天子也。"《商君书·修权》认为，"尧舜之位天下也，非私天下之利也，为天下位天下也。"正因为天下非一人之私，君位乃天下之公器，所以圣人不会将君主之位传给其后代，不搞"家天下"，于是便有上古时代尧、舜、禹之间的禅让传说。第三，崇公抑私。《尚书·周官》中提出"以公灭私"，《慎子·威德》提出"立公所以弃私也"，《管子·正》主张"废私立公"，《新语·耳痹》主张"公而忘私"，如

---

　　① 《吕氏春秋·孟春纪·去私》
　　② 《吕氏春秋·孟春纪·贵公》

此等等，都表明人们对"公"颂扬、倡导以及对"私"的批判、抑制。

孔子儒学的天下情怀对于后世知识分子的人格追求产生了深刻影响，他们志存高远，独善其身，兼济天下，"以天下为己任"，将自己的前途命运与整个外部世界的发展紧密地联系在一起。范仲淹在《岳阳楼记》中提倡的"先天下之忧而忧，后天下之乐而乐"，顾炎武提出的"天下兴亡，匹夫有责"等等，都体现了极为可贵的为普天下的利益而奋斗的献身精神。

二、现代奥林匹克运动的世界主义

作为世界资本主义全球化发展的产物，现代奥林匹克运动是一项开放性、世界性的运动。同时，其开放性、世界性因为受到多种因素的影响而显得很不彻底，带有较大的局限性。

1. 现代奥运的世界主义主张

奥林匹克五环标志中的五环代表的就是世界五大洲，表明现代奥运会不属于某一个或几个国家和地区，而是属于全世界的；奥林匹克宗旨就是引导全世界的青年为建立一个和平的、更美好的世界做出贡献。

古代奥运会则是一个封闭性的、局限于希腊民族内部的竞技赛会，对于参加者有极为严格的血统规定，即"伊利斯和其他地方来的一切希腊人才可以参加比赛"①。这里说的"希腊人"是指具有希腊血统的自由公民，外族人是不能参加的。据文献记载，曾经在一届古代奥运会上，马其顿国王亚历山大准备参加跑步比赛，他进入竞技场后，希腊竞技者却不许他参赛，因为奥林匹亚竞技是在希腊人之间进行的，外族人谢绝参加。直到亚历山大证明自己是希腊的阿尔哥斯人时，才被确认为有参赛资格。

现代奥林匹克运动诞生在世界主义崛起的时代，超越了古代奥运会的地域性与种族性。顾拜旦在《现代奥林匹克运动会》一文中对奥运会复兴的全球化背景做了深刻而全面的阐述："复兴奥运会，绝非幻想，这是由时代发展趋势推动的必然的、合乎逻辑的结果。19 世纪，体育锻炼热潮处处涌现，初期集中在德国和瑞典，中期出现在英国，到了后期则在美国和法国。与此同时，两项伟大的发明——铁路和电报，拉近了世人的距离，人类逐渐开始了一种全新的生活方式。持不同语言的民族间的交往变得简单便捷，这自然为开辟更为

---

① ［古希腊］希罗多德《历史》，王嘉隽译，北京：商务印书馆，1960 年版，第 348 页。

广阔的共同利益空间创造了条件。人们不再离群索居，不同种族开始相互了解、相互融合，彼此的认识不断加深，并以在艺术、工业和科学等各领域展开相互竞争为乐。若一个民族有所创新，另一个民族势必跃跃欲试。在万国博览会上，哪怕是最遥远国度的产品，也能汇集到地球上的同一地点；在文学与科学大会上，不同国度的知识界人士进行着盛况空前的接触和交流。在我们的时代，竞争是体育运动的基石，也是它存在的前提，体育运动员怎么可能不尝试着共聚一堂进行正面交锋呢？"① 世事发展正是如此，19 世纪下半叶，体育国际化趋势愈加明显。德国体操、瑞典体操和英国户外运动在欧洲广泛开展，很多国家都成立了单项体育组织，各国国内和国际间比赛非常频繁，一批国际体育组织，如国际体操联合会、国际赛艇联合会、国际滑冰联盟等应运而生，为现代奥林匹克运动的产生创造了更为有利的条件。顾拜旦总结道："国际主义精神渐渐'溜进'了体育界，并激发起人们对体育运动的浓厚兴致，拓展了体育的影响空间。此时复兴奥林匹克运动会，可谓天时地利。仔细斟酌后，我甚至认为，奥运会复兴已是势在必行。"②

顾拜旦完全从国际视角考虑奥林匹克运动的发展，他说："复兴的奥运会有超过前人的两大优势：世界性和轮流性。这样的奥运会更加灵活而巩固。"③ 顾拜旦坚决反对体育中的种族歧视，他说："从种族的角度上看，体育也是没有任何差异的。体育是所有种族享有的特权。"④ 同时，他相信世界主义的价值。1911 年，他在回顾自己的生命历程时这样说："波兰对我的童年产生过巨大影响，匈牙利则是对我的青少年产生影响的国度，一如英国和美国对我的壮年影响至深，也如希腊和瑞士令我眷恋终生。对于它们给予我的那么多的世界主义的友谊，我感激不尽。"⑤ 1896 年雅典奥运会筹办期间，希腊产生了垄断奥运会举办权的梦想。"在国际性的对立面，大众民族主义巍然立起。大众民

① 国际皮埃尔·德·顾拜旦委员会编《奥林匹克主义——顾拜旦文选》，刘汉全、邹丽等译，北京：人民体育出版社，2008 年 8 月第 1 版，第 44 页。

② 国际皮埃尔·德·顾拜旦委员会编《奥林匹克主义——顾拜旦文选》，刘全汉、邹丽等译，北京：人民体育出版社，2008 年 8 月第 1 版，第 44 页。

③ [法国] 皮埃尔·德·顾拜旦著《奥林匹克回忆录》，刘汉全译，北京：北京体育大学出版社，2007 年 11 月第 1 版，第 212 页。

④ [法国] 皮埃尔·德·顾拜旦著《奥林匹克回忆录》，刘汉全译，北京：北京体育大学出版社，2007 年 11 月第 1 版，第 214 页。

⑤ [法国] 皮埃尔·德·顾拜旦著《奥林匹克回忆录》，刘汉全译，北京：北京体育大学出版社，2007 年 11 月第 1 版，第 112 页。

族主义正陶醉于这样一种美妙的想法：雅典将成为奥运会的常设举办地，每四年都会有赞不绝口的参观者蜂拥而至。"① 最初的三届奥运会分别由希腊、法国和美国举办，这在顾拜旦看来，"它们在起始阶段三体合一，最能突出奥林匹克组织的世界性，最能使之立于不可动摇的坚实基础之上。"②

《奥林匹克宪章》指出："奥林匹克运动是个人或团体竞赛项目中运动员之间的比赛，不是国家之间的比赛。奥林匹克运动会把各国家奥委会为此目的选派、经国际奥委会同意参赛、并在有关国际单项体育联合会的技术指导下进行的比赛中有良好运动表现的运动员集合在一起。"③ 在国际奥委会记载着每个比赛项目的奖章获得者和证书获得者的名字的荣誉册里，国际奥委会不排列每个国家在世界上的名次，这种设计的理念基础正是奥林匹克运动坚持的世界主义。

2. 现代奥运世界性追求中的局限性

现代奥林匹克运动追求世界性，但是，迄今为止，其世界性并没有完全地、真正地实现，而只是部分地、一定程度地得到实现。究其原因，主要有如下方面因素的影响：地区歧视、种族歧视、西方大国的政治干预等。

就地区歧视而言，奥林匹克运动中有欧洲中心主义或者欧美中心主义的倾向，也就是说，奥林匹克运动实际上是以西方发达资本主义国家为中心的。目前世界体育的中心仍然在欧洲，欧洲是世界体育的中心，奥运会起源于欧洲，总部设在欧洲，奥运会的比赛项目多是欧洲起源，运动员比赛成绩最好的也是欧洲，奥运会举办地最多的也是欧洲，国际奥委会和国际单项体育联合会的主要领导也多出自欧洲。举办过夏季奥运会或冬季奥运会的国家可以有两名委员，而这些国家绝大部分在欧洲和北美洲。萨马兰奇习惯着重在欧美发达国家的上流社会成员中挑选新委员，一方面更突出欧美发达国家的地位，同时更加剧了本来就存在已久的不平衡。最近20年来，奥运会参加人数越来越多，比赛类别和比赛项目不断增加，规模越来越大，声望越来越高。但是，越来越膨胀的举办规模使奥运会已经成为不堪重负的体育巨人，需要投入的举办经费越来越庞大，组织管理的难度越来越大，不可预测的安全因素越来越多，对举办城市的要求也越来越高。这样发展下去是值得警惕的，一个明显的后果就是，

① ［法国］皮埃尔·德·顾拜旦著《奥林匹克回忆录》，刘汉全译，北京：北京体育大学出版社，2007年11月第1版，第34页。

② ［法国］皮埃尔·德·顾拜旦著《奥林匹克回忆录》，刘汉全译，北京：北京体育大学出版社，2007年11月第1版，第60页。

③ 国际奥林匹克委员会《奥林匹克宪章》，北京：奥林匹克出版社，2001年2月第4版，第25页。

对奥运会举办城市的资格要求越严格，奥运会的举办就越会成为发达国家城市的专利，发展中国家的城市对于举办奥运会将更难问津，发达国家与发展中国家之间本来已经很大的体育鸿沟将会进一步扩大，这也必然会使奥林匹克运动所追求的平等性、普遍性原则更难实现。

反思奥林匹克运动中的种族歧视，我们发现古希腊时期的奥运会一直遵守着一个极其严格的血统规则，即奥运会的参加权只属于具有纯希腊血统的人，高举火炬到各城邦宣布"神圣休战"的使者必须具有纯希腊血统，所有的祭祀仪式必须由纯希腊血统的人员主持；祭祀仪式之后，选派具有纯希腊血统的、一生从未犯过错误的、父母健在的男子割下橄榄枝，编成授给冠军的花冠。现代奥林匹克运动一改古代奥运的血统原则，在成立之初就决定"该运动将邀请所有文明民族参加"，以此促进体育事业的发展，并加强各民族在该领域内的接触，这表明现代奥运是以世界性、平等性、开放性、进步性的追求出现在国际舞台上的。然而，现代奥林匹克运动并没有彻底消除种族歧视，种族主义的幽灵一直在奥林匹克运动上空徘徊，总是驱之不散。1904 年在美国圣路易斯举行的第三届奥运会的开幕式上，组织者竟然作出了禁止有色人种、尤其是黑人参加比赛的决定。圣路易斯奥运会组委会被迫取消了这一规定，但仍骄傲地宣称"这些低等民族"是不可能战胜白人的。1936 年在德国柏林举办的第 11 届奥运会上，希特勒大肆宣扬"雅利安人种优越论"，虽没有禁止所谓的"劣等民族"参加比赛，但是纳粹德国的种族主义嘴脸暴露无遗。《奥林匹克宪章》规定："以种族、宗教、政治、性别或其他理由对某个国家或个人的任何歧视都与奥林匹克运动成员的身份不相容。"① 自 80 年代以来，在萨马兰奇主席的领导下，国际奥委会在反对种族歧视的斗争中采取了鲜明而积极的态度，采取了一系列具体措施，如成立专门的组织机构——反对种族歧视委员会等，有力地促进了国际间民族的平等。萨马兰奇先生回忆说："为了纪念因奥林匹克而结合在一起的五大洲，我们的旗帜上设计了五个交织在一起的环，但那时它们减少成了四个。那是表示对当今社会中一种恶习的唾弃，是对种族主义和排外主义实施种族隔离政策的一种抗议。"② 其实，国际奥委会早在 1970 年就已经将实施种族隔离政策的南非驱逐出去，因为"一个拥有政权

---

① 国际奥林匹克委员会《奥林匹克宪章》，北京：奥林匹克出版社，2001 年 2 月第 4 版，第 12页。

② ［西班牙］胡安·安东尼奥·萨马兰奇著《奥林匹克回忆》，孟宪臣译，北京：世界知识出版社，2003 年 7 月第 1 版，第 84 页。

并实行种族歧视政策，仅仅因为肤色不同就对他们实行剥削、排斥甚至监禁的国家是绝对不可能被奥林匹克大家庭所接纳的"①。1988 年 6 月 21 日，国际奥委会在洛桑举行会议，会议的主题是反对体育中的种族隔离。会议成立了种族隔离与奥林匹克主义委员会，该委员会的主要任务就是进行反对体育中的种族隔离的斗争，密切关注南非事态的发展，最终促使南非早日结束种族隔离统治，重新回到奥林匹克大家庭中。

奥林匹克运动非常强调自身对于现实各种政治力量的独立性，实际上却一直受着西方资本主义大国的政治操纵。奥运在发展过程中曾刻意保持与政治的距离，一直强调体育要独立于政治，反对将体育滥用于政治目的。在现代奥林匹克运动创立之初，顾拜旦就为这个运动制定了一个"戒律"，即国际奥委会是一个独立的民间组织，不受任何政府的控制和影响，以免沦为国家或各种政治势力冲突的工具。尽管如此，奥林匹克运动是无法完全独立于政治之外的。奥运史专家艾伦·哥特曼（Allen Guttmann）指出："无论如何，政治这一术语在其广泛的意义上一直是奥林匹克的一部分。"② 奥运从来就不是独立于国家和政治之外的，相反，它与国家和政治的关系极为密切，不可能绝对划清界限。政治对社会的影响和作用无处不在，现代奥运本身就是一个世界政治的舞台，是一个有政治目的的社会运动。现代奥林匹克运动的政治格局是，虽然广大发展中国家的政治在其中有一定的影响，但是，西方发达资本主义国家则具有主宰作用。迄今为止的奥运会主要是在西方发达国家举行的，广大发展中国家虽有参加的权利，但基本上与举办权无缘。上个世纪里由大国间利益争夺而引起的两次世界大战使本应于 1916 年、1940 年、1944 年分别在柏林、东京、伦敦举行的第 6、第 12、第 13 届奥运会胎死腹中。西方大国对奥运的政治操纵与奥运本身的追求是相违背的，政治干预使奥运异化为少数国家的政治工具。奥运一开始就追求世界性、开放性、平等性，而大国操纵使其长期滞留于西方世界中；奥林匹克追求各国、各民族的平等、团结、友谊，要努力建设和平美好的社会，而大国操纵原则是大国利益至上，必然导致歧视、隔阂、对抗与冲突。

地区歧视、种族歧视、西方大国的政治干预等因素的存在，使得现代奥林

---

① ［西班牙］胡安·安东尼奥·萨马兰奇著《奥林匹克回忆》，孟宪臣译，北京：世界知识出版社，2003 年 7 月第 1 版，第 85 页。

② Allen Guttmann, *The Olympics: A History of the Modern Games.* Urbana and Chicago: University of Illinois Press, 2002, p. 1.

匹克运动呈现出单一西方文化的倾向。在体育走向全球化的过程中，奥林匹克运动逐渐形成了"西方话语霸权"，民族传统体育受到较大程度的冲击而日渐衰微。体育全球化的进程，既是走向西方体育文化一统天下的过程，也是其他民族体育文化坚守其独特性的过程。体育的全球化的最重要的体现就是奥林匹克运动的全球化，而奥林匹克运动正是一个起源于西方、一直受控于西方的社会运动，实际上是排斥非西方形态的体育的。奥林匹克运动在全球的扩展对于世界多样化的民族体育形态已经构成威胁，奥林匹克运动是在压迫民族体育的生存空间。现代奥运会的举办有统一的举办条件、比赛模式、比赛项目等，这些无疑具有西方文化色彩，其他国家要参与进来就必须接受这些既定的条件和模式。这就是说，西方国家与非西方国家尽管都是奥林匹克运动的参与者，但因为一方是游戏规则的制定者，另一方是游戏规则的接纳者，其地位并不是平等的。而且，非西方国家接纳奥林匹克运动而产生的一个明显的不利后果是，奥林匹克文化作为一种外来强势文化，在传播过程中将它所负载的西方文化价值密码推向全球，势必会对其他民族的体育文化形成冲击，民族体育文化可能会处于"失语"的尴尬状态。任海先生在《奥林匹克运动的全球化与文化的多样化》一文中认为，"奥林匹克文化的单一化似乎是在传递这样一个信息，各民族传统体育要获得现代性就必须抛弃他们自己的文化传统，改用西方体育的形式。如果这样下去，奥林匹克运动越普及，对非西方的传统体育的威胁就越大。"①

3. 对于现代奥运世界性的评价

通过反思现代奥林匹克运动在世界主义方面的种种局限性，可以看到，问题的存在由来已久，纠缠在一起的问题错综复杂，解决问题的难度不容低估。现代奥林匹克运动在推进其世界性的道路上，还有很长的路要走。

必须尊重文化的多样性，反对单一文化倾向。《国语·郑语》中说："声一无听，物一无文，味一无果，物一不讲。"这就是说，单调的声音是不悦耳的，单一的色调是没有文采的，单一的味道是乏味的。"一花独放不是春，百花齐放春满园。"正如生物的多样性构成了这个生机勃勃的生物世界，具有文化多样性的世界才是一个绚烂多彩的世界。以某一种文化排斥、扼杀其他文化，"我花开后百花杀"，那将是一个窒息的世界。全球化将不是全球不同文化的平等交流，不是世界多种文化的共同繁荣。因为全球化在很大程度上就意

---

① 《体育文化导刊》，2002 年第 1 期，第 81 页。

味着西方化，"文化的同质化、殖民化及高度互动与相关化"①。所谓"同质化"和"殖民化"，无非是指弱势文化被殖民，统一或同一于强势文化。全球化在文化方面所遇到的问题就是文化的单一化趋势，西方主流文化形态已经严重威胁到非主流文化的生存。联合国教科文组织早在1985年就指出："当今世界使用的语言大约90%在下一世纪会趋于灭绝。一种语言的消亡，就像一种植物和动物的消亡一样，意味着我们的资源的一点点减少。语言的多样性是人类的珍贵财富。任何语言的消失都表示着知识库存及文化间交流工具的减少。"② 为了维护文化的多样性，人们主张发展应当是包容的和可持续的，必须培育传统的多样性，尊重和支持不同群体的传统。"国际发展可以极大地扩展文化间的交流，但它也可能会削平文化间的差异，毁坏文化遗产。维护遗产和文化传统是社会凝聚力和群体自豪感的重要源泉，当这种努力融入发展的奋斗中时，就会开拓一个充满机会的世界。"③ 意大利思想家恩贝托·埃柯（Umberto Eco）1999年在纪念波洛尼亚大学成立900周年大会上的主题演讲中指出，欧洲大陆第三个千年的目标就是"差别共存与相互尊重"，"人们发现的差别越多，能够承认和尊重的差别越多，就越能更好地相聚在一种相互理解的氛围之中。"④ 必须警惕某一种单一文化占绝对统治地位的文化霸权主义和文化殖民主义倾向，警惕以所谓"与国际接轨"为口号来放弃捍卫民族文化的立场。不能以某一种文化类型为参照标准来评判其他文化的优劣，现代西方文化的强势地位决不能说明这种文化就是最为优秀的文化，决不能认为这种文化就应该一统天下，更不能认为别的文化都是愚昧落后的文化，是应该进入历史垃圾堆的文化。奥林匹克运动应该是一元文化与多元文化、民族性与世界性的有机统一，世界性的奥林匹克通过民族性的形式来展现，民族性的色彩通过世界性的舞台而更为世人所知。奥林匹克运动的世界性只有通过文化的民族性、多样性才能真正实现。"在奥林匹克运动中，对普遍性的推崇绝不意味着统一模式的现代化，或文化的单一化，更非欧洲化或西方化。适宜的奥林匹克教育寻求在奥林匹克运动中开发和庆贺文化的多元性。"⑤ 法国克劳德·里昂大学的皮

---

① 李惠斌主编《全球化：中国道路》，北京：社会科学文献出版社，2003年6月第2版，第249页。

② UNESCO, Our Creative Diversity, 1995.

③ The World Bank and the J. Paul Getty Trust, The Role of Culture Heritage.

④ 转引自北京人文奥运研究基地编《人文奥运研究报告2005》，北京：同心出版社，2005年版，第203页。

⑤ Report by the IOC 2000 Commission to the 110th. IOC Session.

埃尔·阿诺德说："不能只突出某一种占主导地位的竞争性体育模式而将所有体育文化搁置一边，不能是一种划一的模式并使其他的体育文化从属于它。"①

　　我们尊重包括欧美许多发达国家在奥林匹克运动发展中曾经所起到过的重要作用，但是不应该因此而顽固坚持欧洲中心主义。何振梁强调世界的多样性，力求改变国际奥委会中长期以来形成的欧美中心主义思想及其在组织结构上的表现。1991 年国际奥委会执行委员会在讨论巴塞罗那奥运会提出的开幕式方案时，他发现其中包括展示大幅的欧盟旗帜，马上提出异议，认为奥运会是世界运动会，不是欧洲运动会，只能展示奥林匹克旗及东道国和各参赛队的旗帜。他在 1994 年巴黎第 12 届奥林匹克大会上作了题为《奥运会与国际理解》的发言，认为正是世界的多样性构成了绚丽多彩的世界，只有承认和尊重这种多样性才能促进国际间的相互尊重与理解，奥运会以及国际奥委会应当尊重和体现文化的多样性。1999 年 6 月在国际奥委会讨论改革问题的"国际奥林匹克 2000"委员会上，他发言说："国际奥委会诞生于欧洲，初创时仅部分欧洲国家及少量美洲国家参加。我们感激创始人顾拜旦和其他开拓者。但是，今天的世界已不同于当年。我们已有 200 个国家和地区的奥委会，遍及世界的各个角落。奥林匹克运动普遍性的含义已不同于 100 年前。我们的观念应该适应这一历史性变革，俾使普遍性在国际奥委会的各个方面得到体现。可惜，或者由于无意的疏漏，或者处于惯性，这一点时常被忽视。我们的目标应努力使形象化体现了普遍性的奥林匹克五个环都发出同样辉煌的光彩。"② 这一重要观点被会议接受，会议最后形成的文件认为，"在奥林匹克运动中，强调'普遍性'并不意味是按统一标准的现代化或者文化的同质性，更不是欧洲化或西方化。"③

　　发达国家与发展中国家之间的关系应该是平等和相互尊重的。关于如何处理大国与小国相互关系，老子曾经有非常深刻的思考。《道德经》第六十一章："大邦者下流，天下之交，天下之牝。牝常以静胜牡，以静为下。故大邦以下小邦，则取小邦；小邦以下大邦，则取大邦。故或下以取，或下而取。大邦不过欲兼畜人，小邦不过欲入事人。夫两者各得其所欲，大者宜为下。"意思是说，大国要像居于江河下游那样，使天下百川河流交汇在这里，处在天下

---

① 《体育文史》，2000 年第 5 期，第 4~7 页。
② 梁丽娟著《何振梁——五环之路》，北京：世界知识出版社，2005 年 5 月第 1 版，第 262 页。
③ 梁丽娟著《何振梁——五环之路》，北京：世界知识出版社，2005 年 5 月第 1 版，第 262 页。

雌柔的位置。雌柔常以安静守定而胜过雄强，这是因为它居于柔下的缘故。所以，大国对小国谦下忍让，就可以取得小国的信任和依赖；小国对大国谦下忍让，就可以见容于大国。大国不要过分想统治小国，小国不要过分想顺从大国。在老子看来，大国特别应该谦卑忍让，国与国之间能否和平相处的关键在于大国，大国不能够以强凌弱，大国应该像江海，谦居下流，天下才能交归；大国应像娴静的雌性，以静自处下位，而胜雄性。大国与小国的相互关系表现在奥林匹克运动中，无论大国还是小国，它们在奥林匹克运动事物中的地位是完全平等的，大国和小国都是奥林匹克运动的参与者，都应该本着平等尊重的原则，遵循奥林匹克运动所倡导的相互理解、团结友谊、公平公正、和平进步的精神，共同为奥林匹克运动的普及和发展作出贡献。大国不能有垄断奥林匹克运动的企图和做法，应该让出空间以使广大发展中国家在奥林匹克运动中有更大的作为，不能借举办或抵制奥林匹克运动来实现各自国家的政治目的；广大发展中国家不要妄自菲薄，要积极参与到奥林匹克运动中来，向发达国家学习先进的知识和经验，争取有所作为。这样，各个国家团结携手，共同搭建起奥林匹克团结友谊的大舞台，一起唱响当今世界和平发展的美好旋律。

三、奥林匹克运动中的爱国主义

国家之间的力量竞争是国家诞生以来的一个永恒主题，奥运会是和平展示国民身体力量以及国家综合实力的最佳机会，国家荣誉自然是奥运会参与者的最高追求。爱国主义是奥林匹克运动的一个重要的精神传统，这一传统在古希腊时代表现为参加古代奥运会的运动员对自己城邦的忠诚，在现代奥林匹克运动中表现为现代奥运会的参与者对各自国家的热爱。

顾拜旦 1909 年 10 月在《奥林匹克杂志》发表文章，称赞古希腊人的爱国热情。他说："古奥林匹亚荣获'宗教的城邦'这一殊荣，并非仅仅因为那里有神庙、祭坛和祭司。城邦的圣洁，还来自火热的爱国虔诚，爱国情感守卫着整个城邦，浸润着城邦的氛围，凝聚在城中每一座宏伟建筑物上。"① 的确，古代奥运会展现了古希腊人对于各自城邦的忠诚，竞技者有着强烈的城邦荣誉感，竞技者的胜利不仅是自己的骄傲，也是城邦的荣誉，是城邦实力的象征。

---

① 国际皮埃尔·德·顾拜旦委员会编《奥林匹克主义——顾拜旦文选》，刘汉全、邹丽等译，北京：人民体育出版社，2008 年 8 月第 1 版，第 87 页。

在公元前 712 年举行的第 17 届奥运会上，赛跑选手阿格得知自己获得"道力霍斯"比赛胜利的时候，激动不已，立即从奥林匹亚跑了大约五十公里，回自己的家乡亚尔科斯，向人们报告凯旋的消息。然后他连夜跑回到奥林匹亚，以便参加第二天的比赛。古代奥运会上的优胜者凯旋归来以后，他们在城邦官员和本族长老的簇拥下来到宙斯庙前，庄重而虔诚地将自己在奥运会中获得的橄榄花冠奉献于神坛上，以感谢神灵的佑助，表明自己对于城邦的效忠。在现代奥运会上有马拉松长跑项目，就是为了纪念古希腊的长跑健将斐力庇第斯为国献身的精神。

顾拜旦反对"虚妄而狭隘的爱国主义"①，但这并不是说他不热爱自己的故土。在他看来，现代奥林匹克运动与爱国主义是可以结合在一起的，他本人就对生养自己的法国抱有极其深厚的情感。顾拜旦复兴奥林匹克运动的初衷，就是试图以体育运动培养法国青年对法兰西的忠诚与自豪。在 1896 年首届奥运会结束不久，他写道："一个人在看到自己的俱乐部或学院在全国比赛中获胜会感到一种满足。当他看到自己的国家获胜这种感觉将是何等的强烈！就是出于这些想法，我寻求恢复奥林匹克运动会。经过许多努力，我成功了。"

顾拜旦在 1910 年 1 月《奥林匹克杂志》发表的文章中，谈到了奥运会参赛的种族资格问题，他说："每个国家只能由其国民来代表，国民既包括土生土长的国民，也包括合法入籍的国民。若只是在某国居留，即便是终身居留，也不够资格。人们应该在能够感召自己的国旗下奋力拼搏。"② 1921 年 3 月 17 日，顾拜旦给国际奥委会写了一封公开信，信中宣布了自己将于 1924 年奥运会之后辞去国际奥委会主席职务的决定，并希望国际奥委会委员把巴黎选为第八届奥运会的主办城市。他写到："由于第八届奥运会与奥运会恢复 30 周年时间重合，这届奥运会主办城市的选择便具有了特殊意义。众多极具竞争力的城市纷纷提出了主办申请。如果我们对这些城市进行比较，阿姆斯特丹似乎具有更大的优势……但是，当奥林匹克运动会的倡导者眼看他的事业已临近功德圆满之时，没有人会不认为他有权提出一个特殊的请求：请给巴黎以支持。巴黎，他出生的地方，正是在那里，他经过精心准备，于 1894 年 6 月 23 日郑重宣告了奥林匹克运动会的恢复。我要开诚布公地告诉大家，我亲爱的同事们，

---

① ［法国］皮埃尔·德·顾拜旦著《奥林匹克回忆录》，刘汉全译，北京：北京体育大学出版社，2007 年 11 月第 1 版，第 11 页。

② 国际皮埃尔·德·顾拜旦委员会编《奥林匹克主义——顾拜旦文选》，刘汉全、邹丽等译，北京：人民体育出版社，2008 年 8 月第 1 版，第 96 页。

我将在我们下次召开的会议上向你们发出呼吁，请你们在这伟大的时刻能够忍痛割爱，舍弃你们的选择，能够将贵国的利益暂放一旁，能够同意由阿姆斯特丹主办第九届奥运会，请你们同意宣布巴黎为第八届奥运会的主办城市。"①

顾拜旦看到一个国家的国民体力与这个国家的自我防卫能力之间的关系，认为国民的身体素质如何在某种程度上决定一个国家在战争中的胜败。顾拜旦曾经这样说："英国之所以能够在滑铁卢战役中取胜，是因为早已在伊顿中学的运动场上进行了备战，那么称马拉松和萨拉米斯战役的辉煌是在古希腊的文理学院里铸就的，实在是再贴切不过了。"② 1894 年 11 月 16 日顾拜旦在雅典发表的题为《现代社会的体育运动与奥林匹克运动会》的演讲中说："为了更好地保卫祖国、履行公民义务而锻炼体魄、训练阳刚之气，毫无疑问是高尚而美好的。但是坦白说，还有更人性化的东西值得我们追求，即要通过体育运动，锻炼人类肌体，追求官能和谐，追求精神与人体的完美协调，争取精神饱满、富有生命力、充满生活热情，积聚沉静与成功的力量。从这个角度来看，体育能最有效地服务于民族利益，促进民族的远大前程。"③

在现代奥运会上，发扬爱国主义精神，为自己的国家赢得奖牌和其他荣誉，是运动选手奋力拼搏的巨大动力之一。顾拜旦设计的奥运会庆典仪式颇能激发运动员的爱国情感，比如在开幕式上，运动员按国别入场，国旗为获胜者而升，国歌为获胜者而奏，运动服上标有国徽。在奥林匹克运动中，运动员的培养、训练和比赛在很大程度上是国家行为，参赛者必须经过该国或该地区的奥委会的同意方可比赛，运动员获得的奖牌凝聚着国家的力量和荣誉。正因为此，尽管《奥林匹克宪章》规定奥运会上的比赛是运动员之间的比赛，不是国家间的比赛，但实际上人们仍然把它看作是国家之间的比赛，而不可能仅仅是个人的成败，奥运会比赛的这种国家象征意义在人们的心目中是根深蒂固的。

爱国主义是中国人民团结奋斗的一面旗帜，"祖国至上"是中华体育精神中最核心的内容，中国参与现代奥林匹克运动的历程，就是一部爱国主义的生动教材。第一个代表中国站在奥运会赛场上的奥运先驱刘长春，当时是东北大

① ［法国］皮埃尔·德·顾拜旦著《奥林匹克回忆录》，刘汉全译，北京：北京体育大学出版社，2007 年 11 月第 1 版，第 167 页。

② 国际皮埃尔·德·顾拜旦委员会编《奥林匹克主义——顾拜旦文选》，刘汉全、邹丽等译，北京：人民体育出版社，2008 年 8 月第 1 版，第 121 页。

③ 国际皮埃尔·德·顾拜旦委员会编《奥林匹克主义——顾拜旦文选》，刘汉全、邹丽等译，北京：人民体育出版社，2008 年 8 月第 1 版，第 57 页。

学的学生，他参加的是 1932 年美国洛杉矶奥运会。"九·一八事变"后日本占领东北，日本扶持成立的伪满洲国希望刘长春作为它的代表参加奥运会，刘长春断然表示拒绝，并声明要代表自己的祖国赶赴洛杉矶参加比赛。虽然他最终没有拿到奖牌，但这段历史清楚地表明，中国的奥运历程一开始就是与中国人强烈的爱国热情联系在一起的，刘长春以单刀赴会的壮举谱写一曲爱国主义的颂歌。新中国成立之后，国际奥委会长期坚持"两个中国"的立场，即既承认中华全国体育总会为中国国家奥委会，又将中国台湾的体育组织以"中华民国"的名义继续列入被其承认的国家奥委会之中，这就违背了《奥林匹克宪章》关于一个国家只能有一个奥委会的规定。中国对此提出了抗议，在没有效果的情况下，中国宣布不参加 1956 年墨尔本奥运会，并于 1958 年断绝与国际奥委会的关系。中国是在非常无奈的情况下，为了为维护国家主权，为了捍卫中华民族的利益才做出这一决定的。中国于 1979 年回归奥林匹克大家庭之后，为洗去"东亚病夫"的耻辱，中国运动队的教练和运动员们付出了艰辛的努力。蔡振华等教练员放弃国外优厚的生活条件，毅然回国执教，为中国体育事业的腾飞奉献辛劳和智慧。蔡振华当时的想法是，祖国和人民培养了自己，就必须回来报效国家。我国运动员在奥运赛场上奋力拼搏，为祖国夺得一枚又一枚奖牌。中国申办奥运的历程也是中国人民爱国热情得到激发和培育的过程。在经历了 1993 年第一次申办奥运失败之后，在全国人民的大力支持下，中国终于在 2001 年 7 月 13 日获得了 2008 年奥运会的举办权。当晚的北京成了被激情与欢乐淹没的都市，百万群众走上街头庆祝北京申奥成功。北京奥运会是中国国际地位得到提升的重要标志，也是中国走向崛起与复兴的重要标志，使中华民族的爱国主义实现了新的升华，达到新的境界。在北京奥运会的筹办过程中，国际上的一些个人或组织出于各自的政治主张与政治目的，给北京奥运会的筹办制造种种麻烦。北京奥运会的火炬接力被拒绝进入台湾，对包括台湾民众在内的所有中国人的感情都构成了很大的伤害。2007 年以来西方一些国家借所谓"达尔富尔问题"对中国施加压力、一些西方政要甚至以抵制北京奥运会相要挟。北京奥运会火炬在伦敦、巴黎等地的传递中所受到的阻碍和侮辱，前所未有，令人发指。分析背后的原因，人们看到，中国举办奥运是中国走向崛起的标志，而与中国崛起进程相伴随的必然是西方一些势力的恐惧，20 世纪 90 年代以来纷纷出笼并愈演愈烈的多种版本的"中国威胁论"就是这种恐惧心理的表征。中国在北京奥运会筹办的最后阶段遭遇到的种种不愉快的事件，在很大程度上可以视为恐慌的集中性爆发，这种爆发的更深层次的根源就是意识形态的分歧与"冷战思维"的顽固延续。面对种种恶劣行径，海内外中华儿女义愤填膺，人们举行各种抗议活动，维护北京奥运会火炬的正常传递秩序，捍卫中华民族的尊严。在爱国主义精神的激励下，中国人民更加坚定了举办一届高水平奥运会的决心。同时，在北京奥运会的筹办过程中，广大民众积极参与奥运文明行动，把一个文质彬彬的礼仪形象展示在世人的目前，这也是爱国精神的体现。

四、爱国主义与世界主义的结合

奥林匹克运动作为一个世界性的体育社会，其本身所坚持的无疑是一个世界性的、国际性的立场，这一立场要求尽可能多的国家能够参与到奥林匹克运动中来，共同为建立一个和平而更美好的世界作出贡献。而当今各个国家所持的是比较突出的国家或民族立场，这与国际奥委会所倡导的国际立场之间存在一定的矛盾。我们的观点是，国家立场与国际立场是可以统一起来的，如果没有国家立场，国际立场就失去了根基；如果没有国际立场，国家立场就会变得非常狭隘；过分强调爱国主义容易导致狭隘的民族主义倾向，需要以国际主义的博大胸怀加以平衡。

从顾拜旦那里，奥林匹克运动的世界主义与各个民族的民族主义之间虽然有冲突，但二者不是不可以协调在一起的，甚至还会相得益彰、互相促进。1908年顾拜旦在伦敦发表题为《奥林匹克理念的"受托人"》的演讲，他说："我们所理解的国际主义，建立在尊重祖国、尊重高尚的竞技精神之上。当体育运动员奋力拼搏夺取奖项，凝望着国旗冉冉升起之时，怎能不心潮澎湃、热血沸腾？"[①] 1909年国际奥委会授予普鲁士贵族院奥林匹克勋章，德·库西·拉方牧师在讲话中希望"在历史上表现出卓越爱国主义精神的贵族院如今向这项国际主义事业伸出援手这一事实，能够证明热爱祖国和热爱人类非但不矛盾，反而互相补充、相辅相成。"[②]

1901年出版的《公共教育札记》一书中，顾拜旦谈到了理解奥林匹克主义的两种不同方式："一种是社会主义者、革命者、以及一般理论家和乌托邦

---

① 国际皮埃尔·德·顾拜旦委员会编《奥林匹克主义——顾拜旦文选》，刘汉全、邹丽等译，北京：人民体育出版社，2008年8月第1版，第77页。

② 国际皮埃尔·德·顾拜旦委员会编《奥林匹克主义——顾拜旦文选》，刘汉全、邹丽等译，北京：人民体育出版社，2008年8月第1版，第81页。

主义者的……另一种是这样一些人，他们不设定立场而进行客观观察，更多地考虑现实而不是更多地从自己所喜欢的思想出发，他们很久以来便指出，民族特性是一个民族存在的不可或缺的条件，与另一个民族的接触非但不会削弱这种特性，反而会加强。"① 顾拜旦所认同的显然是后面一种，即热爱自己的民族、保守自身民族特性的同时，主张向其他民族开放，与其他民族交流。

1916 年到 1918 年，因为第一次世界大战的缘故，已逾"天命之年"的顾拜旦忍痛割爱，中断奥林匹克事业，将国际奥委会主席职务临时交给了瑞士的国际奥委会委员戈德弗鲁瓦·德·布洛耐，自己投身战场，为祖国而战。1916 年 1 月 22 日，他首先以译员身份加入军队，不久之后自荐去做战争宣传和战争教育工作，通过演讲招募志愿参战的高年级学生。顾拜旦的选择似乎与他倡导的奥林匹克运动的世界主义是相矛盾的，但是，在顾拜旦看来，如果将"对每个国家都怀有崇高敬意"② 作为其基本信条，他就应该首先将此信条应用于自己的祖国，这样的话，世界主义与民族主义就不是绝对冲突的。

顾拜旦在《第 7 届奥林匹克运动会取得的成就》一文中称赞 1920 年安特卫普奥运会的重要特征之一就是"赤诚的爱国主义与明智的国际主义"的结合，他说："这是在危险的专业化时期，在令人不安的'各自隔离'的时代里一种体现人类大团结的标志性盛会。在这种思想的感召下，身体和精神的力量，互助和竞争，赤诚的爱国主义与明智的国际主义，冠军的个人利益和队员的牺牲精神，这一切都凝聚在了一起，为了共同的目标而努力拼搏。"③ 1925 年国际奥委会布拉格大会上期间，顾拜旦深刻地认识到奥林匹克运动中民族主义与国际主义的奇特的结合，他说："代表们都真诚希望国际体育组织的完善，只是他们都觉得自己负有某种使命，而不同代表的使命往往因为所代表的国家和运动项目的不同而相互矛盾。民族主义情绪曾被战争极大地煽动起来，以至于许多认识都是偏颇的。但是与此同时，由于一种普遍流行的风气，也是出于一种寻求社会保护的潜在本能，在各种各样的领域中，人们比以往任何时候都更倾向于依仗国际主义。这是当前一个奇特的矛盾现象，我们许多同代人

① 国际皮埃尔·德·顾拜旦委员会编《奥林匹克主义——顾拜旦文选》，刘汉全、邹丽等译，北京：人民体育出版社，2008 年 8 月第 1 版，第 17 页。

② 国际皮埃尔·德·顾拜旦委员会编《奥林匹克主义——顾拜旦文选》，刘汉全、邹丽等译，北京：人民体育出版社，2008 年 8 月第 1 版，第 17 页。

③ ［英］戴维·米勒著《从雅典到北京：奥运会和国际奥委会的历史》，王承教等译，哈尔滨：哈尔滨出版社，2008 年 4 月第 1 版，第 179 页。

已在不同场合指出过这一点。"①

　　奥林匹克运动作为一个世界性的体育盛会，其本身所坚持的无疑是一个世界性的、国际性的立场。这一立场要求尽可能多的国家能够参与到奥林匹克运动中来，各个国家在奥林匹克事务中地位平等。奥林匹克运动的宗旨就是"为建立一个和平而更美好的世界作出贡献"②。《奥林匹克宪章》指出，国际奥委会的职能之一就是，"与官方的或民间的体育运动主管组织和当局合作，努力使体育运动为人类服务。"③ 国际奥委会所坚持的是奥林匹克运动的国际立场，而当今各个国家所持的是比较突出的国家或民族立场，二者之间是有矛盾的。尽管这样，我们不能否认国际立场与国家或民族立场之间也可以是统一的。

　　以孔子儒学为代表的中国文化具有浓厚的天下情怀，有着"四海之内皆兄弟"④ 的友善精神与恢宏气度，有着"去兵"、"协和万邦"、"治国平天下"的神圣理想。当今中国一贯坚持和平共处五项原则，致力于建立和谐世界。在全球化深入发展的时代，在中国日益开放、日益融入世界的今天，北京奥运会提出的"同一个世界，同一个梦想"的口号，充分表达了中华民族博大的世界胸怀，表达了中国民族为世界的和平发展作出贡献的强烈愿望。在中国日益走向世界的条件下，中国的发展离不开与世界的联系，中国的崛起离不开世界的进步，中国人越是热爱自己的国家，就越是要向世界敞开宽广的胸怀，就越是要关注整个世界的发展与繁荣。

　　① ［法国］皮埃尔·德·顾拜旦著《奥林匹克回忆录》，刘汉全译，北京：北京体育大学出版社，2007 年 11 月第 1 版，第 202 页。

　　②《奥林匹克宪章》，北京：奥林匹克出版社，2001 年 2 月第 4 版，第 9 页。

　　③《奥林匹克宪章》，北京：奥林匹克出版社，2001 年 2 月第 4 版，第 10 页。

　　④《论语·颜渊》

结　语

北京奥运会、残奥会的珍贵精神遗产①

　　北京奥运会、残奥会的成功举办，留给了中国和世界一笔丰厚而又独特的精神遗产。2008 年 9 月 28 日，胡锦涛同志在北京奥运会、残奥会总结表彰大会上的讲话中指出："成功举办北京奥运会、残奥会，我们得到了鲜花、奖牌、赞誉，更收获了一笔丰厚的物质精神财富，特别是收获的精神财富弥足珍贵，我们一定要倍加珍惜、大力发扬。"认真总结、充分吸收这笔宝贵的精神遗产，将其融化在民族精神和时代精神之中，长久传承，生生不息，是我们在奥运会完美落幕之后面临的一项具有重要现实意义和深远历史意义的重大课题。

一

　　回顾奥运会举办的历史，我们看到，奥运会对举办城市、举办国家的意义是全方位的，奥运会为其留下的不仅是比赛场馆、运动设施、城市环境等物质性的遗产，还有许多非常宝贵的精神文化遗产，如民族精神的振奋、国民凝聚力的增强、爱国主义精神的激发、国际地位的提升、国家形象的改善、文明素质的进步、民族文化影响力的提高等。一个城市被国际奥委会选为举办城市，无疑是这个城市、这个国家以及全体国民的巨大荣耀，它会激发国民对于国家的认同感、自豪感、责任感，会激励人们更加注重自身的道德修养与礼仪形象，使城市形象、国家形象得以大幅度的提升。1964 年日本东京奥运会筹办期间，日本提出"用一千万人的手美化东京"、"振奋全日本民族精神"等口号，以此为契机重新塑造了二战后的日本国家形象，恢复了日本国民的民族自信心，为促进日本经济的进一步腾飞提供了极大的精神动力。1988 年韩国汉

---

　　① 结语部分由中国人民大学哲学院吴潜涛教授与本人合著。

城奥运会筹办期间，以认真和严谨著称的韩国人拟定了一整套国民教育大纲，"遵守交通规则"、"不要相互拥挤"、"不准随地吐痰"、"态度要友善"、"请学习英语"等警言通过电视、电影、课堂等多种渠道传达到每个普通百姓，让人们做到遵守秩序、保持城市整洁、对人彬彬有礼等，韩国民众在奥运会期间的表现令世界刮目相看，现代韩国、文明韩国的形象呈现在世人面前。

北京奥运谱写了奥运史上的新篇章，留下了丰厚而又珍贵的精神遗产。在北京奥运会举办期间，这一精神财富对于奥运的成功举办、民族素质的提高、社会的发展进步等都展示出了巨大的魅力。系统总结继承这份精神遗产，使其长久地影响中国、影响世界、影响奥林匹克运动，是一项具有重要理论和实践价值的工程。

首先，总结北京奥运会、残奥会的珍贵精神遗产，是提升中国国家文化软实力的需要。当今世界，国家与国家之间的竞争既是经济实力、军事实力、资源实力等硬实力的竞争，也是文化形象、精神信仰、国民素质等软实力的竞争。硬实力与软实力要相辅相成、相互促进，硬实力为软实力发展提供物质支撑，软实力为硬实力发展提供精神动力。如果只注重发展国家软实力，而忽视国家的硬实力建设，软实力的发展就会成为无源之水；反之，如果只注重发展国家硬实力，而忽视国家的软实力建设，硬实力的发展则不可持续。成功举办一届奥运会，既是一个国家硬实力增长的结果和标志，也是软实力的展现与升华，对于提高举办国的国际声誉，振奋民族精神，提升国家的文化影响力，促进举办国文化与世界文化的交流，已经显示出重要价值，并将继续发挥积极作用。更加深入地挖掘和汲取北京奥运会、残奥会留给我们的这笔宝贵而又丰富的精神财富，更加长久地促进中国文化软实力的提升，使其化作中国走向复兴的巨大精神力量，这无疑是责无旁贷、意义深远的事情。

其次，总结北京奥运会、残奥会的精神遗产，是充分实现其社会价值的需要。从北京奥运会、残奥会开始，国际奥委会、国际残奥委会分别启动了名为"奥运会总体影响"（Olympic Games Global Impact）和"残奥会总体影响"（Paralympic Games Global Impact）的研究项目，这表明国际奥委会、国际残奥委会高度关注奥运会、残奥会举办对于举办城市、举办国家以至世界发展的影响问题。这项评估报告将成为现代奥林匹克运动的重要文化成果，而总结该项成果正是从北京奥运会、残奥会开始实施的，具有开创性的意义。毫无疑问，北京奥运会、残奥会对中国社会已经产生并继续发生重大影响，对中国的发展具有多重价值，除了体育价值、经济价值、环境价值等，还具有深刻的精神文化价值，如中国文化影响力的扩大，民族凝聚力的提升，开放包容观念的增强，文明礼仪素养的提高，自强意识、竞争意识、规则意识、健身意识的培育等，非常值得我们认真地加以总结、吸收和弘扬。

总结北京奥运会、残奥会的精神遗产，也是丰富和发展奥林匹克运动思想体系的需要。奥林匹克主义、奥林匹克精神、奥林匹克宗旨、奥林匹克格言、奥林匹克名言等共同构成了现代奥林匹克运动的思想体系，身心和谐、理解包容、团结友爱、公平竞争、追求和平、拼搏进取、重在参与等是其主要内涵。北京奥运会、残奥会为实现中国文化与奥林匹克文化的有机融合提供了得天独厚的历史机遇，中国文化的许多思想精华与奥林匹克运动的精神主张有一致或相通之处，比如，中国哲学身心一体的学说与奥林匹克运动坚持的"均衡发展的生活哲学"是相契合的，孔子倡导的"和而不同"理念与"相互理解、团结、友谊"的奥林匹克精神是相通的，中国"自强不息"的民族精神与"更快、更高、更强"的奥林匹克格言是相吻合的，中国文化的大同理想与奥林匹克运动所追求的和平美好的世界是一致的，这些宝贵的思想与中国在筹办奥运会过程中所坚持的绿色奥运、科技奥运、人文奥运等基本理念，对于丰富和发展奥林匹克运动思想体系具有不可替代的价值。

二

北京奥运会、残奥会的精神遗产，可以概括为如下五个方面：爱国主义精神的升华，开放包容大国胸怀的展示，自强不息精神的充分彰显，和谐文化的时代体现，志愿精神的弘扬等。

第一，爱国主义精神的升华。

爱国主义是中华民族精神的核心内容，是中国人民团结奋斗的一面旗帜，是中华民族生生不息、愈挫弥坚、不断前进的巨大精神力量。爱国主义的升华，民族精神的振奋，民族自信心与民族凝聚力的增强，无疑是北京奥运会、残奥会遗产中最为突出的精神财富。

中国与现代奥林匹克运动的百年关系史就是中国整个 20 世纪发展的一个缩影，中国参与现代奥林匹克运动的历程是一部爱国主义的生动教材。人们不会忘记，1932 年，东北大学学生刘长春在断然拒绝伪满洲国的邀请之后，单刀赴会，站在了洛杉矶奥运会的赛场上，成为代表中国参加奥运会比赛的第一人；1958 年，为了维护中国领土的统一和完整，为了抗议当时的国际奥委会实际坚持的"两个中国"的立场，中国奥委会宣布断绝与国际奥委会的关系；1979 年，中国回归奥林匹克大家庭之后，中国体育界在"祖国荣誉高于一切"的精神激励下，在奥运会赛场上争金夺银，一洗"东亚病夫"的耻辱；2001 年 7 月 13 日，在全国民众的热情支持下，北京申办成功，中国人期盼了一个世纪的梦想终于这样真切地呈现在我们的面前，多少人悲喜交加，喜极而泣。人们同样不会忘记，在北京奥运会、残奥会举办之前，西方一些国家借所谓"西藏问题"、"达尔富尔问题"对中国施加压力，一些西方政要甚至以抵制北京奥运会相要挟；北京奥运会火炬在伦敦、巴黎等地的传递中所受到的阻碍和侮辱，前所未有，令人发指。面对种种恶劣行径，海内外中华儿女义愤填膺，人们举行各种抗议活动，维护北京奥运会火炬的正常传递秩序，捍卫中华民族的尊严，更加坚定了举办一届高水平奥运会的决心。

爱国主义是中华体育精神的核心。我国参加奥运会比赛的运动健儿牢记"为人生添彩、为奥运增辉、为民族争气、为祖国争光"的誓言，顽强拼搏，中国体育代表团名列北京奥运会、残奥会金牌榜第一位，创造了新的奇迹，实现了新的超越。当五星红旗一次次升起在奥运会比赛的赛场，当《义勇军进行曲》的旋律一次次奏响，当中国健儿抱着国旗亲吻的时候，无数中国人的眼里闪烁着激动的泪花。香港城市大学校长郭位说，在自己的祖国举办如此成功的奥运，又看到中国选手夺金摘银，香港人通过奥运不仅体会到了伟大的奥运精神，也大大增强了国家认同感。

北京奥运会、残奥会的成功还凝聚着无数中国人的辛劳、智慧与爱心。正如胡锦涛同志 2008 年 8 月 29 日在北京奥运会、残奥会总结表彰大会上的讲话所指出的那样，"广大奥运建设者、工作者、志愿者自觉把个人追求融入全民族的奥运理想之中，把个人的命运与祖国的命运紧密结合起来，把实现个人价值与为国家作贡献紧密结合起来，以强烈的使命感、荣誉感、责任感，创造了无愧于祖国、无愧于人民、无愧于时代的光辉业绩。"如今，北京奥运会、残奥会已经成为中国国际地位得到提升以及中国走向复兴的重要标志，在北京奥运会的筹办过程中得以凝聚和并实现升华的爱国情感将会化为巨大的精神力量，推动中国社会跃上一个更新、更高的发展台阶。

第二，开放包容大国胸怀的展示。

开放的中国迎奥运，开放的中国办奥运。中国所倡导的爱国主义不是封闭的、狭隘的、排他的，在当今全球化的时代，在中国日益走向世界的条件下，中国的发展离不开与世界的联系，中国的崛起离不开世界的进步，开放的气度与包容的胸襟是必不可少的。中国人越是热爱自己的国家，就越是要向世界敞开宽广的胸怀。越来越开放的大门，越来越博大的胸襟，越来越包容的气度，这是北京奥运会、残奥会留给中国的又一个巨大的精神遗产。

中国文化并不是一种封闭的文化，在其形成和发展的过程中，能够以开放的姿态和包容的胸怀接纳不同的文化。今天，中国正处于改革开放的新时代。可以说，如果没有实行对外开放的基本国策，中国在 1979 年就不会重返奥林匹克大家庭之中，也不会有 2001 年北京奥运会的成功申办。开放办奥运，被确定为北京奥运会五项筹办方针之首，就是旨在学习和借鉴其他国家举办奥运会的成功经验，提高中国和北京的对外开放水平，向世界展示中国的崭新形象。北京奥运会会徽、国家体育场"鸟巢"和国家游泳中心"水立方"的设计方案面向全球招标，日本花样游泳教练井村雅代出任中国花样游泳队的教练，国际咨询公司介入北京奥运会的形象宣传，大批国外志愿者参加北京奥运会的志愿行动，北京奥运会传递出一条奥运会历史上距离最长的火炬线路，如此等等，无不显示出中国人开放办奥运的胸怀。

2008 年 8 月，北京奥运会迎来了 100 多位外国政要、10000 多名运动员，26000 多名境外媒体记者，还有更多从世界各地赶来的赛场观众和来北京旅游观光的人们。一个月后，北京残疾人奥运会的火炬点燃，又上演了一场世界狂欢的盛宴。当北京奥运会会徽"舞动的北京"张开巨大的双臂，当吉祥物福娃打开"北京欢迎你"的旗帜，当"我家大门常打开"的歌声唱遍中国的每一条街巷，当真诚自然的微笑浮现在中国人的面孔，人们坚信，北京奥运会已经成为中国进一步走向开放的一个重要标志，是在中国走向开放道路上树起的一座巨大里程碑，是"中国改革开放的成年礼"，中国向世界开启的大门将永远不会关闭。

开放就意味着包容，一个开放的大国不能没有包容的世界胸怀。当中国观众毫不吝啬地将掌声送给与中国选手同台竞技的俄罗斯老将萨乌丁的时候，当我们在对奥运会赛场上升起的别的国家的旗帜行注目礼的时候，当我们对率领美国女子排球队战胜中国女排的郎平教练表示理解的时候，当我们对因伤退赛的刘翔不是斥责而是鼓励的时候，全世界都感知到了一个民族的成熟、宽容与自信。"同一个世界，同一个梦想"，在全球化深入发展的时代，在中国日益开放、日益融入世界的今天，中国决心为世界的和平发展作出我们的贡献，努力建立一个充满和谐的世界。

第三，自强不息精神的彰显。

对外开放决不是对外依赖，中国从来就是一个自立自强的民族，开放的勇气和决心正是基于一个民族的自信与自强。"天行健，君子以自强不息"，《易传》中的这句话正是刚健有为、积极进取、自强不息精神的经典表达。既然天地自然的运行状态是健行不止，生生不已，那么，人的活动方式也应效法于天，也应刚健自强，奋斗不息。北京奥运会、残奥会的精神遗产之一，就是在北京奥运会申办和筹办过程中得以彰显和提升的中华民族自强不息的精神。

1993 年中国申办 2000 年奥运会失利后，我们没有怨天尤人，没有自暴自弃，没有选择退出，而是认真总结，深刻反思，重头在来，朝着新的目标顽强地奋斗下去，最终赢得 2008 年奥运会的举办权，这正是中国文化刚健有为、自强不息精神的生动写照。2008 年 5 月 8 日，北京奥运会的火炬到达珠穆朗玛峰，珠峰见证了中国人的自信与顽强。这是中国人在以一种最独特的方式向世人宣告——我们既然能够将北京奥运会的火炬传递到地球的最高峰，也就一定能够举办一届高水平的奥运会！

"爱拼才会赢"。只有刻苦训练、奋力争先、全力以赴、超越对手、超越自我的健儿，才能成为众人仰慕的"真心英雄"。正是靠着顽强拼搏的精神与实现超越的勇气，运动员们在北京奥运会上接连刷新 38 项世界纪录，一共打破 85 项奥运会纪录。在北京奥运会上，美国"飞鱼"菲尔普斯豪情万丈，气势如虹，朝着八块金牌的目标一次次发起冲击，终于八战八捷，独揽八枚金牌，并打破七项世界纪录，成为在一届奥运会上赢得金牌最多的运动员。当全世界为菲尔普斯创造的奇迹感到惊讶之余，人们没有忘记，这位"多金王"是日复一日、年复一年地在游泳池里"泡"出来的。牙买加"飞人"博尔特在 8 月 16 日打破男子 100 米短跑世界纪录之后，再接再厉，四天之后又打破了由约翰逊保持了 12 年之久的男子 200 米短跑世界纪录。博尔特称"我不是超人"，的确，辉煌战绩的背后是无数的艰辛和超越的勇气。范德韦登，这位从白血病的魔爪中顽强挣扎出来的荷兰籍游泳运动员，在 10 公里马拉松游泳比赛中后来居上，夺得金牌。他说："我赢得的，不仅是今天比赛的胜利，也是生活的胜利。"中国体操男队 2004 年兵败雅典之后，他们并没有丧失自信，四年里卧薪尝胆，再次获得体操团体冠军，东山再起，重铸辉煌。

"精神寓于运动"是残疾人奥运会的精神，"超越、融合、共享"是北京残奥会的理念。胡锦涛同志 2008 年 8 月 20 日在看望中国残疾人运动员时，在一个足球上写下"自强不息、奋勇争先"八个字。北京残疾人奥运会上一幕幕动人的情景更让我们感受到了心灵的震撼。2008 年 9 月 6 日，北京残奥会开幕式上，侯斌紧咬牙关，满头大汗地将自己和身下的轮椅拉升 39 米，点燃了残奥会的主火炬，从他满脸的汗水和刚毅的神情里，我们读出了什么是坚强、毅力、不屈和超越。何军权，这位失去双臂的游泳运动员，当人们看到他只能靠着腿部和腰部的动作在水中奋力前行，只能以头部撞击池壁的动作结束比赛，在领奖台上只能用脖子夹住鲜花的时候，无不为之动容。

第四，中国和谐文化的充分展现。

一个巨大的、舞动的、变幻的"和"字，是北京奥运会开幕式上最醒目的字眼，这是"天地人和"的企盼，是"和谐中国"与"和谐世界"的经典表达。的确，从人自身内在的身心和谐、人与人之间的人际和谐、国与国之间的国际和谐一直到人与自然之间的天人和谐，和谐是中国文化的核心精神，和谐精神是北京奥运会留给中国和世界的一个独特的、有着永恒价值的精神遗产。

身心和谐是奥林匹克运动的基本主张，《奥林匹克宪章》指出："奥林匹克主义是增强体质、意志和精神并使之全面均衡发展的一种生活哲学。"① 奥林匹克主义的核心思想是以人为本，追求身心和谐发展。奥林匹克来到中国，中国人拿到了本届奥运会上最多的奖牌，这些奖牌不仅仅是属于中国的奥运健儿的，也是属于所有中国人的。在欣喜和自豪的同时，越来越多的中国人明白了更深的道理，即"体力就是国力"，整个中华民族身体素质、心理素质的提升才是最大、最宝贵的、最值得追求的奖牌，我们要努力"将一个健全的灵魂寓于一个健全的体魄中"。

人际和谐所蕴含的相互理解、团结友爱正是奥林匹克精神的基本内涵，奥林匹克标志用五个紧密相连的圆环告诉世界，环环相扣，心手相连，以理解和友爱来接纳对方。"和为贵"、"和而不同"、善邻怀远是中国文化在人与人的关系上的鲜明特色。在北京奥运会开幕式上，人们听到了中国歌手刘欢与英国歌手莎拉·布莱曼深情而悠扬的歌声——《我和你》："我和你，心连心，同住地球村；为梦想，千里行，相会在北京。来吧，朋友，伸出你的手；我和你，心连心，永远一家人。"在北京一零一中学，在圆明园的遗址上，来自世界204 个国家和地区的481 名青年相聚在北京奥运会的青年营里，携手欢歌，缔结友情，谱写友谊交流的崭新篇章。

国际和谐是奥林匹克运动的崇高追求，古代奥运会就有著名的"神圣休

---

① 国际奥委会《奥林匹克宪章》，北京：奥林匹克出版社，2001 年 2 月第 4 版，第 8 页。

战"传统,现代奥林匹克运动的宗旨就是为建立一个和平而更美好的世界做出贡献。中华民族素有热爱和平、与其他民族友好相处的传统,今天我国在国际事务中倡导并遵循和平共处五项原则,积极致力于和谐世界的建立,这正是中华民族和平精神的历史延续。2008 年 8 月 1 日,"和平友谊墙"在北京奥运村揭幕,呼吁和平休战,建立和平世界,罗格、刘淇等在墙上郑重签名。8 月 10 日,北京奥运会女子 10 米气手枪决赛在北京射击馆落下帷幕,俄罗斯选手纳塔利娅·帕杰林娜获得银牌,格鲁吉亚选手妮诺·萨鲁克瓦泽夺得铜牌。萨鲁克瓦泽在颁奖后与她的俄罗斯对手拥抱在了一起。面对这两位来自战争对抗状态国家的选手,场内观众报以热烈掌声,全世界的人们仿佛又听到了顾拜旦先生关于和平奥运的呼唤。

天人和谐是人与自然之间的和谐,国际奥委会对环境保护问题给予越来越多的关注,将环境保护作为指导奥林匹克运动的一个基本理念,对奥运会举办城市的环境提出非常严格的要求。基于奥林匹克运动的生态关怀以及中国文化的天人合一观念,北京奥运会明确将绿色奥运确定为基本理念之一。北京市和奥组委高度重视环境保护问题,积极贯彻绿色奥运理念,举办了一届环境友好型的运动会,绿色办公、绿色出行、绿色消费等蔚然成风。当然,关爱自然,保护环境,绝不只是在北京奥运会筹办的几年期间,需要我们放眼长远,胸怀全局,考虑如何通过贯彻绿色奥运理念的一系列行动,来促使中国整体的、长久的环境改善,为广大民众创造洁净健康的生存空间。

第五,志愿精神的培育和飞跃。

国际奥委会主席罗格说,奥运会是运动员的盛会,也是志愿者的盛会。为北京奥运会提供志愿服务的有 10 万名赛会志愿者、20 万名啦啦队志愿者、40 万名城市志愿者、100 万名社区志愿者,一共 170 万人,如此大规模、集中性的志愿活动,使其成为中国志愿行动发展的一个重要里程碑。志愿者们奉献奥运,服务奥运,在志愿行动中提升和完善自我,他们身上所体现出来的奉献、参与、友爱等志愿精神,构成了北京奥运会、残奥会的一个非常突出的精神遗产。志愿者们不仅是以周到的服务在保证奥运会的正常运行,更为重要的是,他们是以热心公益、无私奉献的精神在启发社会良知、改善社会风气、增强社会凝聚力,他们的爱心将使这个世界变得更加美好。

奉献精神是志愿精神的首要内涵。与市场交易中的等价原则不同,志愿服务就意味着自觉自愿、不计报酬、不求名利的付出。在奥运会、残奥会的筹办过程中,数以万计的奥运志愿者以高度的奉献精神,从事着紧张繁忙、平凡琐碎的事务，他们或是在奥运村里打扫卫生，或是在比赛场馆里维持秩序，或是在街头为行人提供信息咨询，或是在媒体班车上做引导员，等等。他们戏称自己的工作特色是"五加二"、"白加黑"，没有工作日和双休日之分，甚至没有白天与黑夜的区分，一直在岗位上辛苦地忙碌着。国际奥委会主席罗格2008年8月24日在回答记者提问时说："感谢成千上万的志愿者，是他们奉献了自己的时间和精力，才保证了北京奥运会如此成功。"

"参与比取胜更重要"，这是奥林匹克运动的名言，体现了奥林匹克主张的参与精神。志愿者选择服务北京奥运会，这一角色需要积极主动的参与精神，这不仅仅是对于奥运会的参与，而是通过参与奥运会来实现对于社会、对于世界的参与。参与精神来源于一个人对于他人、社会、世界的责任感，人生于天地之间，长在社会人群之中，自然地对自然界、他人、社会有一种依赖，我们希望我们所处的世界是一个美好的世界，这样我们每个人才有安全感、幸福感、成就感，为此我们需要以一种积极的姿态来关心、改善我们周围的一切。中国人参与奥运会志愿服务的热情超乎人们的想象，招募10万名赛会志愿者，而报名应聘的人数超过100万；招募40万名城市志愿者，而报名应聘的人数超过200万。

友爱精神是志愿精神的基本内涵。人与人之间需要彼此的关爱，以真诚的友谊温暖心灵。微笑是世界通用的语言，代表快乐、友善、温暖、开放和自信，北京奥运会、残奥会的志愿者以动人的微笑和真诚的友爱来化解文化差异与隔阂，成为友谊的使者，架起沟通的桥梁。北京奥组委主席刘淇说，"志愿者的微笑是北京最好的名片"。志愿者们坚信，如果13亿人用微笑面对世界，世界也会微笑着面对中国。

三

伟大的事业孕育伟大的精神，伟大的精神推进伟大的事业。胡锦涛同志2008年8月29日在北京奥运会、残奥会总结表彰大会上强调，在全面建设小康社会、加快推进社会主义现代化的征程上，要大力弘扬北京奥运会、残奥会培育的崇高精神，使之成为推动我国各项事业发展的强大精神动力。

弘扬北京奥运会、残奥会的精神遗产，需要深入推进奥林匹克教育。奥林匹克运动将教育摆在极高的位置，认为教育、体育与文化在奥林匹克运动那里是不可分割的。1894年国际奥委会成立之初，讨论的主题就是"教育的价值"。顾拜旦则为实现奥运与现代教育的结合孜孜以求，给现代奥林匹克运动注入了丰富而深刻的教育内涵。他认为文明的未来完全取决于教育的方向，希望通过与崇高精神理想和高雅文化艺术相结合的体育竞技来教育青年，从而为促进人的全面发展、建立和平美好的社会作出贡献。萨马兰奇说："奥林匹克主义是超越竞技运动的，特别是在最广泛、最深刻义上来讲它是不能与教育分离的。它将体育活动、艺术和精神融为一体而趋向一个完美的人。"① 他认为，如果离开了教育，奥林匹克主义就不可能达到其崇高的目标。他还指出："我们的哲学是从这样的信念出发的，即体育是教育过程不可分割的组成部分，是促进和平、友谊、合作与相互理解的因素。"② 根据这一传统，《奥林匹克宪章》规定，国家奥委会的使命和职责之一就是，"在全国体育活动范围内，宣传奥林匹克主义的基本原则，尤其是在学校和大学的体育教学计划中促进传播奥林匹克主义。负责建立致力于奥林匹克教育的机构，特别要关心国家奥林匹克学院和奥林匹克博物馆的建立和活动以及与奥林匹克运动有关的文化活动。"③

为弘扬现代奥林匹克运动的教育价值，在北京奥运会、残奥会的筹办过程中，我们已经开展了卓有成效的教育工作，开展了丰富多彩、形式多样的教育活动，使得奥林匹克知识、奥林匹克精神在中国大地上，在 13 亿人民中得以广泛传扬，为奥林匹克运动留下了一笔非常宝贵的教育遗产。为提高人民群众的文明礼仪素质，全国上下广泛开展轰轰烈烈的"迎奥运、讲文明、树新风"活动，道德教育、文明教育、礼仪教育、健康教育等扎实推进，效果卓著。北京奥组委与教育部联合制订《"北京 2008"中小学生奥林匹克教育计划》，通过开设奥林匹克教育课程、全国范围内建设 500 余所奥林匹克教育示范学校等活动。奥运会主办城市与协办城市的大学生积极参加奥运会志愿者的教育活动，接受奥运知识、奥运精神、志愿精神、服务技能等教育，为出色完成志愿服务做好充分准备。

北京奥运会、残奥会已经谢幕，已经为中国、为奥林匹克运动留下了丰富的教育财富。北京奥运会、残奥会的闭幕绝不意味着中国奥林匹克教育也要画上句号，相反，我们的奥林匹克教育需要以奥运会的成功举办为契机，深入而

---

① 谢亚龙主编《奥林匹克研究》，北京：北京体育大学出版社，1994 年 2 月第 1 版，第 67 页。
② J. A. Samaranch, Setting Our Sight on the 21st Century, *Olympic Panorama*, 1, 1989, p. 12.
③ 国际奥委会《奥林匹克宪章》，北京：奥林匹克出版社，2001 年 2 月第 4 版，第 48 页。

持久地开展下去，使北京奥运会、残奥会所培育出来的宝贵的精神遗产得以传承和弘扬。弘扬北京奥运会、残奥会的精神遗产，其重要目标是不断实现其大众化、生活化。奥林匹克运动主张"体育为大众"，倡导体质、意志和精神的均衡发展的生活哲学，这就是说，奥林匹克运动不是脱离普通大众的日常生活的。北京奥运会坚持"全民办奥运"的方针，就是要鼓励广大民众参与到奥运会的筹办之中，从而感受奥林匹克精神的熏陶，培育健康的体魄与健全的精神。我们需要将这一精神继续贯彻到人们工作和生活的各个领域，使北京奥运会、残奥会的精神遗产逐渐内化为普通大众的精神力量，为改善中国民众的生活方式而不懈努力。青年是奥林匹克运动的主要参与者，也是奥林匹克运动未来发展的希望，奥林匹克运动非常强调以奥林匹克精神来教育青年，为建立一个和谐而更美好的世界做出贡献，因此，青年应该成为奥林匹克教育的重点。

弘扬北京奥运会、残奥会的精神遗产，还需要将其与民族精神、时代精神相结合。奥林匹克运动的精神体系主要是西方文化的产物，北京奥运会、残奥会的精神遗产正是奥林匹克精神与以爱国主义为核心的民族精神、以改革创新为核心的时代精神相结合的产物。我们要使北京奥运会、残奥会的精神遗产发扬光大，就必须进一步使之与民族精神和时代精神相结合，这样才能够在中国人民的心中生根发芽，才能够在当代中国的土地上开花结果。

民族精神是一个民族共有的精神特征，是该民族意识中的精华，是国家软实力的重要组成部分，对于激励斗志、凝聚人心、战胜危难、支撑和促进民族进步和发展等具有重要作用。中国民族是一个多灾多难的民族，在漫长的历史进程中，伟大的中华民族精神正是在与各种各样大大小小的天灾人祸的抗争中培育、彰显和升华的。自强不息、厚德载物是中华民族精神的核心内涵。党的十六大报告指出："在五千多年的发展中，中华民族形成了以爱国主义为核心的团结统一、爱好和平、勤劳勇敢、自强不息的伟大民族精神。"北京奥运会、残奥会筹办中表现出的爱国热情、拼搏精神、顽强意志、竞争勇气、志愿精神、友善情怀、文明风尚等，正是中华民族自强不息、厚德载物精神的充分表达。我们弘扬北京奥运会、残奥会的精神遗产，就是要将其与弘扬中华民族精神相结合，使得奥林匹克运动不断追求卓越的拼搏进取精神与中国民族自强不息的精神相结合，使奥林匹克运动对于道德的尊重与中华民族厚德载物的精神相结合，使北京奥运会、残奥会的精神遗产与中华民族精神相得益彰、相互提升。

时代精神是一个时代特有的普遍精神，是人们对于时代发展潮流的反映，标志该时代的精神特征，体现于社会精神生活各个领域，对社会生产的发展产生积极影响。时代精神随时代发展而不断推陈出新。对于中国社会而言，这是一个全球化迅猛发展的世界，这是一个巨大变革正在发生的时代，这是一个新生事物层出不穷的时代。中国人民为实现国家富强和民族复兴，把握时代潮流，抓住发展机遇，在改革开放的道路上风雨兼程，已经迎来中华民族复兴的曙光。中国当今的时代精神就是不断实践、不断改革、不断开拓、不断创新、不断追求进步、不断实现超越的精神。今天，"新北京"为世界奉献了一个无与伦比的"新奥运"，北京奥运会、残奥会的筹备和举办既是中国改革开放的丰硕成果，也是中国进一步改革开放的重要标志，这预示着中国开放的大门永远敞开，中国的发展步伐更加稳健，古老的中国孕育着全新的生命。"苟日新，日日新，再日新"，我们要把北京奥运会、残奥会的精神遗产发扬光大，就必须与中国改革开放的时代背景相结合，与当代中国改革创新的时代精神相结合，让中华儿女无穷的激情与活力都得以激发和释放，去开创中华民族更加光明灿烂的未来。

参考文献

1. 《马克思恩格斯选集》（1~4 卷），北京：人民出版社，1995 年版。

2. 《毛泽东选集》（1~4 卷），北京：人民出版社 1991 年版。

3. 罗国杰等编著《伦理学教程》，北京：中国人民大学出版社，1986 年 2 月第 1 版。

4. 罗国杰著《罗国杰自选集》，北京：中国人民大学出版社，2007 年 8 月第 1 版。

5. 罗国杰主编《中国传统道德·理论卷》，北京：中国人民大学出版社，1995 年版。

6. 罗国杰主编《中国传统道德·规范卷》，北京：中国人民大学出版社，1995 年版。

7. 罗国杰主编《中国传统道德·德行卷》，北京：中国人民大学出版社，1995 年版。

8. 罗国杰主编《中国传统道德·名言卷》，北京：中国人民大学出版社，1995 年版。

9. 罗国杰主编《中国传统道德·教育修养卷》，北京：中国人民大学出版社，1995 年版。

10. 许启贤著《中国当代伦理问题》，北京：教育科学出版社，2000 年 2 月第 1 版。

11. 许启贤著《道德文明新论》，郑州：河南人民出版社，2003 年 8 月第 1 版。

12. 陈瑛主编《中国伦理思想史》，长沙：湖南教育出版社，2004 年 4 月第 1 版。

13. 唐凯麟、陈科华著《中国古代经济伦理思想史》，北京：人民出版社，2004 年 12 月第 1 版。

14. 吴潜涛著《伦理学与思想政治教育》，郑州：河南人民出版社，2003 年版。

15. 葛晨虹著《中国特色的伦理文化》，郑州：河南人民出版社，2003 年版。

16. 朱贻庭主编《中国传统伦理思想史》，上海：华东师范大学出版社，2003 年 9 月第 1 版。

17. 张岱年、方克立主编《中国文化概论》，北京：北京师范大学出版社，1994 年 5 月第 1 版。

18. 杨伯峻译著《论语译著》，北京：中华书局，1980 年 12 月第 2 版。

19. 夏传才著《论语讲座》，桂林：广西师范大学出版社，2007 年 6 月第 1 版。

20. 钱穆著《论语新解》，北京：生活·读书·新知三联书店，2005 年 3 月第 2 版。

21. 钱穆著《孔子传》，北京：生活·读书·新知三联书店，2002 年 9 月第 1 版。

22. 李泽厚著《论语今读》，合肥：安徽文艺出版社，1998 年 10 月第 1 版。

23. ［美国］郝大维、安乐哲著《通过孔子而思》，何金俐译，北京：北京大学出版社，2005 年 8 月第 1 版。

24. 张宗舜、李景明著《孔子大传》，济南：山东友谊出版社，2003 年 4 月第 1 版。

25. 周桂钿著《中国儒学讲稿》，北京：中华书局，2008 年 1 月第 1 版。

26. 张立文著《和合学》（上卷、下卷），北京：中国人民大学出版社，2006 年 10 月第 1 版。

27. 朱熹著《四书集注》，长沙：岳麓书社，1987 年 6 月第 1 版。

28. 司马迁著《史记》，长沙：岳麓书社，1988 年 10 月第 1 版。

29. 《左传》，长沙：岳麓书社，1988 年 12 月第 1 版。

30. 《吕氏春秋·淮南子》，长沙：岳麓书社，1989 年 3 月第 1 版。

31. 《周礼·仪礼·礼记》，长沙：岳麓书社，1989 年 7 月第 1 版。

32. 《老子·列子·庄子》，长沙：岳麓书社，1989 年 8 月第 1 版。

33. 南怀瑾、徐芹庭译注《白话易经》，长沙：岳麓书社，1988 年 2 月第 1 版。

34. 蔡沈注《书经》，上海：上海古籍出版社，1987 年 3 月第 1 版。

35. 《奥林匹克宪章》，北京：奥林匹克出版社，2001 年第 4 版。

36. 体育学院通用教材《体育史》，北京：人民体育出版社，1990 年版。

37. 体育学院通用教材《奥林匹克运动》，北京：人民体育出版社，1993 年 6 月第 1 版。

38. 谢亚龙主编《奥林匹克研究》，北京：北京体育大学出版社，1994 年 2 月第 1 版。

39. 任海主编《奥林匹克运动读本》，北京：人民体育出版社，2005 年 8 月第 1 版。

40. 任海主编《奥林匹克运动百科全书》，北京：中国大百科全书出版社，2000 年 7 月第 1 版。

41. 北京奥申委《北京 2008 年奥运会申办报告》，北京：奥林匹克出版社，2001 年版。

42. ［法国］皮埃尔·德·顾拜旦著《奥林匹克回忆录》，刘汉全译，北京：北京体育大学出版社，2007 年 11 月第 1 版。

43. 国际皮埃尔·德·顾拜旦委员会编《奥林匹克主义——顾拜旦文选》，刘汉全、邹丽等译，北京：人民体育出版社，2008 年 8 月第 1 版。

44. ［法国］皮埃尔·德·顾拜旦著《奥林匹克理想——顾拜旦文选》，詹汝琮等译，北京：奥林匹克出版社，1993 年 9 月第 1 版。

45. ［西班牙］胡安·安东尼奥·萨马兰奇著《奥林匹克回忆》，孟宪臣译，北京：世界知识出版社，2003 年 7 月第 1 版。

46. ［匈牙利］拉斯洛·孔著《体育运动全史》，颜绍泸译，中国体育史学会办公室。

47. ［英国］麦克尔·佩恩著《奥林匹克大逆转》，郭先春译，上海：学林出版社，2005 年 7 月第 1 版。

48. ［澳大利亚］K. 吐依、A. J. 维尔著《真实的奥运会》，朱振欢、王荷英译，北京：

清华大学出版社，2004 年 11 月第 1 版。

49.［英国］戴维·米勒著《从雅典到北京：奥运会和国际奥委会的历史》，王承教等译，哈尔滨：哈尔滨出版社，2008 年 4 月第 1 版。

50. 樊渝杰著《夏季奥运会史话》，北京：清华大学出版社，2004 年 10 月第 1 版。

51. 刘晓非著《从雅典到北京——奥运风云录》，北京：清华大学出版社，2004 年 8 月第 1 版。

52. 罗时铭著《奥运来到中国》，北京：清华大学出版社，2005 年 12 月第 1 版。

53. 谭华主编《体育史》，北京：高等教育出版社，2005 年 7 月第 1 版。

54. 崔乐泉著《古代奥运会》，北京：大众文艺出版社，2000 年 7 月第 1 版。

55. 于克勤、章惠菁编著《古代奥运会史话》，上海：上海人民出版社，1986 年 6 月第 1 版。

56. 梁丽娟著《何振梁——五环之路》，北京：世界知识出版社，2005 年 5 月第 1 版。

57. 杨文轩、陈琦著《体育原理》，北京：高等教育出版社，2004 年 4 月第 1 版。

58. 卢元镇主编《体育人文社会科学概论高级课程》，北京：高等教育出版社，2003 年 8 月第 1 版。

59. 周爱光著《竞技运动异化论》，广州：广东高教出版社，1999 年 4 月第 1 版。

60. 毕世明主编《中国古代体育史》，北京：北京体育学院出版社，1990 年 6 月第 1 版。

61. 何启君、胡晓风主编《中国近代体育史》，北京：北京体育学院出版社，1989 年 5 月第 1 版。

62. 李季芳、周西宽、徐永昌主编《中国古代体育史》，北京：人民体育出版社，1984 年 9 月第 1 版。

63. 翁士勋主编《二十五史体育史料汇编》，北京：北京体育大学出版社，1997 年 10 月第 1 版。

64. 刘秉果著《插图本中国体育史》，上海：上海古籍出版社，2003 年 8 月第 1 版。

65. 周伟良主编《中华民族传统体育概论高级课程》，北京：高等教育出版社，2003 年 11 月第 1 版。

66. 倪依克著《论中华民族传统体育》，北京：北京体育大学出版社，2005 年 8 月第 1 版。

67. 崔乐泉著《中华文明史话·体育史话》，北京：中国大百科全书出版社，1998 年 8 月第 1 版。

68. 毕世明著《中国文化通志·教化与礼仪·体育志》，上海：上海人民出版社，1998 年 10 月第 1 版。

69. 许启贤、郑小九著《北京奥运之魂》，北京：北京出版社，2005 年 1 月版。

70. 北京人文奥运研究基地编《人文奥运研究报告 2005》，北京：同心出版社，2005

年版。

71. 金元浦主编《大学奥林匹克文化教程》，北京：高等教育出版社，2006 年 1 月第 1 版。

72. John A. Lucas, The Future of the Olympic Games, Human Kinetics Books, Champaign, Illinois, 1992.

73. Allen Guttmann, The Olympics: A History of the Modern Games, Urbana and Chicago, University of Illinois Press, 2002.

74. Theodore Knight, The Olympic Games, Lucent Books, Inc. 1991.

75. Helen Jefferson Lenskyj, The Best Olympics Ever? State University of New York Press, 2002.

76. Segrave, J. O. and Chu, D. eds, The Olympism, Champaign, Illinois: Human Kinetics Books, 1981.

77. John MacAloon, This Great Symbol: Pierre de Coubertin and the Origin of the Modern Olympic Games, 1981.

78. Susan Wels, The Olympic Spirit: 100 Years of the Games. 1995.

79. Hellen Jefferson Lenskyj, Inside the Olympic Industry: Power, Politics, and Activism.

80. Graham GcFee, Sport, Rules and Values: Philosophical Investigations into the Nature of Sport. Taylor and Francis Group.

81. Bud Greenspan, The Olympians' Guide to Winning the Game of Life, Los Angeles, General Publishing Group, 1997.

著述名录

一、文章发表

1. "谁的奥林匹克",《读书》杂志, 2008 年第 2 期;

2. "北京奥运会的精神诉求",《光明日报》理论版, 2008 年 7 月 8 日;

3. "超越时空的相遇", 加拿大《文化中国》季刊, 2008 年 5 月;

4. "奥林匹克运动与爱国主义精神",《思想政治工作研究》, 2008 年第 8 期【中国人民大学复印报刊资料《思想政治教育》2008 年第 11 期全文转载】;

5. "论古代奥运会的伦理局限",《山东体育学院学报》, 2007 年第 3 期【中国人民大学报刊复印资料《体育学》2007 年第 9 期全文转载】;

6. "许启贤教授学术思想评介",《高校理论战线》, 2004 年第 4 期, 与王易博士、程立涛博士合著【中国人民大学书报资料中心《伦理学》2004 年第 9 期全文转载】;

7. "奥林匹克运动的商业化问题评析",《石家庄学院学报》, 2005 年第 3 期;

8. "北京奥运的理念与和谐社会的构建",《研究生时代》, 2005 年第 5 期;

9. "绿色奥运与人文奥运",《贵州师范大学学报》, 2005 年第 4 期;

10. "人文奥运理念的和谐内涵",《沈阳体育学院学报》, 2005 年第 5 期;

11. "越是搞市场经济就越要加强对大学生的思想政治教育",《中国教育报》, 2004 年 11 月 26 日;

12. "先生之风, 山高水长——《许启贤诗选》编后记",《中国人民大学报》, 2004 年 10 月 15 日;

13. "论绿色奥运理念的生态关怀",《体育文化导刊》, 2006 年第 10 期;

14. "古希腊的荣誉观念及其启示",《河北学刊》, 2006 年第 5 期;

15. "论顾拜旦的人文理念与人文实践",《体育与科学》, 2007 年第 2 期;

16. "论北京奥运会对奥林匹克伦理精神的超越",《广州体育学院学报》, 2007 年第 2 期;

17. "绿色关乎奥运, 也关乎未来",《中国青年》, 2007 年第 6 期;

18. "绿色奥运的人文意蕴",《中国青年》, 2007 年第 6 期;

19. "北京奥运会吉祥物的成功与遗憾",《人文奥运研究报告 2006》, 同心出版社;

20. "中国文化与现代奥运: 融合中的共赢",《人文奥运研究报告 2006》, 同心出

版社;

21. "人文奥运理念与奥运志愿精神",《西安体育学院学报》,2007 年第 4 期;

22. "论奥林匹克运动中一元文化与多元文化的关系",《沈阳体育学院学报》,2007 年第 5 期;

23. "论科技奥运的伦理困境与消解途径",《体育科学研究》,2007 年第 4 期;

24. "古代奥运会的伦理精神及其对现代奥运的启示",《伦理学研究》,2007 年第 6 期;

25. "奥林匹克伦理精神的传承与超越",《人文奥运研究报告 2007》,2007 年 5 月【收入《首届中国博士后体育论坛论文集》北京体育大学出版社,2007 年 12 月】;

26. "论实施人文奥运理念需要面对的若干现实挑战",《体育与科学》,2008 年第 1 期;

27. "自然生态与精神生态的双重保护",《中国绿色时报》,2008 年 4 月 11 日;

28. "憧憬绿色奥运",《人民日报》,2007 年 6 月 14 日;

29. "奥运离不开普通公众",《人民日报》,2008 年 4 月 25 日;

30. "北京人文奥运的价值期待",《中国发展观察》,2008 年第 8 期;

31. "《论语》之道与奥林匹克伦理精神",《文艺报》,2008 年 8 月 7 日;

32. "奥林匹克宗旨与儒学治世理想",《中国艺术报》,2008 年 8 月 7 日;

33. "志愿者文化与'人文北京'建设",《数据》,2009 年第 3 期;

34. "北京奥运会、北京残奥会的珍贵精神遗产",《中国人民大学学报》,2009 年第 2 期,与吴潜涛教授合著;

35. "享受过程",新华社《奥运 2008 特刊》,2008 年第 3 期;

36. "谁说女子不如男",新华社《奥运 2008 特刊》,2008 年第 4 期;

37. "盗来的圣火",新华社《奥运 2008 特刊》,2008 年第 5 期。

二、专著与参编

1. 专著《北京奥运之魂》,与中国人民大学教授、博士生导师、中国伦理学会前副会长许启贤教授合著,北京出版社,2005 年 1 月版;

2.《大学奥林匹克文化教程》,副主编,高等教育出版社,2006 年 1 月版;

3.《北京奥运会大学生读本》,副主编,北京师范大学出版社,2006 年 12 月版;

4.《北京奥运会窗口行业员工读本》,参编,北京出版社,2006 年 9 月版;

5.《新时期师德师德建设与师德修养读本》,参编,中国高等教育学会项目,中国社会出版社,2005 年 4 月版;

6.《奥林匹克知识市民读本》,参编,北京市委市民奥运知识普及项目,北京出版社,2005 年 5 月版;

7.《许启贤诗选》,编辑整理,河北人民出版社,2005 年 3 月版;

8.《思想理论教育热点问题》，参编，中国人民大学 211 工程课题，高等教育出版社，2006 年 3 月版；

9.《好运北京：大学生奥运会志愿者培训手册》，全文撰稿，北京出版社，2007 年 3 月版；

10.《职业道德》，参编，中央广播电视大学出版社，2008 年 2 月版。

三、媒体访谈

1.《光明日报》，2007 年 4 月 25 日，"奥运票价体现人文精神"；

2.《劳动与社会保障报》，2008 年 8 月 8 日，"职业精神，因奥运而提升"；

3. 新华社《奥运 2008 特刊》，2008 年第 2 期，"奥运丰富了我的人生"；

4.《大众科技报》，2008 年 8 月 3 日，"高科技外衣，穿，还是不穿？"

5.《中国人口报》，2008 年 8 月 14 日 "奥运宝宝"，2008 年 8 月 21 日 "奥运艺术家庭"；

6. 新华社《瞭望》周刊，2008 年第 13 期，"圣火再照开放之门"；

7. 新华社《国际先驱导报》，2007 年 10 月 12 日，"让民众从参与奥运中受益"；

8. 清华大学校园网站，2007 年 4 月 1 日，"人文奥运，化成天下"；

9. 做客新华网，2004 年 11 月 25 日，"谈大学生思想政治教育"；

10. 做客搜狐网，2005 年 11 月 11 日，"谈北京奥运会吉祥物"；

11. 做客新浪网，2007 年 10 月 13 日，"谈中国人民大学与人文奥运研究"；

12. 做客和讯网，2008 年 3 月 24 日，"谈北京奥运会火炬全球传递"。

代后记

师恩难忘

从 2000 到 2008，在中国人民大学这八年，注定会成为我人生中浓墨重彩的岁月。在这八年里，从硕士、博士到博士后，完成了学业上的三次跨越。回顾这八年，最难忘的是指导我完成学业跨越、实现生命升华的老师们。

2001 年暑假，当我着手考虑硕士论文写作的时候，有幸得到了中国伦理学会常务副会长许启贤教授的指导。当时，北京刚刚赢得第 29 届奥运会的举办权，"百年奥运，中华圆梦"，许老师为此兴奋不已。他对我讲，人民大学刚成立了人文奥运研究中心，"文章合为时而著"，你可以做一做"人文奥运"这个题目。在老师的热情鼓励和悉心指导下，我于 2002 年 6 月顺利通过论文答辩。一年之后，与老师合作完成题为《北京奥运的人文理念》的书稿，并于 2003 年 9 月继续师从许老师在人民大学攻读博士学位。2005 年 1 月，书稿由北京出版社出版，书名改为《北京奥运之魂》，这是我国系统研究人文奥运理念的第一部专著。遗憾的是，恩师已于 2004 年 7 月 29 日撒手人寰。悲痛之中，我写下《先生之风，山高水长》一文并发表在《中国人民大学报》上，还整理了《许启贤诗选》交由河北人民出版社出版，以寄托对恩师的无尽怀念。

2004 年 8 月，我拜在吴潜涛教授的门下，在吴老师指导下从事奥林匹克伦理精神的研究。吴老师"工农商学兵"全干过，而且样样干得都很出色，这有点类似于参加奥运会五项全能比赛的选手。老师擅长打太极拳，喜爱舞剑，在日本讲学期间收了一帮日本徒弟。既会舞文弄墨，又能舞拳弄剑，按照奥林匹克运动的主张，这叫身心和谐；按照中国传统的理想标准，这叫文武兼备。老师严密的思维、入世的情怀、豁达的气度、练达的人情、娴熟的日语，让我深深体会到了做人的丰富性与完整性。老师很忙，忙得把"五一"节真的变成了"劳动"节，2006 年的"五一"，老师把自己关在办公室里修改我的博士论文。在博士论文写作的过程中，老师的精心指点总能让我在"山重水复"之间，甚至在"山穷水尽"之际，找到柳暗花明、豁然开朗的感觉。

吴老师是最早关注北京奥运精神理念研究的学者之一，早在 2001 年 6 月就在《前线》杂志撰文《奥运精神与 21 世纪中国的对接》，本书的结语部分来自有幸与老师合著、发表在《中国人民大学学报》2009 年第 2 期上的文章《北京奥运会、残奥会的珍贵精神遗产》。

2006 年 9 月，我到伦理学基地跟从葛晨虹教授做博士后研究，研究报告的主题是"《论语》之道与奥林匹克伦理精神"。葛老师既从事伦理学基本理论的研究，也注重传统礼仪的现代化与西方礼仪的中国化，身兼人民大学人文奥运研究中心副主任。如果用一个最简单词汇来概括老师给我的印象，那个词就是"完美"。老师很美，她的美不仅仅是外在的，从她优雅的举止里透出的是非凡的气度；老师很善，从来都是为周围的人着想，这是精神的美；老师很真诚，把真诚作为人际关系和交往礼仪的基本准则，对人对事都是如此。葛老师主编《北京奥运会窗口行业员工读本》，我有幸在老师的指导下参加了该书前两章的编写。在我做博士后研究报告的时候，葛老师正在韩国做课题研究，她总是挤出时间为我修改报告，不断地从那里打电话、发邮件给我，提出非常细致的意见，实在是叫我感动不已。

这些年里，一直在关心我、指导我的老师还有金元浦教授。从金老师身上，我看到的既有理论家的风格，又有诗人的气质，还不乏实践家的执着。金老师是著名的文化研究专家，身兼人民大学人文奥运研究中心执行主任，主持中心的日常事务，壮心满怀励精图治，将中心建成北京市重点社科研究基地和北京奥组委的重要智囊机构。金老师对我关爱有加，总是给我提供著书、演讲、媒体访谈等锻炼机会。这几年中，参加了金老师主编的《北京奥运会大学生读本》、《大学奥林匹克文化教程》等著作的写作任务，参加金老师主持的五届人文奥运国际论坛，和他一起做客新华网谈"中国人民大学与人文奥运研究"，一起做客《竞报》谈"如何向公众传播人文奥运"，一起到中央电视台参加北京奥运会倒计时 500 天纪念活动。几年里耳濡目染，接受金老师熏陶，回想起来真是三生有幸。

中国伦理学会原会长、中国人民大学原副校长罗国杰教授，中国人民大学副校长、人文奥运研究中心主任冯惠玲教授，中国人民大学马克思主义学院刘建军教授、张云飞教授等，他们都是我难以忘怀的老师。在老师们的鼓励和指导下，我以一个北京奥运会的学习者、研究者、教育者、宣传者和志愿者的身份，以人文、大众、民族、和谐为基本立场，在《人民日报》、《光明日报》、《读书》、加拿大《文化中国》季刊、《伦理学研究》等发表文章 30 多篇，其中三篇论文被中国人民大学复印报刊资料全文转载，应清华大学、北京市文化局、首都图书馆、共青团北京市委、东北大学、上海理工大学等数十家单位等邀请做人文奥运主题讲座，应教育部、北京奥组委邀请分别做客新华网和搜狐网，接受中央电视台、东方卫视、中国国际广播电台、北京人民广播电台等多家媒体的采访。北京奥运会现已完美落幕，让我感到欣慰的是，在老师们的引导下，我曾经非常认真地思考了这场在中国土地上发生的、对中国社会产生重大影响的历史事件。

生养我的是父母，教导我的是恩师。我曾经说过的一些话、写下的一些文字、做过的一些事情，很多都像苏轼说的"雪泥鸿爪"那样不值一记，但是，师恩难忘，他们诲人不倦，循循善诱，博我以文，约我以礼，我的生命因为他们而丰富和精彩。

最后，我要衷心感谢教育部高等学校社会科学发展研究中心"高校社科文库"的大力支持，感谢中国人民大学人文奥运研究中心的长久以来的悉心培养，感谢河南理工大学博士基金、河南理工大学政法学院重点学科建设基金的慷慨资助！感谢光明日报出版社编辑祝菲老师，感谢河南理工大学政法学院院长周玉清教授，感谢我的父亲、母亲、妻子和其他亲人，感谢我的老师、同学、同事和朋友们！

郑小九

2009 年 7 月 18 日